不确定环境下企业创新的资源配置研究：战略期权视角

张 腾 著

中国财经出版传媒集团
中国财政经济出版社
·北 京·

图书在版编目（CIP）数据

不确定环境下企业创新的资源配置研究：战略期权视角 / 张腾著. -- 北京：中国财政经济出版社，2024.6

ISBN 978-7-5223-3072-3

Ⅰ. ①不… Ⅱ. ①张… Ⅲ. ①企业管理—技术革新—资源配置—研究 Ⅳ. ①F273.1

中国国家版本馆CIP数据核字（2024）第076410号

责任编辑：彭　波　　　　责任印制：史大鹏
封面设计：孙俪铭　　　　责任校对：徐艳丽

不确定环境下企业创新的资源配置研究：战略期权视角
BUQUEDING HUANJING XIA QIYE CHUANGXIN DE ZIYUAN PEIZHI YANJIU : ZHANLUE QIQUAN SHIJIAO

中国财政经济出版社 出版

URL：http：//www. cfeph. cn
E-mail：cfeph@ cfeph. cn

社址：北京市海淀区阜成路甲28号　邮政编码：100142
营销中心电话：010-88191522
天猫网店：中国财政经济出版社旗舰店
网址：https：//zgczjjcbs. tmall. com
中煤（北京）印务有限公司印刷 各地新华书店经销
成品尺寸：170mm×240mm　16开　17.5印张　244 000字
2024年6月第1版　2024年6月北京第1次印刷
定价：88.00元
ISBN 978-7-5223-3072-3
（图书出现印装问题，本社负责调换，电话：010-88190548）
本社图书质量投诉电话：010-88190744
打击盗版举报热线：010-88191661　QQ：2242791300

前　言

PREFACE

创新是企业构建、保持竞争优势的重要源泉。在环境不确定性日益增加的今天，企业面临越来越多的创新挑战，而创新方式也发生了变化，出现了微创新、迭代式创新等新范式，脱离传统的商业计划流程和线性的产品开发流程。这些变化的背后是一种与传统方式不同的资源配置逻辑。例如，主张将资源投向多个创新项目，即增加资源配置宽度，但同时也控制资源投入量，避免在某个项目上一次性做出巨额投入，且资源配置是一个遵循市场机制与进化模式的动态过程，这样的资源配置逻辑符合期权甚至进化论的思想，也引发了笔者的兴趣与关注。本书研究的中心主题与基本思路建立在对实践进行深度观察和思考的基础之上，旨在为“面临日益增加的环境不确定性及其带来的挑战，企业应如何提升创新绩效”这一重要话题寻找解决办法。本书以战略期权作为视角，深入创新背后的资源配置机制，除了聚焦创新绩效外，还关注企业的探索式创新行动，在Klingebiel和Adner模型的基础上提出一个经改进的期权型资源配置模型，探讨期权型资源配置对企业创新的影响。要研究的具体问题包括：期权型资源配置是否促进企业的创新绩效且环境不确定性是否在这一关系中发挥调节作用；期权型资源配置是否促进了企业的探索式创新；若证据表明期权型资源配置能够促进企业创新绩效，那么，其中间机理又是什么？进而，期权型资源配置是否有助于提升企业竞争优势？

本书第一章在阐述企业经营环境高度不确定性这一现实背景的基础

上，明确研究主题、形成研究问题，阐明理论意义与实践价值，并介绍研究思路与创新点。第二章回顾相关经典文献、研读最新研究成果，旨在明晰相关概念，为本书提供理论依据，也使研究嵌入现有研究中，实现与文献和学者的对话，并彰显研究价值。第三章在文献综述的基础上对期权型资源配置进行界定，构建理论模型，明确期权型资源配置模式的适用情境，并以海尔为案例对期权型资源配置模式的现实模板进行分析。

第四章的要点包括：介绍量化研究设计，如问卷设计、量表选取；说明数据收集方法、汇报问卷获得情况，对样本基本情况和主要变量做描述性统计分析；通过信度与效度检验对研究数据的质量进行评价。对于所设计问卷，开展两轮预测试：首轮预调研目的是就问卷设计征求反馈意见以使量表更符合中国企业的现实情况；第二轮小样本测试是通过检验初始问卷量表的信度与效度，剔除初始量表中某些不合理的题项。

第五章到第七章是本书的核心内容。第五章回答以下两个基本问题：期权型资源配置是否促进企业的创新绩效且环境不确定性是否在这一关系中发挥调节作用？期权型资源配置是否促进了企业的探索式创新？围绕两个问题构建理论框架、提出研究假设、构建研究模型，开展实证检验、实施异质性分析。第六章在第五章基础上进一步剖析期权型资源配置促进企业创新绩效的中间机理，引入创业研究中的机会识别与机会开发，构建“期权型资源配置→机会识别→创新绩效”和“期权型资源配置→机会开发→创新绩效”两条中介路径，并构建相关研究模型、通过量化分析验证所提出命题。第七章分析期权型资源配置的竞争优势效应，回答“期权型资源配置能否提升企业竞争优势”这一问题。

第八章利用最新调研数据对前面三章的研究结论进行再验证，并将数字化转型作为一个重要变量纳入研究框架，分别考察数字化转型对期权型资源配置的“加持”作用和数字化转型对企业创新的直接影响。第九章归纳主要研究结论，系统阐述本书理论贡献和实践启示，总结研究不足，并对未来研究方向做出展望。

本书重点采取实证研究方法，所提命题大多得到验证，具体来说，期权型资源配置及其各维度（资源配置宽度、渐进性、低初始承诺、资源再分配和选择性机制）能有效促进企业创新绩效，这一作用通过机会识别与开发得以实现，环境不确定性在期权型资源配置及其各维度与创新绩效关系间起正调节作用；期权型资源配置及其各维度正向促进探索式创新；由于对创新绩效和探索式创新的积极作用，期权型资源配置有助于塑造或提升企业竞争优势。此外，本书还得到一个重要结论：数字化转型对于期权型资源配置的创新效应具有加持作用。

本书提出一个新的期权型资源配置概念模型，由资源配置宽度和选择性机制两个维度构成，这一模型是对Klingebiel和Adner模型的完善；开发出测量期权型资源配置的新量表，可服务于今后学者们的研究；明确期权型资源配置的适用情境和加持条件，这一情境即环境不确定性，加持条件为数字化转型；成功剖析期权型资源配置促进创新绩效中间机理的关键——机会识别与机会开发，以及明确期权型资源配置的竞争优势效应。本书为研究企业创新注入新的思路，对现有创新理论体系起到补充作用；拓展了资源基础观框架下的研究视野，丰富资源配置的研究成果；并推动战略期权理论及研究的发展。

本书带给企业一些启示：首先，在创新过程中应重视对资源的配置，本研究表明，与资源投入量相比，资源配置对创新和竞争优势的影响更为明显；其次，构建动态的资源配置模式，减少资源配置过程的人为干预，让资源配置的决策权从管理者手中交付到市场；再次，增加资源分配的宽度并不意味着资源更加耗散，如果具备选择性机制，非但不会增加资源耗散，反而有可能提升资源的使用效果，促进更多创新成果的产生；最后，需要建立匹配期权型资源配置的组织条件，推动组织平台化发展和数字化转型，通过组织平台化增进资源流动，利用数字化促进创新团队与市场的交互。

本书还存在一些不足之处，包括：（1）与期权型资源配置相匹配的一些重要组织情境，如组织结构、组织文化等在本书中并未得到深入探讨。(2) 在研究期权型资源配置对创新类型或行动的影响时，仅研究了期权型资源配置对探索式创新的影响，而对其他创新形式尤其是新兴的迭代式创新的影响未在本书中讨论。(3) 研究方法较为单一，本书第三章虽对海尔及海尔创业平台的资源配置模式进行了剖析，但还算不上严谨、深入的过程性案例研究，且海尔的案例也略显单一，像韩都衣舍等企业也采取类似期权型资源配置的模式，若能让案例变得丰富，对企业的指导价值会更高。针对以上不足，未来研究方向包括：(1) 通过案例研究深度剖析和归纳支撑期权型资源配置的重要组织情景，进而通过量化分析进行验证。(2) 围绕企业如何构建和实施期权型资源配置寻找更多案例，开展高质量的案例与量化研究，为企业提供更具体和有效的指导。(3) 分析与验证期权型资源配置对其他创新形式的影响。

本书是在我博士论文的基础上进行完善、更新的成果，也是本人主持的河南省软科学项目“数字化转型提升河南省企业创新产出的作用机理研究”的阶段性成果。本书在写作过程中得到多方支持，感谢中国财政经济出版社的大力支持，感谢河南财经政法大学陈钢副教授，特别感谢我指导的硕士生李想和李冲，二人在本书写作过程中积极帮助本人搜集、整理文献，另外，本科生李衡、周梦扬参与了数据整理工作，在此也向他们表示感谢。最后，感谢妻子李莎莎对我从事学术工作的支持。

作者

2024年2月

目 录

CONTENTS

第一章　绪　论

创新有多重要？著名管理思想家哈默的回答是：在当前这个组织战略生命周期缩短的年代，创新是公司重生与延续成功的唯一选择，也是在残酷竞争中生存的唯一出路（哈默，2008）。且研究者也普遍证明，产品创新对于企业提升生存能力和竞争优势具有重要作用（Katila and Ahuja，2012）。现如今，我们可以观察到的一个现实是：越来越多的企业依靠创新确定市场地位、建立竞争优势。随着人类社会整体进步和企业经营环境的变化，创新对于企业和社会愈加重要，而提供出类拔萃的创新性产品成为企业成功的关键（施密特，2015）。在此背景下，研究如何更有效地推动企业创新、提升创新绩效从而帮助企业建立和保持竞争优势成为一项重要课题。本章在阐述经营环境高度不确定性这一现实背景的基础上，梳理理论动向，围绕企业创新提出本书的主要研究问题，明确研究的理论意义与实践价值，介绍研究思路、方法与主要创新点。

第一节　研究背景

一、现实背景

当今企业面临的环境不确定性与日俱增：行业间加速融合引发产业边界模糊、超竞争常态化使得企业竞争优势再难持久、需求高度多样化和用户力量的崛起引发市场再难预测，行业外竞争对手带来的破坏性创新加大在位企业的风险，而以大数据、区块链、工业互联网和人工智能为代表数字技术则颠覆传统商业模式、改变传统成长路径，进一步加剧经营环境的不确定性。这些变化意味着企业面临的不确定性超过以往，正像查尔斯·汉迪所说，我们所熟悉的确定年代已经过去，随之而来的是一个不确定时代。更有学者借用“VUCA”一词来描述当今企业所处环境的特征，即动荡性（Volatile）、不确定性（Uncertain）、复杂性（Complex）和模糊性（Ambiguous）。随着高不确定性成为经营环境的常态，企业对市场变化和未来发展方向难以做出准确预测，创新失败风险加大。麦肯锡针对全球企业的一项调研数据显示，90%的创新尝试最终以失败告终，只有不到10%的受访高管对目前创新战略取得的成果表示满意①。不确定性常态化意味着计划的失效，这便要求企业改变传统模式以提高创新成功率、改善创新绩效从而在更短时间内构筑竞争优势。

在过去的二十年间，随着人类社会进入互联网及数字时代，许多企业先后扮演创新“领头羊”角色，在21世纪的第一个10年间，国外如苹果、谷歌、亚马逊、Facebook等，国内如腾讯、阿里巴巴等企业纷纷成为时代引领者，而在近10年间，国外涌现出特斯拉、OpenAI等推出颠覆式创新的企业，国内又有大疆、字节跳动、寻梦信息等企业成为走在时代前沿的重要新生力量②，这些企业的共同特点之一是产生出许多成功的创新性产品，并凭借创新能力在各自领域构筑起强大的竞争优势。它们依靠具有动态、循环、开放、迭代等特征的创新模式有效地应对了市场不确定性，并对传统的创新方式和运营逻辑形成了冲击与颠覆，这类创新模式被称为微创新或迭代式创新（周鸿祎，2014；朱晓红，2019）。在这种模式下，企业通常并行开发多个项目，以快速开发原型并投向用户的试错方式进行产品创新，不求完美，也不做过多预测，而是基于市场反馈迅速调整、及时纠正或放弃项目，通过不断累积突破现有技术轨迹，最终形成颠覆效应，实现价值创造。例如，在乔布斯做出进军手机市场的战略决策之后，苹果公司实际上成立了两个并行团队进行同时攻关，其中

① 数据出自：麦肯锡中国金融业CEO季刊《应对不确定性全球杰出CEO的成功之道》。

② 大疆现已成为全球领先的无人机研发、生产企业，字节跳动是抖音、今日头条、西瓜视频等产品的开发与运营主体，寻梦信息则开发、经营着移动互联网电商平台——拼多多。

一个团队的方案便是带来行业变革的触摸屏，而这背后的关键技术就是多点触控技术（埃利奥特和西蒙，2011）。再以微信的诞生与发展为例，腾讯公司战略决策层在决定开发新型移动社交产品后成立了多个团队，经过对多种并行开发的尝试和来自市场的实际反馈，最终确定了微信产品（孙黎和杨晓明，2014）。微信早期的测试版功能十分单一，但免费短信及发照片的功能提供了比电信运营商更好的用户体验，并且使开发团队从用户处得到了许多有价值的反馈。历经多次迭代，微信从1.0版本时简单的移动互联通信软件发展为连接数亿用户、商家，具有通信、社交、支付、媒体等多种功能的强大互联网产品。微信是腾讯公司多次尝试出来的结果，而这背后反映出一种新的资源分配逻辑。

作为长久以来极具创新力的公司，谷歌不仅是搜索引擎和智能手机系统的领导者，更是科技产品巨头，其产品范围从智能硬件设备到无人驾驶汽车再到虚拟现实（VR）技术[①]。谷歌在过去做出了许多伟大的产品，不断以新项目和新构想推动自身、科技与社会的发展。谷歌人坚信：创新不能靠传统MBA式的管理方法，因为创新不可把握，无法强制，也不能事先安排（施密特，2015）。在谷歌，创新活动以一种近似于自然选择的方式进行，正如其前任CEO董事长埃里克·施密特在《重新定义公司：谷歌是如何运营的》一书中所描述的："在谷歌，创意的开发是一个有机过程。一个个想法冒出来，好似在一片原始混沌中产生的基因突变一般，经过漫长而曲折的过程后，实现了蜕变。在这条路上，比较强大的构想不断吸引支持者，势能越来越大，而欠佳的构想则会被半路淘汰。实现这场进化不能靠特定的路径，你可以把这个过程看作创意或构想的物竞天择。"在"自然选择"的过程中，更多的是失败项目，但总有一些伟大的创新项目脱颖而出。支撑这一创新"自然选择"过程的是不同于传统企业的资源配置方式。谷歌摆脱了计划式的资源配置方式，它不对创新项目进行精确的财务测算，也不做详细的项目路线图。多年以来，谷歌

① 2015年，谷歌（Google）对企业架构进行了调整，Alphabet公司成为所有谷歌系公司的母公司，本书所说的"谷歌"公司即为Alphabet公司控股下的整个谷歌系。

管理公司资源的首选工具只是一张电子表格，这张表格列着谷歌最重要的100个项目，公司依据经成员讨论、项目演示、数据信息等得出的排名进行资源配置。在推行“70/20/10”原则之后[①]，谷歌仍遵循上述简单的资源配置模式，只是资源分配变得更加合理。谷歌为每个成员提供证明自己创意价值的机会，鼓励其工程师们将20%的时间用于自由探索创新项目。在提出创意、建立原型之后，创新团队在“演示日”向公司所有部门、员工进行展示，吸引资源，那些取得市场和用户积极反馈、质量与性能得到不断改善的项目才会获得发展所需的资源。谷歌对创新项目的资源配置就像一种期权管理过程，每个创新项目都是一个可能推动公司未来发展的战略性期权，公司根据项目的发展状况和市场及用户的反馈决定是否投入资源，而那些通过不断成长并获得持续性资源投入的项目往往能成就一个伟大的产品。正如谷歌创始人拉里·佩奇所说：“不是每个创新都能变成价值10亿美元的公司，但是我们必须得狠下心来下些赌注，哪怕它们当中有些无法投入市场，有些无法成功规模化。今天看似冒险的赌注放在几年后看就不会显得那么疯狂”（Jason Zheng，2012）。

微信的开发与谷歌的创新体现出一些共同特征：鼓励尝试，坚持快速、低成本试验，投资于多个创新项目，主动追求差异性，由小规模团队负责创新项目。具有相似特征的还有戈尔公司、3M、海尔……而在这些特征背后，则是一种与传统方式不同的资源配置逻辑，这种逻辑符合期权甚至进化论的思想，主张将资源投向多个创新项目，即增加资源配置宽度，但同时也控制资源投入量，避免在某个项目上一次性做出巨额投入，这里，资源配置是一个遵循市场机制与进化模式的动态过程。

二、理论背景

如今，不确定性已成为经济学家、社会学家、管理学家共同关注的话题。《黑天鹅》和《随机漫步的傻瓜》的作者塔勒布2014年出版的《反脆

① 70/20/10原则，即将70%的资源配置给核心业务，20%资源配置给新兴产品，其余10%资源分配给全新产品。

弱——从不确定性受益》一书在社会上掀起了一阵讨论和追捧“不确定”话题的热潮。塔勒布在书中提出三元结构，将人类社会中的事物划分为脆弱类、强韧类和反脆弱类，如表1.1所示。那些脆弱类的系统或事物在不确定环境下将难以维持，而反脆弱类则表现出强大的生命力，并从不确定性中受益。

表1.1 人类社会的三元结构

	脆弱类	强韧类	反脆弱类
企业	银行体系	—	硅谷：“快速失败”，“保持愚蠢”
科学/技术	指导性研究	机会主义研究	随机自由探索和反复试错
系统	集中的随机性源	—	分散的随机性源
金融	负债	权益	风险资本
商业	代理问题	—	负责人经营
政治体系	集权制	—	分权制
知识	学术界	专业知识和技能	博学
期权交易	做空波动性	平滑波动	做多波动性
错误	厌恶错误	错误只是信息	喜欢错误
决策	基于模型的概率决策	基于启发法的决策	凸性经验法则

资料来源：[美]纳西姆·尼古拉斯·塔勒布.反脆弱[M].雨珂译注.中信出版社，2014.

塔勒布（2014）指出，在不确定世界中，预测、计划、控制、集权……会使系统变得脆弱，而自由探索、试错、民主、竞争、市场……则会使系统具有反脆弱性。被誉为“大洋彼岸的德鲁克”的英国管理学家查尔斯·汉迪也在《超越确定性》一书中表达了类似观点，他指出，在“不确定”成为人类社会共同主题的今天，领导力、愿景、共同目标之类的“软性词语”将取代控制、权威等“硬性词语”。

在管理学界，随着学者对环境认识的更新，不确定性环境下企业的战略管理成为组织战略研究领域中的一个重要话题。战略管理领域的学者们就此话题展开了积极探索，形成了丰硕的研究成果。对于学者而言，不确定性环境通常包含以下特征：动荡、快变、复杂、模糊、难以预测（张腾、张玉利、田莉，2015）。传统的战略始于目标、计划，落实于行动，但对于今天的许多企业来说，这种模式已经不再适用，因为在具有上述特征的环境下，基于计划的战略很可能会失效（Eisenhardt and Brown，1998）。针对不确定性环境的挑战，Eisenhardt提出了边缘竞争理论和机会逻辑（Eisenhardt and Brown，1998；Bingham and Eisenhardt，2008）。她认为，在快变动荡的行业中，产品生命周期更短，竞争优势快速更替，快速而持续变革的能力是企业生存的关键，而从产品创新的角度来看，能成功进行持续性变革的企业通常是那些依靠广泛的低成本试验去积极探索、把握未来的企业，这些企业的管理者不过多地依靠计划，也不会将未来孤注一掷于某一种可能上。Eisenhardt和Bingham在他们的《定位、杠杆与机会：一个战略逻辑的分类》一文中提出了战略的三种逻辑：定位逻辑、杠杆逻辑和机会逻辑，表1.2是对三种战略逻辑的总结。定位逻辑和杠杆逻辑假设环境不确定性程度较低，竞争优势可在较长时间内得以维持，企业取得优势的关键分别是建立一套独特且相互配合的活动体系并占据有利的市场位置、发展自己的核心能力。机会逻辑则假设环境是不确定的，在此环境下，机会"转瞬即逝"，市场难以预测，而谁最先抓住机会，谁就能比竞争对手获得更多收益。Eisenhardt的边缘竞争理论就体现了机会逻辑：企业的经营环境处于高度动态之中，难以预测，而谁最先抓住机会，谁就能比竞争对手创造更大的优势和更好的绩效，在该逻辑下，战略呈现"期权"的形态（Bingham and Eisenhardt，2008）。

表1.2　Eisenhardt和Bingham提出的三种战略逻辑

属性	定位逻辑	杠杆逻辑	机会逻辑
环境属性	稳态环境	介于稳态与动态之间，总体可预测	不确定的环境，机会总是出人意料地出现并消失，难以预测
成功的关键	准确的规划，关联能力，活动系统，有利的市场位置	发展自己的核心能力，根据环境改变调整能力组合（资源组合）	抓住机会的能力：谁最先抓住机会，谁就能比竞争对手创造更大的优势和更好的业绩
目光	向里看，不断强化已形成的活动系统	从里向外看，培育核心能力，并将其用于可开发的市场	向前看与向外看，不断获取新的能力

续表

属性	定位逻辑	杠杆逻辑	机会逻辑
对竞争优势周期的假设	长	中长期	短
对竞争优势的态度	一旦形成就设法保护并构筑防御	设法维持并充分利用竞争优势开发新市场	不断建立新的竞争优势
战略形态	战略规划	战略规划	战略期权
组织边界	清晰、稳定	比较清晰和稳定	模糊、不稳定

资料来源：Bingham C B，Eisenhardt K M. Position，leverage and opportunity：a typology of strategic logics linking resources with competitive advantage［J］. Managerial & Decision Economics，2008，29（2/3）：241-256.

“快战略”思想的提倡者同时也是战略期权领域的重要学者Rita G. McGrath指出，企业要在当今动荡、不确定的经营环境中获得一席之地，应摒弃可获得长久持续竞争优势的“幻想”，转而不断更新自己的竞争优势，因为竞争优势可以维持的周期相比以前都大幅缩短，为此，企业需要积极开展试错、探索等活动（丽塔·麦克格兰斯，2018），McGrath由此提出“瞬时竞争优势”理论（见图1.1）。

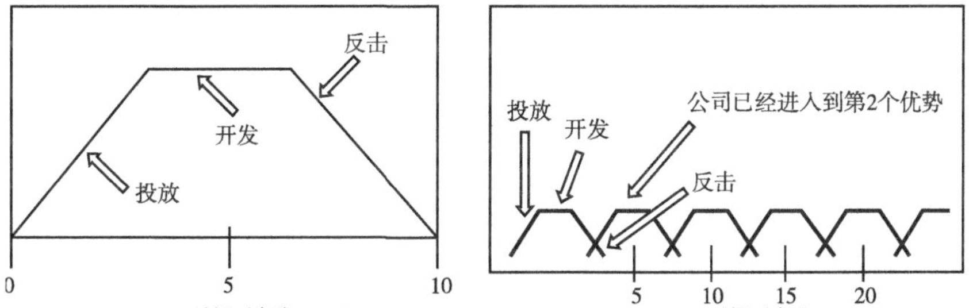

图1.1 稳定环境与动态环境下企业竞争优势构建周期示意图

来源：［美］迈克尔·希特，R.杜安·爱尔兰等著. 刘刚等译. 战略管理：概念与案例［M］. 北京：中国人民大学出版社，2017.

与Eisenhardt、McGrath相似，哈默在《管理大未来》一书中提出“进化性适应”思想的关键也是坚持广泛快速、低成本试验。他认为，在今天的快变环境下，如果你能比竞争对手以更低成本、更快速度去进行试验，你就能尝试更多的想法并有更多机会。同时，公司高层必须像风险投资家一样，对一些战略选择进行投资组合，并且必须抵制过早地将投资集中于一两个必然成功的项目中的诱惑（哈默，2008）。在《战略的悖论》一书中，雷纳主张通过创造战略期权来管理不确定性，并指出，在不确定环境下，企业高层的关注点应从制定、执行战略转到管理不确定性，相应地，CEO的角色定位不再是做出战略选择，而应该侧重于建立战略期权。战略管理是创造未来，战略期权则为企业打开了未来机会的窗口。关于期权在战略管理领域中的研究，自Mitchell和Hamilton（1987）、Bowman和Hurry（1993）等将“期权”从金融学领域引入战略管理研究以来，在学者们的努力下，已经形成一个理论流派——战略期权，其代表性人物除上述几位外，还有Dixit和Pindyck（1995）、Luehrman（1998）、Kogut 和 Kulatilaka（2001）、Adner（2004，2007）、Klingebiel（2014，2015）等，有关战略期权的研究进展，本书将在第二章文献综述中进行详细探讨。

Eisenhardt、McGrath、哈默、雷纳等的研究为不确定环境下的创新提供了有价值的理论视角。在不确定环境中，那种计划型、由公司高层决定资源投入、由研发部门负责全部创新工作的“金字塔”形创新模式已无法保证企业满足市场与用户需求、抓住机遇从而获取竞争优势，因为企业无法做出准确预测，而现实中公司高层通常只有在确保创新项目未来必定成功的前提下，才愿意投入资源，加上对陈旧项目的承诺升级，这些因素阻碍了创新，降低了创新成功率和突破性（哈默，2008）。而符合期权逻辑的创新模式更适应新的环境要求，其要点是以期权投资的方式推动多个创新项目，以此进行快速、低成本的试验，营造产品创新的差异性，增强企业创新多样性，从而达到“进化性适应”并把握更多发展机会。创新模式的变化必然要求不同于传统计划型的资源配置方式，正如前所述，这种资源配置方式也应契合战略期权或战略性期权的思想，那么其具体特征如何，以及对企业创新的影响如何，这些都是本书要探讨的重要话题。

第二节 研究问题与研究意义

一、研究问题

根据对现实的观察和管理学界理论的关注点，本书的研究主题为“在不确定环境中，企业如何更好地推动创新、提升创新绩效”。

Bowman和Hurry（1993）指出，期权理论为研究组织战略提供了一个独特且有价值的视角。对现实与理论背景的分析均印证了两人的观点。资源配置作为组织战略的重要问题以及支撑创新的关键机制，其研究价值非同一般，因此，本书研究的第一个主要问题是：期权视角下资源配置的特征是什么？随之而来的是第二个问题：这种契合期权视角的资源配置模式对创新有何影响？具体来说，体现在两个方面：一是对创新绩效的影响，二是对创新模式、创新行动的影响。

任何管理理论都有其适用的边界条件，此为管理理论的情境问题（陈昭全和张志学，2012）。战略期权以及与之契合的资源配置方式有其适用情境。期权的引入正是由于学者、实践者认识到了现实世界中的不确定性，它可以使企业更好地应对不确定环境（Bowman and Hurry，1993；Dixit and Pindyck，1995）。但在相对稳定的环境中，市场变化可预测性较高，竞争优势可维持时间较长，战略规划可以较好地发挥作用，企业通过好的市场定位、占据有价值且难以模仿的稀缺资源、营造竞争壁垒等手段即可建立、保持竞争优势（Porter，1980；Barney，1991；Bingham and Eisenhardt，2008）。在这种情况下，快速、低成本试验和持续的创新探索并不一定能给企业带来优于竞争对手的绩效，相应地，带有期权性质的资源配置方式也未必能促进企业的创新绩效，因为它会分散企业资源和注意力、降低企业的战略聚焦度和员工对创新项目的忠诚度（Adner and Levinthal，2004；Klingebiel and Rammer，2014）。相反，企业将大部分资源投入一两个项目便可能取得优异的市场绩效，并且凭借它们在较长时间内维持自身优势。综上所述，本书研究的第三个问题是：期权视角下的资源配置模式在哪种情境下能够促进企业创新活动与创新绩效？本书关注的情境变量主要是环境不确定性。

期权视角下或使用战略期权逻辑的资源配置模式可称为期权型资源配置，在形成上述研判的基础上，本书的具体研究问题包括以下四个。

（1）期权型资源配置是否能够促进企业的创新绩效且这种关系是否受到环境不确定性的正向调节作用？

关于期权型资源配置对企业创新绩效的影响，Klingebiel和Adner（2015）已通过实证分析进行了验证，其研究表明期权型资源配置可以促进创新绩效。期权型资源配置促进企业绩效的原理有多种，归纳起来有以下几点：期权型资源配置下企业对资源的分散化处理使其可以尝试多种可能性，有助于降低失败率和过于依赖某个或少量项目所带来的较高的沉没成本；在期权型资源配置下，企业做出是否在下一期继续进行资源投入的依据是项目的进展和市场反馈，且创新团队根据项目的市场反馈及进展情况进行快速的持续性调整；在“适者生存”法则下，只有那些被市场验证可行、能够满足市场需求并创造价值的项目才会得到资源，各创新团队为争取资源会更加努力地把握市场需求并设法满足需求、创造价值。因此，从理论上讲，期权型资源配置是可以促进企业创新绩效的，且这种促进作用在不确定程度较高的环境中更加明显（有关理论及假设的推导过程详见第三章理论模型与第五章研究假设部分），但这一作用在现实中是否成立还需进行实证性检验。

（2）期权型资源配置是否促进了企业的探索式创新？

Klingebiel和Adner（2015）仅分析和验证了期权型资源配置对企业创新绩效的影响，而从现有文献来看，也尚未出现关于期权型资源配置对企业创新类型如探索式创新影响的研究。本书关注的创新类型为探索式创新，从理论上讲，期权型资源配置可以促进探索式创新，因为较高的资源配置宽度代表较大的搜寻范围，使企业有可能在内部创造更多变异，此外，选择性机制为那些能真正满足市场需求并创造价值的产品创新项目从诸多项目中脱颖而出提供了机制保障（具体推导过程见第三章理论模型与研究假设部分）。但期权型资源配置对探索式创新的促进作用是否在现实中成立还需要实证检验。

（3）期权型资源配置促进企业创新绩效的中间机理是什么？

若第一个问题得到解决，期权型资源配置对企业创新绩效的促进作用得到证据支持，则有必要进一步分析其中间机理。本书第六章引入创业研究视角，因为创业研究同样强调不确定性，且期权型资源配置在组织内部营造一种近似于风险投资的选择性机制，能促进公司创业活动。又因对机会的识别与开发是创业活动的核心，选取机会识别与机会开发作为剖析期权型资源配置提升企业创新绩效内在机理的关键因素。

（4）期权型资源配置是否有助于提升企业竞争优势？

战略管理理论的发展是学者们随时代发展而不断思考“企业如何获取竞争优势”的产物，作为战略期权应用于企业资源管理的重要成果，期权型资源配置的研究也应完成与战略管理主流研究的对话，回应其是否有助于企业构建竞争优势的问题。

二、研究意义

McGrath等（2004）指出，战略管理研究关注企业间绩效差异，而能给企业带来租金的创新的能力正是对企业间绩效差异的一个重要解释。创新并非企业打造竞争优势的唯一源泉，但一直是一个重要源泉，且正如前所述，其重要性越来越大，这决定了创新的研究价值。

（一）理论价值

首先，本书能丰富资源配置研究成果、补充资源配置对创新影响的研究。资源配置在战略管理及研究中一直是个重要话题，但相关量化研究的成果不多，在创新研究领域，相对于资源对创新的影响，资源配置对创新影响的研究虽已有一些，总体上还比较缺乏。本书通过配置宽度和选择性两个维度对企业资源配置模式进行划分，刻画出期权型资源配置模式，并开发出量表，进而研究其对企业创新以及竞争优势的作用，从而补充资源配置研究和创新理论体系，这也是本书研究的主要理论价值。

其次，本书有助于推动战略期权理论在国内的发展。不确定性引发了学者们对于战略期权的思考和重视，正如前所述，期权为研究组织战略和创新提供了新的视角，但从现有研究来看，国内关于战略期权的学术成果不多，从期权视角出发对资源配置的研究更少，本书将战略期权应用于企业资源配置模式，有助于充实国内战略期权的研究成果。

最后，充实企业如何应对不确定环境的研究成果。本书围绕不确定性这一重要情境，分析期权型资源配置对企业创新及竞争优势的作用，在研究设计中将环境不确定性作为调节变量，验证了环境不确定是期权型资源配置的重要适用情境。

（二）现实意义

好的管理理论不仅是对现实事物的抽象概况，也应该能指导企业实践，帮助其构建竞争优势（陈昭全和张志学，2012）。本书除了要为相关理论发展做出贡献外，还旨在为企业实践提供借鉴与指导。

从长期看，不确定性将是绝大多数企业面临的客观情形，将战略期权思想引入创新，可以给那些身处不确定环境的企业一些启发，如适时建立自己的“期权”和“期权组合”，鼓励员工参与创新，积极探索低成本、试验性的创新项目，以期权投资与管理的理念、方式管理这些创新项目。创新需要投入资源，资源配置则在资源转化为创新成果的过程中发挥关键作用。通过探索、分析期权视角下资源配置的特点及其适用情境，可以为企业改善资源配置过程和资源的投入—产出关系、提高资源效率、促进创新绩效和构建竞争优势提供指导。

随着数字时代到来，许多传统企业也在积极探索转型之道以期能够适应新的时代、新的环境，转型伴随着管理与创新理念的改变、资源配置方式的调整，而转型的成果若想得以维持则需要机制、流程的保障。本书的研究对于这些企业而言具有一定的指导价值，有助于他们通过建立新的机制而非依靠某位“强人”来推动企业发展。此外，数字化转型能强化期权型资源配置对创新的积极作用，对将要进行数字化转型的企业来说，这一发现也具有一定价值。

当然，本书并不期望对所有企业、行业都具有指导价值，因为期权逻辑的适用是有边界的，期权思想引导下的资源配置方式在一定情境下才能起到推动企业创新、提升创新绩效进而帮助企业建立竞争优势的作用，企业在借鉴研究结论时还需要充分了解结论所适用的情境。

第三节 技术路线、研究方法与章节安排

一、技术路线

技术路线，也是本书的研究思路，如图1.2所示。本书研究主题来源于对现实背景、对新现象的思考。从现实状况看，企业面临的不确定性与日俱增成为业界共识，理论界也早已关注该现象，Eisenhardt、McGrath、哈默、雷纳等学者都有所贡献，创新是企业构建、保持竞争优势的重要源泉。在此背景下，研究在不确定环境下如何有效推动企业创新、提升创新绩效成为一项重要课题，而企业创新背后的资源配置模式成为本书的关注焦点。

在不确定环境下，资源配置需要具备动态性，引入战略期权视角，在Klingebiel和Adner（2015）研究成果基础上提出期权型资源配置，将其作为研究的自变量，明确本书的两大核心问题为：期权型资源配置如何影响企业创新以及是否能促进竞争优势的获取。首先，本书构建了一个期权型资源配置的理论模型，明确基本维度：资源配置的宽度和选择性机制，选择海尔作为案例分析期权型资源配置在现实中的应用，并通过对相关文献做系统分析和提炼以及对企业实践的理解完善了期权型资源配置的量表。期权型资源配置对企业创新的影响研究包括：期权型资源配

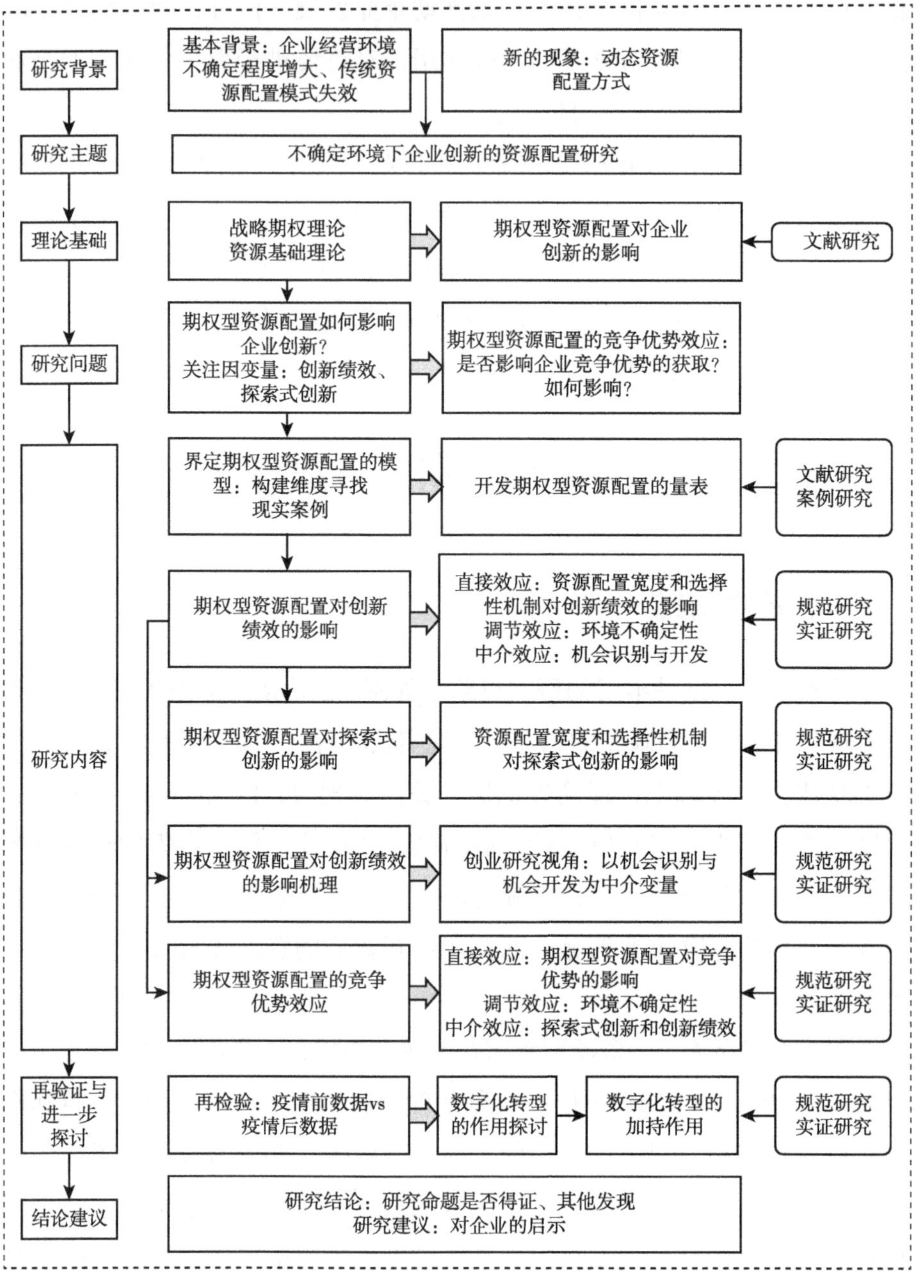

图1.2　本书的技术路线

资料来源：笔者整理。

置对创新绩效和探索式创新的影响以及环境不确定性（作为情境变量）所发挥的作用（第五章），为剖析中间机理，引入创业研究视角以机会识别和开发为中介变量（第六章），本书第五、第六章详细提出了相关研究命题并构建模型、进行验证；在完成上述研究基础上，分析并检验期权型资源配置是否具有竞争优势效应，以环境不确定性为调节变量、以探索式创新和创新绩效为中介变量分析其作用机理（第七章）。

考虑到疫情这一“黑天鹅”事件对经济、企业的影响，有必要在疫情后时代重新收集数据对上述研究工作所下结论进行再验证，本书第八章对再验证的全过程进行了详细描述。此外，研究表明，数字化转型可以帮助企业缓冲疫情带来的冲击甚至实现“转危为机”，在疫情期间，相比数字化转型程度低的企业，数字化转型程度高的企业所遭受的负面影响更小。因此，将数字化转型纳入本书研究，探讨数字化转型对期权型资源配置的加持作用。最后，提出结论与建议。

二、研究方法

本书结合定性分析与定量分析，采取规范研究和实证研究两大基本方法，运用规范研究中的逻辑推理提出研究命题、构建理论模型，通过实证研究的量化分析手段对本书所提命题、模型进行验证，从而得出具有可信度、科学性的研究结论，具体方法如下。

（1）文献研究法。阅读和分析国内外经典和最新文献，对于国外文献，重点关注在AMJ、AMR、ASQ和SMJ等管理学领域的四大权威期刊，对于国内文献，则重点关注《管理世界》《南开管理评论》《中国工业经济》《管理学报》等较高质量的核心期刊，也包括相关领域的优质博士论文。从与研究主题相关的经典核心文献着手，层层拓展，把握相关研究的发展脉络，通过寻找交叉点在不同视角或理论框架下的研究之间建立逻辑关联。通过文献梳理，一方面找出现有研究的不足进而明确本书具体研究问题以加强与现有研究及学者间的理论对话；另一方面，提炼期权型资源配置的理论模型、完善其量表。该方法在本书第二、第三章中得到运用。

（2）问卷调查法。由于所需数据为一手数据，本书采用问卷调查法进行数据收集（问卷内容见附录）。首先，进行问卷设计，核心是量表的选取与设计。在沿用现有成熟量表的基础上，根据企业界人士与专家的建议做出改进和完善，以使量表更加符合国内企业的实际情况和中国语言情境。其次，在进行大规模发放之前先进行预测试，通过探索性因子分析对初始问卷进行修正和净化以得到最终可用于大规模数据收集的有效问卷，预测试共获取80份有效问卷，根据探索性因子分析结果删除少量题项。最后，开展正式的问卷调查工作，问卷发放与收集工作共两期，第一期从2016年7月开始至2017年2月结束，历时近八个月时间，获取有效问卷146份；第二期从2023年3月到2023年11月（分两批发放，详见本书第八章），收回138份有效问卷。

（3）量化研究方法。首先，在对数据质量进行评估时，利用SPSS和AMOS软件分别对样本数据进行信度检验和效度分析，使用验证性因子分析结果评判研究效度。其次，主要采取多元层次回归分析法验证研究假设，采取Baron和Kenny提出的因果逐步回归法检验中介作用，并使用Bootstrap法做进一步验证，通过环境不确定性、数字化转型与期权型资源配置所构成乘积交互项系数的显著性判断环境不确定性的调节效应和数字化转型的加持作用。最后，本书还使用独立双样本t检验对调研样本中期权型资源配置组与非期权型资源配置组企业的数字化转型水平进行差异性检验，若存在显著差异则说明期权型资源配置与数字化转型水平相关，从而为提出数字化转型对期权型资源配置的加持作用提供依据。

（4）案例研究法。结合本书所提出的期权型资源配置模型的两个基本维度即资源配置宽度和选择性机制分析海尔创业平台的资源配置模式。通过对调研资料、公开数据的加工整理，找到充分证据证明海尔创业平台采取了期权型资源配置模式。对海尔创业平台资源配置模式进行研究，为期权型资源配置提供现实模板，并有助于分析期权型资源配置对创新的作用及其支持条件。

三、章节安排

本书共九章，安排如下。

第一章绪论。在阐述理论与现实背景的基础上，提出研究的主要问题，分析研究的理论价值与实践意义，介绍研究思路即技术路线与研究方法，简要概述本书各章内容，最后指出本书的创新点。

第二章文献综述。分别对“资源基础观视角下的创新研究、资源配置与创新、期权理论及其视角下的创新与资源配置研究”等主题进行文献梳理，并使用CiteSpace工具对环境不确定性的相关研究进行分析。通过回顾各研究主题下的经典文献以及具有影响力的最新研究，发现已有研究还存在的薄弱环节，为本书的研究增加依据，也使本书嵌入学者们的研究中，加强与现有文献和学者的对话。

第三章理论模型与代表性案例。首先，本章在文献综述基础上对期权型资源配置进行界定，构建期权型资源配置的理论模型；其次，基于权变理论明确期权型资源配置的适用情境；最后，通过对海尔创业平台资源配置模式进行研究寻找期权型资源配置的现实模板。

第四章研究设计、数据获取与数据质量。其内容包括：研究方法简介、问卷设计、变量的测量与量表的选取、预测试、数据收集与描述性统计分析、数据质量评估。

第五章期权型资源配置对创新的影响。本章从创新绩效和探索式创新两个方向探究期权型资源配置方式对企业创新的影响，并考察环境不确定性的情境作用。其内容包括：基本理论模型的构建、主要研究假设、计量模型构建、实证检验与结果分析、异质性分析。

第六章期权型资源配置影响创新绩效的机理探究。本章融入创业视角，选取机会识别与机会开发作为剖析期权型资源配置提升企业创新绩效内在机理的关键因素。其内容包括：期权型资源配置对创新绩效影响机理的理论分析（即相关命题的提出）、计量模型构建、实证检验与结果分析。

第七章期权型资源配置的竞争优势效应。本章研究期权型资源配置是否有助于企业构建竞争优势。其内容包括：期权型资源配置影响企业竞争优势机理的理论分析（即相关命题的提出）、计量模型构建、实证检验与结果分析。

第八章相关命题的再验证与数字化转型的作用探讨。本章利用新一期数据对前述研究发现进行再验证，并将数字化转型作为一个重要变量纳入研究框架，考察数字化转型对期权型资源配置的“加持”作用和数字化转型对企业创新的影响。其内容包括：研究设计与数据收集、验证性分析、数字化转型的作用探讨（理论分析与模型构建、实证检验结果）。

第九章研究结论、贡献、启示与展望。本章归纳主要研究结论，总结理论贡献和启示，指出与分析研究存在的不足，最后提出未来研究的几个主要方向。

第四节　研究创新点

本书创新点主要有以下三个方面。

创新点1：提出了一个用于描述期权型资源配置的概念模型。

该模型由两个维度组成，分别为资源配置的宽度与选择性机制，后者包含资源配置的渐进性、低初始承诺和资源再分配，按照两个维度划分出四种资源配置方式：传统计划型、冒险型、矛盾型和期权型。该模型比Klingebiel和Adner的期权型资源配置模型更加完善。本书进一步开发期权型资源配置的量表，可供其他学者使用。

创新点2：结合创业视角剖析期权型资源配置影响创新的中间机理。

虽已有学者研究了期权型资源配置对创新绩效的影响，但其中间机理有待考察。本书引入创业视角，通过构建“期权型资源配置→机会识别→创新绩效”和“期权型资源配置→机会开发→创新绩效”两条中介路径揭示期权型资源配置对创新绩效影响机理，也实现了对战略与创业两大视角的融合。

创新点3：融入数字化转型并考察其对资源配置的加持作用。

鲜有以数字化视角考察企业资源配置效果的研究，本书提出一个观点：数字化为企业实施期权型资源配置提供了有利条件，通过理论分析与实证分析发现，数字化转型能够强化期权型资源配置的创新效应，即对期权型资源配置的作用起到加持作用。

第二章　文献综述

对相关文献进行系统梳理是理论研究的重要基础性工作，有助于将研究问题嵌入目前的理论体系、建立与学者们的“对话”进而对现有理论做出贡献。本章分别从“资源基础观视角下的创新研究、资源配置与创新、期权理论及其视角下的创新与资源配置研究”等主题进行文献梳理，回顾各研究主题下的经典文献以及具有影响力的最新研究，在此基础上引出“期权型资源配置对创新影响的研究”这一主题，并明确了两个具体研究问题：首先，期权型资源配置是否能够促进企业的创新绩效且这种关系是否受到环境不确定性的正向调节作用？其次，期权型资源配置是否促进了企业的探索式创新？文献综述部分体现了本书的理论情境，为研究提供了理论支撑，也有利于彰显本书的研究价值与理论贡献。

第一节　资源基础观视角下的创新研究

资源基础观（Resource-based View，或资源论）正式成形于20世纪80年代，在Wernerfelt（1984）、Grant（1991）、Barney（1991）和Peteraf（1993）等学者的开创性研究与推动下发展为战略管理领域一个重要的理论学派。此后，Teece（1997）、Grant（1997）、Bingham 和Eisenhardt（2008）等著名战略管理学者都基于资源基础观或将之作为出发点进行了卓有价值的研究①。资源基础观的提出很好地解释了“同一个产业内的企业间差异往往比不同产业间的绩效差异更大”这一现实问题（Rumelt，1991），为企业建立竞争优势提供了一个新的且有价值的视角与思路，将学界和实践界的目光引向构建、发展、利用以及更新自身资源上。Barney（1991）以资源为视角对企业竞争优势、资源与企业竞争优势的关系进行了系统研究，使资源基础观成为一种有启发性的理论体系。他认为资源是竞争优势的源泉：一种资源首先应具有价值，因为没有价值的资源对于企业是没有意义的，有价值的资源可以让企业获得竞争优势。其次应具有稀缺性，有价值加上稀缺性可以使企业获得短暂的竞争优势，这种竞争优势通常是先动优势，即企业首先利用这种资源可以比其他还未利用该资源的企业获得先动优势；如果资源在有价值并且稀缺的同时，还较难被竞争对手模仿，即模仿成本较高，那么这种资源就具备了让企业获取一种持续竞争优势的条件或者说潜力。但具备了以上三种特质（价值性、稀缺性、难模仿性）还不等于企业就一定能获得持续竞争优势，此时还需要一个关键条件——资源能被组织识别并利用，如果组织的结构、流程、文化不能使组织识别、利用这种资源，那么资源不会帮助组织形成持续的竞争优势。这些内容可以用框架来说明，就是VRIN框架，V即Valuable，R即Rare，I即Imitable，N即Non-Substitutable。可用以下公式表示：有价值+稀缺+难模仿+不易被替代=持续的竞争优势。

自资源基础观被提出以来，众多学者便开始在资源论框架及其启发下研究企业的各种关键问题，并开展了大量的理论与实证探索，概括起来，学者们的研究主要分为两大主题：什么才是企业最重要的资源？企业如何获取关键资源？Barney（1991）将企业的资源分为四类：物质资本资源、财务资本资源、人力资本资源和组织资本资源。其中，人力资本资源包括企业员工与经理作为个体所具有的教育、经验、判断、智力、

① 动态能力理论被许多学者视为资源基础观的延伸，Teece正是在战略资源观的基础上提出动态能力概念，其核心是企业随着环境变化调整、整合、重构资源以及组织技能的能力。Grant将其提出的知识基础观视为资源基础观的一个分支，是对资源基础观的进一步发展。Bingham和Eisenhardt的三种战略逻辑也是基于资源基础观提出的。

关系等；组织资本资源包括与企业相关的一系列属性集合，如企业文化、管理系统、市场声誉、与其他组织的关系等。关于“企业最重要的资源”，学者们的目光很快从物质性资产投向无形资产和人力资本。第一个主题下最有影响力的流派就是知识基础观（Knowledge-based View），该流派认为，企业最重要的资源是知识（Grant，1996）。而从技术知识、市场知识、诀窍（Know-how）、专利等知识性资源的特点来看，知识是最符合VRIO框架的企业资源，其不易被竞争对手模仿和购买并且植根于企业的文化、制度与流程之中。知识基础观启发学者们将知识作为影响或驱动创新的重要因素，研究主要涵盖不同知识对创新绩效与创新类型的影响。前者涉及技术知识和市场知识（Nerkar and Roberts，2004；De Luca and Atuahene-Gima，2007）、智力资本（Subramaniam and Youndt，2005）、知识基的宽度和深度（Zhou and Li，2012）、内部与外部知识（Chatterji and Fabrizio，2014）、知识耦合与流动（Yayavaram and Chen，2015；Cassiman and Valentini，2016）等[①]。人力资本（Human Capital）是又一被广泛研究的影响创新的重要资源，其价值根源在于员工是企业隐性知识（Tacit Knowledge）和专有知识（Specific Knowledge）的载体（Belenzon and Schankerman，2015）。目前关于人力资本与创新研究的文献中，学者们关注的人力资本因素涉及高管、研发主管、参与员工、创始人等的经验（Kato et al.，2015），行业与教育背景（Marvel and Lumpkin，2007），动机（Zhao and Chadwick，2014；Belenzon and Schankerman，2015），情感承诺（Miller et al.，2015），专家权利（Kehoe and Tzabbar，2015）等。除知识与人力资本外，其他影响创新的资源还包括关键性的互补性资产（Alvarez-Garrido and Dushnitsky，2016）、组织冗余（Geiger and Makri，2006；Voss et al.，2008），而互补性资产和组织冗余又表现为知识、人力资本、有形资产等其他形式的资源。

关于“如何获取企业所需资源”，学者们将目光投向基于合作与互

① 为保证研究质量，本节所分析的文献基本出自 *Strategic Management Journal*、*Administrative Science Quarterly*、*Academy of Management Journal*、*Management Science*、*Journal of Small Business Management* 等国际顶级期刊。

利关系的战略联盟、组织间网络。在 Eisenhardt 和 Schoonhoven（1996）、Ahuja（2000）、Das 和 Teng（2000）、Gulati（2000）、Teng（2007）等学者的研究中，战略联盟、组织间网络是企业获取所需资源的重要途径，且在动荡、高竞争强度的环境或行业中，企业更有可能与其他组织建立联盟或网络关系（Eisenhardt and Schoonhoven，1996）。此外，企业与其他组织间的联盟或网络本身是一种有价值、难模仿的重要资源（Ahuja，2000；Westphal，2008）。有关网络资源对创新的影响，学者们将网络结构、网络特征及形式作为主要的解释变量，包括成员的多样性（Phelps，2010；Cui and O'Connor，2012）、直接关联与间接关联（Ahuja，2000）、结构洞（Ahuja，2000）、地理距离（Huggins and Johnston，2012）等。

根据上述学者们的研究，以上资源主要从三个方面影响创新：创新绩效（Innovation Performance，Innovation Outcomes）、创新能力（Innovation Capabilities）和创新类型（Radical and Incremental Innovation；Exploitative and Exploratory innovation）。表2.1是对资源基础观视角下创新研究文献的总结。

表2.1　资源对创新影响的研究主题与代表性文献

RBV下的研究主题		对创新的影响
一、什么是企业最重要的资源	二、如何获取关键资源	
知识：技术知识和市场知识（Nerka and Roberts，2004，等）、智力资本（Subramaniam and Youndt，2005）、知识基的宽度和深度（Zhou and Li，2012）、内部与外部知识（Chatterji and Fabrizio，2014）、知识耦合与流动（Yayavaram and Chen，2015等）。 人力资本：经验（Kato et al.，2015）、行业与教育背景（Marvel and Lumpkin，2007）、动机（Zhao and Chadwick，2014；Belenzon and Schankerman，2015）、情感承诺（Miller et al.，2015）、专家权利（Kehoe and Tzabbar，2015） 其他：互补性资产、组织冗余（Alvarez-Garrido and Dushnitsky，2016）、组织冗余（Geiger and Makri，2006等） ……	战略联盟、组织间网络是获取资源的重要途径。用于衡量网络结构、网络特征及形式的变量包括：成员的多样性（Phelps，2010；Cui and O'Connor，2012）、直接关联与间接关联（Ahuja，2000）、结构洞（Ahuja，2000）、地理距离（Huggins and Johnston，2012）	创新绩效 创新能力 创新类型

资料来源：笔者根据相关文献自行整理。

根据本节对资源基础观视角下创新研究的简要回顾，我们发现，受资源基础论的启发，资源被诸多学者视为影响企业创新最重要的因素。基于资源基础观研究创新问题的学者们对资源类型、资源特性的作用给予了充分重视，涌现出一批丰富的高质量研究成果。其中，最受关注的资源包括知识、人力资本、组织间网络等。但一些学者指出有价值、不易模仿的异质性资源未必能给企业带来竞争优势，许多企业在缺乏此类资源的情况下也创造出了竞争优势（Bromiley and Rau，2014）。通过对相关文献的梳理，还可以发现，诸多学者在关注资源本身以及资源—创新关系的同时，对资源如何转化为创新绩效这一中间过程的关注却相对不足，且这一不足已经得到一些学者如Klingebiel和Rammer（2014）、Le Breton和Miller（2015）的印证。正如国内学者魏谷和孙启新（2014）所说的，资源—绩效的转化链条中组织因素的缺失，造成了资源基础论陷入组织“黑箱”中。对资源转化为创新成果中间过程研究的不足使资源对创新影响的“黑箱”未能完全打开，而打开或深入探视“黑箱”的关键就在于充分研究资源在组织中的配置问题。

另外，在现实中，仅从资源及其性质出发，难以解释同一行业中拥有相同或相似资源企业之间竞争优势和绩效的差异，尤其是无法对那些拥有不易模仿、稀缺资源的企业却未能表现出应有绩效的现象做出合理解释（曹红军等，2011）。正如克里斯滕森在《创新者窘境》一书中所说：“我们可以为两个不同的机构配置相同的资源，最后这两个机构可能会利用这些资源创造出截然不同的成果。这是因为，将资源转化为增值产品和服务的过程，是由该机构的流程和价值观来决定的”。他在分析美国诸多大企业面临破坏性创新时表现出的困境后找出了其中一项关键原因：资源配置，即大企业以现存优势业务为核心的资源配置方式阻碍了对其破坏性创新的商业化应用和推广。因此，我们必须认识到，在今天商业环境不确定性日益增加的情况下，仅依赖提升投入资源的质量和数量都无法解决创新者及企业面临的挑战，企业的创新绩效还取决于如何更有效地分配其资源。

第二节　资源配置与创新

一、资源配置研究概述

（一）资源配置的经济学传统

对资源配置的关注与研究可以追溯到经济学领域，由于资源稀缺性和需求无限性的矛盾，自亚当·斯密发表《国民财富的性质和原因的研究》由此奠定经济学基础以及古典经济学诞生以来，资源配置一直都是经济学的核心问题，是微观经济理论的基本组成部分。可以说，经济学就是一门研究人和社会如何配置稀缺资源的学科（卡茨和罗森，2010）。在人类社会的经济体系中，市场经济和计划经济是两种配置资源的基本方式。

根据西方经济学理论，市场是资源配置的基本方式也是最有效的方式，价格机制又在其中发挥核心作用。在市场中，企业追求利润最大化，消费者追求效用最大化。当某一产品价格上升时，说明对该产品的需求大于其供给（即供不应求），作为生产者的企业会向该产品或具有同等功能的类似产品投入更多资源；当产品价格下降时，意味着对该种产品的需求小于其供给（即供大于求），企业将减少对此种产品的资源投入。在市场这只“看不见的手”与价格机制的引导下，资源通过在社会各部门、行业间流动实现合理配置，从而实现市场的“均衡”，厂商和消费者的状态在这一过程中均得到改善①。资源配置的最佳状态被称为“帕累托最优”，即资源配置达到了这样一种状态：对于某种经济的资源配置，不存在其他生产上可行的配置可以使得该经济中的所有个人至少与他们在初始时的情况一样良好，以及使得至少有一个人的情况比初始时更好。也就是说，在“帕累托最优”状态下，社会的资源配置使得资源分配状态

① 在经济学中，几乎没有什么概念比“效率”用得更广泛，它是指不浪费，即现有资源得到最好的利用，“帕累托改进”就是对效率的提升过程。

的任何调整或改进都不会使在其他任何人不变坏的情况下，而使另一人的境况更好。这时资源达到最优配置（伊特韦尔等，1996）。

如果说市场经济是非人为设计、自然形成的资源配置方式，那么计划经济就是人为设计的又一种资源配置方式。在纯粹的计划经济中，生产资料归国家所有，政府在了解全国人民当前和今后、私人消费和公共消费需求的基础上，通过指令性计划安排生产要素在各个行业、各种产品之间的分配（席酉民，2007）。计划经济作为一种替代市场机制的资源配置方式，在某些方面具有一定优势，如对于一些显著有益于社会公众的事业、基础设施建设、投资额巨大且回收期长的重大项目，通过计划经济的集中决策方式能够取得比市场经济下分散决策方式更高的效率。然而，苏联等国家的历史证明计划经济作为人类社会经济体系的基本资源配置方式是低效的。造成计划经济低效的原因主要包括：作为计划部门的政府无法掌握经济体中复杂海量的信息，也无力快速有效地处理信息；竞争和动力的不足致使经济主体和经济体系缺乏活力和创新；资源配置权力的过度集中滋生大量的寻租行为等。

市场作为资源配置的手段，不仅是经济学理论的中心话题，也给了管理学和管理学者启发。哈默在其《管理的未来》一书中指出，建立在层级制度和计划与控制基础上的资源配置机制会降低资源灵活性、阻碍组织创新，他认为企业中资源（资金和人才）必须能自由地寻求最佳回报，适应能力需要资源的柔性与之匹配，而这一点需要通过某些市场机制得以实现，且提升公司战略效率的唯一途径就是用市场规则来配置资源。市场资源配置机制给我指出了一些重要规则，如新项目评估和定价需要分权以避免那些“守旧”管理者来埋葬创意；创新者必须有途径获得试验的各种资源；内部创新者和投资者越能够互相交流，内部资源重新配置的限制越少，公司的内部市场就越有效，公司适应力也将越强（哈默和布林，2008）。

（二）战略管理中的资源配置研究

资源配置的经济学传统表明其悠久的研究历程及对于社会经济系统运行的重要性。经济学对资源配置的研究视角相对宏观，而在与经济学相比更加关注微观企业的战略管理研究中，资源配置也一直是个重要话题（Bowman and Hurry，1993）。著名的企业史学家、战略学家钱德勒（2002）就指出，战略是为满足预期需要而配置资源的一种计划。Mintzberg（1979）认为企业的战略是其资源配置的模式（strategy as the pattern in a firm's resource allocation）。Bower和Gilbert（2005）认为资源在企业中配置的方式塑造了企业战略。Zhang和Rajagopalan（2010）将战略变革定义为企业资源配置方式随时间的变化，可见两位学者将资源配置视作战略的核心。Noda和Bower（1996）、Mirabeau和Maguire（2014）甚至将战略视为资源配置的迭代过程（an iterated process of resource allocation）。由此可见，资源配置问题对于战略管理理论及研究的重要性。

对资源配置的研究由来已久，早在资源基础观形成之前，就有学者对企业的资源配置进行了探讨。著名学者Cyert和March在20世纪60年代出版的《企业行为理论》（"*a behavioral theory of the firm*"）一书中研究了资源配置的决策问题，认为资源配置决策是企业理论的重要组成部分[①]。并指出，企业通过把资源配置到组织内的不同单位的程序来解决一个典型的经济问题——资源的有效利用问题。通过对几个典型企业的研究，Cyert和March总结了关于资源配置决策的三个环节：确定可获得的资金总额、形成预算；将预算配置到特定项目和子单位；通过支出执行配置（方案）。两人还归纳出一些用于企业资源配置决策的方法和规则，包括预算、会计程序、组织惯例、配置规则、行业内被广泛分享的运营标准（如投资于广告部分的销售额）。在Cyert和March的理论体系中，资源配置更接近于一个资本预算管理的过程，反映了管理决策者对选择方案边际收益的比较[②]。

资源管理过程（Resource Allocation Process，RAP）学派是企业资源配

① 在书中，Cyert和March有如下论断："……企业理论描述了一个市场体系中单个企业如何做决策，它（指企业理论）明确指出了描述一个企业做出关于产量、价格以及资源配置的决策的一组规则或动机假设"。

② 根据两人在书中的描述，这种对多个选择方案边际收益的比较是较为粗略的，且会受到经验法则的影响，这使得Cyert和March关于资源配置的理论在一定程度上脱离了经济学与财务理论中"决策者是完全理性"的假设。

置研究中十分有影响力的一个学派，其代表人物有Joseph L. Bower、Yves L. Doz、Clark G. Gilbert、Robert A. Burgelman、Clayton M. Christensen 等。RAP学派将企业中人的政治、行为因素融入资源配置过程中，强调资源配置过程对战略的塑造作用。

Bower是RAP学派的开创者，他最早研究的是企业的资本预算过程（capital budgeting process），通过对一个独立公司资本配置系统的详细研究，以及关注两年间该公司所作出的四个主要决策，提出，项目选择构成了公司战略规划中不可分割的一部分，投资决策不只是财务决策更是一个综合的管理决策（Bower，1970）。Bower（1970）的研究将社会学和行为学理论引入财务管理理论中，认识到企业的资源配置过程不只是一个理性计算的决策结果，更是一个多方"势力"（不同层级管理者）为获取资源展开竞争以及相互影响的过程。Bower提出的早期模型体现得正是这一过程，如图2.1所示。

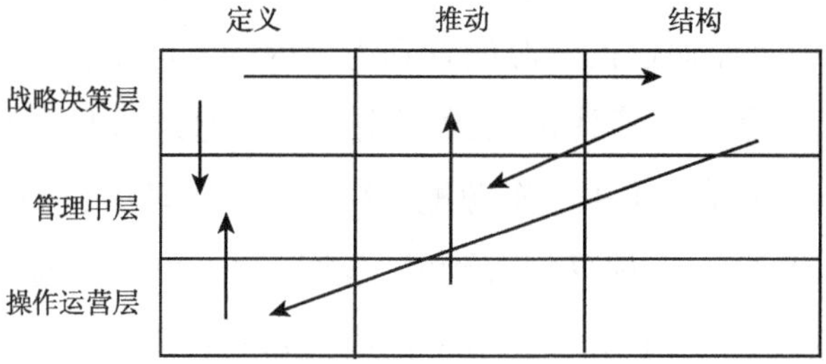

图2.1 Bower模型（1970）

资料来源：Bower J L. Managing the resource allocation process：A study of corporate planning and investment［M］. Boston：Harvard Business School Press，1970.

在Bower（1970）模型中，定义（definition）和推动（impetus）分别代表某个创意、计划或项目发起和得到资源支持的过程。在此过程中，由基层或一线管理者构成的操作运营层、由中层管理者构成的管理中层和由高层管理者构成的战略决策层互相影响，如图2.1中箭头所示，决定了资源分配最终的决策结果，且资源的分配决策受到企业结构情境（组织结构、信息系统、激励等）的影响。

Burgelman（1983）对Bower（1970）的模型做了改进，加入了战略情境（strategic context）。战略情境表达了现有公司战略被拓展至能够容纳来自公司内部创业（Internal Corporate Venturing，ICV）的新业务活动的过程，即公司内部创业活动影响公司战略的过程。Burgelman（1983）的模型如图2.2所示。

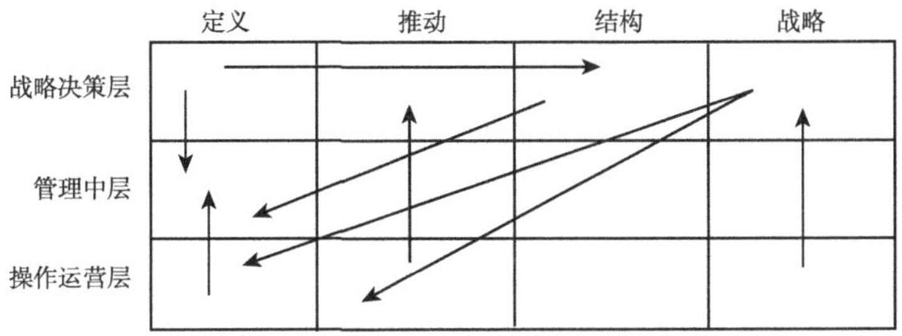

图2.2 Burgelma模型（1983）

资料来源：Bower J L，Gilbert C G. From resource allocation to strategy［M］. Oxford University Press，2005.

Bower（1970）和Burgelman（1983）提出的模型被后来的学者统称为B-B模型。Bower和Gilbert（2005）又对B-B模型进行了完善，新模型加入资本市场和产品市场情境，并增加了一系列反馈作用，如图2.3所示。

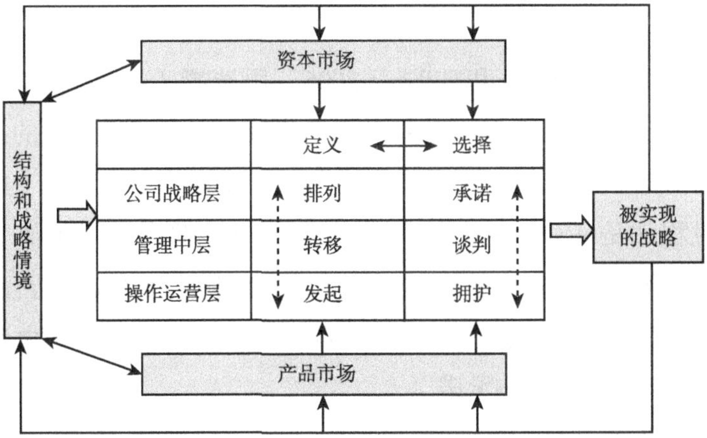

图2.3 Bower和Gilbert资源配置修正模型

资料来源：Bower J L，Gilbert C G. From resource allocation to strategy［M］. Oxford University Press，2005.

在Bower和Gilbert资源配置修正模型中，组织中某一个体或群体为获取资源所展开一系列活动以及不同管理层级相互影响的过程仍被划分为两个阶段：定义阶段和选择阶段。定义（definition）过程源自解决企业中某个基本问题的需要，或起因于公司及其业务现状或定位与领导层期望之间的差距。前者（解决某个问题）体现一种自下而上的过程，通常是操作层或运营层（operating level）首先发现了一些亟待解决的具体问题，如成本超出行业标准、销售收入下降、竞争者在产品质量上已超越自己等。后者（公司现状与领导层期望间差距）体现自上而下的过程，通常是领导层意识到一些事关整体发展的问题，如公司财务危机、组织难以适应未来的技术或行业发展的趋势。这时，问题发现者会提出一些创意、计划或发起一些项目，这些创意、计划或项目被转移至组织中其他管理层级，转移路径可能是自下往上——计划由操作层向上转移至中层（这一过程就是“发起”，即initiating），也可能是自上而下（即由公司领导层向中层）。那些自操作运营层发起的项目或计划，将由中层管理者将其反映至公司战略决策层（此过程即traslating，转移），后者将对这些项目或计划进行评估和排序（aligning）。经过中层管理者和战略决策层的筛选与评估，这些计划或项目必须调整至与公司战略匹配，或公司战略通过演化去匹配这些计划或项目。

在新模型中，Bower和Gilbert（2005）用选择（selection）代替了推动（impetus）。在选择阶段，支持并愿意推动某一创意或想法的拥护者必须在公司内部聚集有利的证据，并从中层管理者处寻求帮助（这一寻求支持的过程就是championing）。中层管理者在该阶段扮演类似于经纪人（broker）的角色，他们对投资建议的前景、盈利性和风险进行仔细评估，将其认可的计划或项目提交给掌管资源的管理者或委员会，由后者做出资源投入与分配的决策与承诺。

此外，新模型体现了一系列反馈作用。反馈体现了Noda和Bower（1996）所说的资源配置过程的迭代性质（Bower and Gilbert，2005）。在该模型中，不仅不同层级的管理者在互动，战略、外部环境（资本市场和产品市场）、组织的结构和战略情境也存在相互作用。被塑造出的战略（realized strategy）对外部环境、结构和战略情境形成了反馈作用，并进一步对资源配置过程形成影响（Bower and Gilbert，2005）。

B–B模型的核心概念是战略作为资源争取和分配的迭代实践的结果（Mirabeau and Maguire，2014）。根据Bower（1970）、Burgelman（1983）、Bower和Gilbert（2005）等研究，B–B模型源自对资源配置和企业自发活动如公司创业行为的研究，所描述过程展示了企业中自发战略的形成过程和自下而上的活动以及不同管理者之间互动作用对公司层战略的影响，遵从演化理论中变异—选择—保留机制。B–B模型用于预测和解释资源是否会被承诺给公司内部的创业活动以及某些被成员发起的创意或计划，认为战略的形成不只是公司战略层管理者规划的结果，而是受到自下而上过程的影响，受到多方（不同层级管理者）影响的结果，是资源配置过程的产物。

RAP学派试图解释为什么资源会被配置到某些或某个提议（proposal）、活动及项目中。在其研究中，资源配置更多地被视为一个结果变量，即不同层级的管理者及其行为如何影响了一个企业内部的资源配置。B–B模型为分析资源在企业中的流动与配置提供了一个重要工具，如Burgelman利用此模型解释了在英特尔公司，资源是如何从其传统业务动态随机存贮器（DRAMs）转移至微处理器。Christensen、Noda和Eisenmann利用模型解释了为什么资源被拒绝投入某项业务，Sull使用该模型解释了为何持续性的资源配置会阻碍企业从某项业务中退出（Bower and Gilbert，2005）。此外，RAP学派的研究和B–B模型为克里斯滕森分析破坏性创新因何难以在行业内原本领先的大企业中产生或即使被成功研发也难以成功商业化提供了重要的理论依据和工具。

RAP学派重在解释企业中资源因何流向某一业务或项目，但缺乏对资源配置具体模式或机制的探讨，对企业如何克服阻碍资源顺利流向创新等关键活动的问题却没有给出足够的对策与建议，且B–B模型难以使企业在今天日益动荡、复杂的环境中取得竞争优势，因为在该模型中，资源的掌管者或配置决策者仍是位于企业金字塔顶端的高层管理者，主流业务部门依然保持强大的资源控制力与影响力，这样必然带来资源配置的僵化并阻碍资源流向探索式、突破式的创新项目中，从而影响公司可持续发展。要弥补这一不足、为企业提出有价值的建议，就必须探究资源配置的机制或模式，探索什么样的资源配置有助于资源不受阻碍地流向创新从而给企业创造更大价值、提升竞争优势。

对于上述提出的问题，Hamel（1999）在发表于哈佛商业评论上的《将硅谷带入公司》（*Bringing Silicon Valley Inside*）一文中给学者和企业管理者提供了一个新的视角。企业应打破固有僵化的资源配置机制，像硅谷一样构建一个资源自由流动的内部市场，以推动企业孵化更多有价值的创意、促进探索式创新，为企业创造新事业并激发成员的创新激情。他在文章中引用了三家企业作为案例：壳牌公司、维珍公司和通用电气。壳牌公司为支持员工的非线性创意，成立了一个可支配2000万美元的小组，称为GameChanger，由该小组负责三天制“创新实验室”的运营，为各种创意提供种子资金和培训①。创意经过成功筛选并可获得种子资金后进入“行动实验室”，后者对创意进入该阶段的成员进行“如何开发机会、识别潜在的合作伙伴和竞争优势来源”等方面的培训。创意发起者在教练的指导下将开发出100天行动计划去进行低成本、低风险的试验。之后，每个小组都要向投资委员会（成员来自GameChanger、资深经理人和壳牌技术投资专家及顾问）汇报自己的创意进展和试验效果。在得到投资委员会的评估后，好的创意将获得第二轮投资（种子资金后的又一轮投资），几个月后，被接受的项目通过概念验证评估，或者成为一项新的业务，或者发展为一个新的公司。维珍公司和通用电气也建立了与上述相似的资源配置机制。这种与传统做法不同的资源配置机制在企业内部创造了一个创意、资本和人才自由匹配的动态市场，它的基本内容或特征包括以下几个方面：（1）引入风险投资，成立风险投资部门如壳牌的GameChanger、通用电气的GE Capital，在企业内部设

① 非线性创意，“nonlinear” ideas，即与企业主流业务不同的、通常被视为非常规的创意与想法。

立一个独立于财务系统的风投市场。Hamel指出，大企业中传统的财务体系根本难以造就创造性的新事业，而风险投资家与财务主管不同，前者愿意承受风险，而后者规避风险，因此后者努力确保投资项目达到制定的利润目标，丢弃那些达不到利润目标的项目（其实真正革命性的产品、事业是难以预测其发展的），同时也限制了项目的发展空间。对于风险投资家来说，投资的目标就是在众多项目中至少有一个赢家，而不是众多投资中没有失败者。（2）用试验去验证创意的可行性和发展性。创意能否获取资源的关键不在于预算和力图精确的经济分析，而在于现实市场中的反馈。（3）对创意的资源投入遵循渐进式的过程，随着创意不断被验证，创意小组也将获得持续的资源，否则对其的资源投入将被中断。

资源配置是组织战略的重要维度，是企业将投入转化为产品及服务以创造价值的关键中间环节。从上述研究来看，目前资源配置研究的主题是分析影响企业资源配置或形成某种资源配置方式的驱动因素（Bower，1970；Burgelman，1983），并探索通过建立合理的资源配置方式、改善资源配置状况以提高资源利用效率从而提升企业绩效。但是，还应看到，对企业资源配置的具体机制或模式还缺乏比较深入的探究，虽然Hamel（1999）早已为我们研究资源配置机制以及何种资源配置方式能促进企业创新提供了一个有价值的视角，但现有研究多是将资源配置简单视为资源在不同业务或部门间的分配或投入，使目前关于资源配置的研究还有需要补充完善之处。

（三）相近概念辨析

与资源配置最为相近的概念有资源管理和资源编排。资源管理的主要提出者是Sirmon、Hitt和Ireland（2007），他们基于资源基础论和动态能力视角研究了动态环境中的资源管理，指出资源管理包括构造资源组合、捆绑资源（对资源进行联结）从而构建能力、利用能力开发市场机会。具体来说，构建（Structuring）资源组合的过程包括从战略要素市场获取资源、通过内部发展积累资源和剥离资源；捆绑（Bundling）资源包括对现有能力进行改进和拓展以及创造新能力；利用（Leveraging）资源包括识别开发市场机会所需的能力配置、为形成必要的能力配置提供计划或愿景、整合相关能力以及使用能力配置去支持一个选定的战略，包括资源优势战略、市场机会战略和创业战略。Sirmon等（2007）提出的“资源管理”概念是对资源基础观的拓展，强调管理者在开发和利用资源中的作用，认为管理者在资源管理能力上的不同会影响企业绩效。

资源编排（Resource Orchestration）的主要提出者是Helfat（2007）和Sirmon等（2011）。资源编排是对资源管理和资产编排（Asset Orchestration）的整合，Helfat（2007）认为，资产编排包括两个主要的过程：搜寻/选择和配置/部署。搜寻/选择过程需要管理者识别资产并做出投资决策，该过程涉及组织结构以及创建商业模式；配置/部署过程需要协调资产、为这些资产提供一个愿景和培育创新。与资源管理一样，这些过程之间的匹配对于发挥企业资源的潜能从而创造竞争优势是非常重要的。根据Sirmon等（2011）的观点，资源管理和资产编排既有共同点，又有差异性。首先，两者都关注管理者的资源管理行为和这些行为如何影响企业的价值创造和竞争优势；其次，组织学习和匹配的概念都是两个理论框架的重要基础。两个理论框架的差异又使其互补：第一，资源管理吸收利用资源基础观，它与资源基础观的主要逻辑相连，而资产编排吸收了动态能力的概念；第二，资产编排缺乏资源管理对资源剥离的处理和资源部署战略，而捆绑行为也没有在资产编排中得以体现；第三，一些出现在资产编排中的重要因素如商业模式、组织和治理结构、创新等，也没有在资源管理框架中得到关注。资源编排吸收利用了资源管理和资产编排的观点，关注管理者如何影响资源基础的竞争优势。图2.4展现了Sirmon等（2011）提出的资源编排的内容框架。

资源管理和资源编排涵盖了资源管理过程中的几个重要环节或步骤，从前期的外部获取和内部发展，到整合和拓展再到后期利用，资源编排的内涵更为丰富，包含对资源的搜寻、选择与部署。但它们对资源配置的重视却不够，在其框架中也较少有涉及资源配置问题的研究。总的来看，三个概念有一定的相似之处，但也表现出差异，表2.2分别从起源、代表性学派、概念内涵、关注问题等几个方面对资源配置、资源管理和资源编排进行了对比。

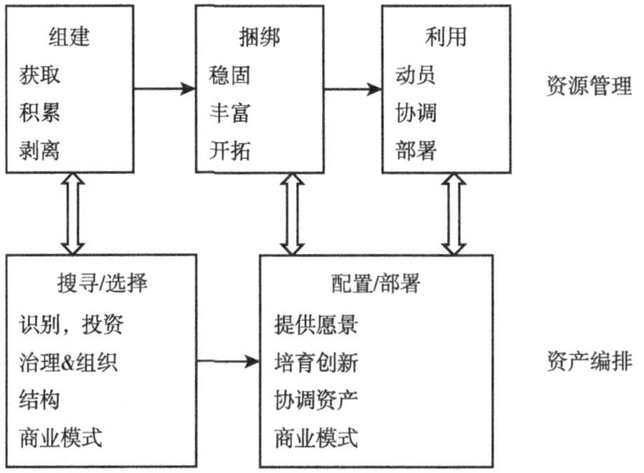

图2.4　资源编排内涵示意图

资料来源：Sirmon D G，Hitt M A，Ireland R D，Gilbert B A. Resource orchestration to create competitive advantage. Journal of Management，2011，37（5）：1390–1412.

表2.2　资源配置、资源管理与资源编排的对比

	资源配置	资源管理	资源编排
提出时间	早于资源管理与资源编排，始于经济学	晚于资源配置，始于动态能力理论	晚于资源管理，始于动态能力理论
应用领域	经济学、战略管理理论	战略管理理论	战略管理理论
代表性学派	RAP（资源配置过程）	动态能力	动态能力
概念内涵	投入转化为产出的中间环节，将资源分配至不同部门、业务领域的活动	从资源的开发到整合、利用，包括构造资源组合、捆绑资源、发展和利用资源等活动	对资源管理和资产编排概念的整合，不仅涵盖资源的开发、整合与利用，还包括对资源的搜寻、选择和部署
关注问题	资源如何在组织中得以配置，影响资源配置的因素	资源管理如何带给企业竞争优势	资源编排如何带给企业竞争优势

续表

	资源配置	资源管理	资源编排
相同点	打开从资源到绩效（成果）的黑箱，仅仅拥有资源并不能给企业带来竞争优势		
主要参考文献	Bower（1970）、Burgelman（1983）、Bower 和 Gilbert（2005）、Sirmon 等（2007）、Helfat（2007）、Sirmon 等（2008）、Sirmon 等（2011）		

资料来源：笔者根据相关文献自行整理。

二、资源配置对创新的影响研究

创新是企业进行资源配置的重要领域（Schilke，2014）。创新绩效不仅取决于资源投入，还取决于资源配置的方式。正如 Klingebiel 和 Rammer（2014）所说的，在今天商业环境不确定性日益增加的情况下，仅依赖提升投入资源的质量和数量都无法解决创新者及企业面临的挑战，企业的创新绩效还取决于如何更有效地分配其资源。随着创新对于企业塑造、维持竞争优势愈加重要，加之资源配置本身的重要性，资源配置对创新的影响应该成为战略研究领域的一个重要话题。Mirabeau 和 Maguire（2014）曾指出结构情境（Structural Context）确定了一个组织的基本逻辑，引导组织中的创新活动与行为。而资源配置方式正是企业最重要的一种结构情境，因此，也必然影响企业创新。另外，资源配置是资源转化为创新成果过程中的一个重要机制，是打开创新"黑箱"的一把钥匙，对于创新研究亦具有重要价值。

从战略研究领域中关于资源配置的文献来看，历年以来，学者们多是关注资源配置对企业绩效和竞争优势的影响（Black et al.，1994；Eddleston et al.，2008；Gruber et al.，2010；Costa et al.，2013），对于资源配置如何影响创新这一问题尚未形成丰富的研究成果，而在关注此问题的学者中，Klingebiel、Rammer 和 Adner 的研究最具代表性。

Klingebiel 和 Rammer（2014）用宽度（Breadth）和选择性（Selectiveness）两个维度衡量企业的资源配置方式，实证分析了资源配置对创新绩效的影响。研究发现，资源配置方式比资源投入量对创新绩效的影响更大。具体而言，在有选择性地对不同创新项目进行资源投入的条件下，资源配置的宽度提升了企业的创新绩效，因为宽度意味着企业不将“赌注”押在某个产品上，由此降低了企业在快变市场中的决策风险，提高企业的成功率，而选择性（随着各创新项目进展情况进行合理筛选）可以有效规避宽度劣势，如管理者及成员的注意力分散、战略聚焦度下降、组织复杂度升高、激励效应低下等。Klingebiel 和 Adner（2015）分析了排序式或渐进式资源配置方式（Sequencing Resource Allocation）、低初始承诺（Low Initial Commitment）以及资源再分配对创新绩效的影响。排序式资源配置是指分步骤地将资源分配到创新项目。排序式资源配置是一种动态分配机制，由于可以根据项目进展情况和市场反馈获取决策信息，遵循这一资源配置方式的企业更有可能成功地使自己的产品创新符合动态市场需求。低初始承诺是不对创新项目做出明确或正式承诺，项目之间为资源而展开竞争。实证结果表明，排序式资源配置可以提升企业创新绩效，而当低初始承诺伴随资源再分配时，企业创新绩效也会有所提升。

国内学者就“资源配置如何影响企业创新”这一话题也进行了一些研究，如秦剑（2009）、李林生（2012）、吴晓云和孙轻宇（2012）。其研究效果不一，秦剑（2009）将技术联盟与知识转移作为资源配置的两种模式。李林生（2012）通过网络结构特质、管理人员特质和技术人员特质衡量企业的人力资源配置。但两人的研究未能较准确地描述资源配置，因为技术联盟与其说是资源配置手段，不如说是获取资源的途径，知识转移只能说明知识在企业内部的流动情况，而网络结构、管理人员与技术人员的特质更贴近于资源基础观下的资源异质性，也无法反映企业的资源配置情况。相比之下，吴晓云和孙轻宇（2012）的研究则更有代表性。他们以国内上市银行为样本，通过集中性、连贯性、差异化三个维度刻画企业资源配置。其中，集中性配置是将创新资源集中投入于某一领域或活动中，连贯性配置是对某些项目的持续性投入，差异化配置是实行一种与行业内竞争对手不同的资源配置方式，表现为投入资源与创新项目的不同。实证结果表明，连贯性资源配置对创新绩效有显著的正向影响，差异化配置与创新绩效呈倒“U”形关系，即，随着资源配置差异化程度的升高，创新绩效先增加后减小。此外，李晓翔和刘春林（2018）从外部合作与内部配置两个维度划分四种中小企业资源配置策略，通过实证研究发现：外紧—内散型、外松—内聚型资源单位结构更加有利于中小企业的创新成长。

相对于资源对创新的影响，资源配置对创新影响的研究虽已有一些，总体上还比较缺乏（Klingebiel and Rammer，2014），使得现有研究成果与资源配置对于创新的重要性尚无法匹配。从现有相关文献来看，对资源配置的理解和描述还不够精确，针对新的环境下“什么样的资源配置方式能够促进企业创新及创新绩效”这一问题亟待深入探索。

第三节　期权视角下的创新与资源配置研究

期权（Option）一词出现于金融学领域，是投资者获得、持有未来进行某项投资的权利而不必承担义务。战略管理学者利用类比（Analogy）的方法将期权引入战略研究领域，为研究组织战略提供了一个独特且有价值的视角（Bowman and Hurry，1993；Dixit and Pindyck，1995）。

一、战略期权研究概述

在战略期权正式提出之前，期权思想就被应用于全球化、联盟战略和研发管理等研究领域（Bowman and Hurry，1993）。早在20世纪70年代后期，学者Myers就认识到组织的资源投入与期权相似，尽管当时没有明确提出战略期权或战略期权的概念，但已有企业在遵循类似期权投资与管理的方式进行资源投入和业务开发，如以合资的形式进行尝试性投资（Trial Investment）从而开发新市场或推进国际化（Bowman and Hurry，1993）。自20世纪80年代后期，学者们陆续将期权理论从金融学界正式引入战略研究领域，产生了“Strategic Option”“Real Option”等专属概念，对战略管理中期权的含义、适用条件、基本性质、过程模型、主要作用等形成了基本共识。

期权被引入战略管理研究领域后，产生两种说法：“战略期权”与“实物期权”。本书不去过多纠结于两者的区别，因为这两个术语更多的是不同学者叫法的区别，正如Mitchell和Hamilton（1987）认为，将“期权”从金融学领域引入战略管理即为战略期权，因此，在大部分情况下，实物期权和战略期权是可以互相替代的，两者都是将期权方法用于企业战略投资决策，是决策者在不确定下制定战略决策的工具（Adner and Levinthal，2004）。甚至可以认为，实物期权就是战略期权，因为从战略的性质和目的来说，企业进行的实物期权投资一般都需要符合以下条件：能够给企业带来竞争优势、能够推动企业长远发展。当本书在引用、分析一些学者研究而出现战略期权一词时，读者可以将其与实物期权等同。此外，从研究文献来看，从事“real option”研究的学者皆属于战略领域。故本书将real option视为战略期权，即统称为“战略期权”。

“不确定性”是战略期权的基本适用情境，Kogut和Kulatilaka（2001）甚至指出，期权只有在不确定性下才有价值。需说明的是，实物期权或战略期权并不是解决问题的“万能钥匙”，也需要企业付出成本，如规模经济损失、管理者及成员的注意力分散与感情投入下降、战略聚焦度下降、激励效应低下等（Klingebiel，2012）。从战略期权理论与研究发展历程来看，期权方法与理论被学者从金融领域引入战略领域就是为了解决企业及管理者在面临不确定时的投资决策问题。在企业界，常被采用的投资决策方法是净现值法（NPV），但其缺陷在于企业经常难以准确测算投资回报，尤其是对那些具有较高风险性、预期收入存在较高不确定性的项目，如产品研发（Adner and Levinthal，2004）。在有关文献中，不确定除了存在于项目本身，如收益不确定性（Mitchell and Hamilton，1987；Dixit and Pindyck，1995）外，还存在于外部环境中，即环境不确定性（Krychowski and Quélin，

2010；Klingebiel and Adner，2015）。在动荡、难以预测的环境下，战略期权使企业以较小的投入便获得在未来利用、开发某些机会的权利，有助于推动企业的长期发展，提升企业的成功概率（Bowman and Hurry，1993），还有助于企业形成灵活的战略并使企业通过持续的学习优化自身战略从而适应不确定的市场环境（Luehrman，1998）。除了不确定性外，投资不可逆（Irreversibility）是战略期权的另一个适用情境。根据Kogut和Kulatilaka（2001）的研究，投资不可逆是指一经投入，花费的成本便无法再撤回。不可逆性意味着投资较易形成沉没成本，因此一旦决策失误，则会给企业带来较大损失。以NPV为代表的传统决策方法隐含的一条基本假设是：企业已经做出的投资是可以撤销的（Dixit and Pindyck，1995）。但这一假设在许多时候与现实矛盾，企业的多数投资实际上是不可撤销的，即失败的投资会以大量沉没成本的形式存在。此外，NPV带来高度的初始承诺，也易造成较高的沉没成本。而采用期权思维进行投资的企业可以根据市场状况进行追加投资或放弃投资的决策，从而减少投资损失（Dixit and Pindyck，1995）。表2.3对净现值法和作为战略决策工具的战略期权进行了对比，图2.5描绘了战略期权的适用情境。

表2.3　两种战略决策工具——净现值法和战略期权的比较

	NPV	战略期权
适应情境	稳定的、可预测环境，经济价值可测算的项目	动荡、难预测的环境，经济价值不易测算的项目
对决策者的假设	“理性人”，可对项目做出准确评估，能够预知项目和市场的发展状况	有限理性，经常缺乏足够的信息和准确判断的能力，决策会出现失误
判断是否投入资源的依据	项目的经济收益	市场的实际反馈、项目的进展情况和战略价值
资源投入方式	一次性投入全部所需资源	分阶段投入资源
资源投入宽度	因将有限的企业资源一次性投入某个或某几个重大项目，资源投入宽度很窄	分阶段投入资源保证了企业能够将资源分配到更多项目中
失败的成本	一旦某个项目失败，企业将遭受重大损失	个别项目失败不会使企业遭受大的损失，且损失限制在先期的资源投入

资料来源：基于相关文献整理。

在相关研究中，低初始承诺、选择性和渐进性是战略期权最主要的特征。Klingebiel和Adner（2015）将低初始承诺作为战略期权的关键特征，即不对投资项目做出明确承诺。选择性是根据项目进展情况和市场反馈选择继续追加投入还是放弃，渐进性则是指渐进式的资源投入。低初始承诺意味着不对投资项目进行一次性投入，且项目之间为资源而展开竞争，那些随着进展被证实可行或后续取得更好绩效的项目才会得到更多资源，而那些为取得期望绩效或经验证不可行的项目则被推迟或放弃。低初始承诺、选择性和渐进性使企业可以根据项目的后续发展情况调整投资决策、决定下一阶段的资源投入，所以战略期权给了企业灵活性，从而使企业可以有效应对环境不确定性。

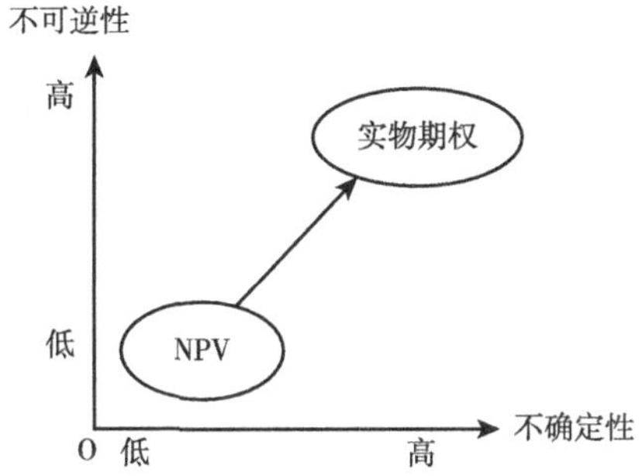

图2.5　战略期权的适用情境

资料来源：Adner R，Levinthal D. What Is Not a Real Option：Considering Boundaries for the Application of Real Options to Business Strategy［J］. The Academy of Management Review，2004，29（1）：74–85.

二、期权视角下的创新研究

其实早在20世纪80年代，就有学者从期权视角研究企业创新活动，如Mitchell和Hamilton（1987）。Mitchell和Hamilton（1987）发现了一个事实：许多成功的软件和电脑设备生产商在管理研发项目时并未遵循传统的ROI分析法。因为研发活动自身及其回报存在较高的不确定性，难以进行有效的经济测算。当时美国公司的研发主管已普遍认识到传统战略决策和预算方法（如NPV、DCF）都排斥那些有可能推动公司长期发展的、具有高收益潜力（但同时也意味着高风险）的研发项目。他们在研究中指出，将期权原理应用于研发活动的主旨是降低研发成本和提高研发收益从而使研发投资更有利于企业发展。在此之后，Huchzermeier和Loch（2001）、McGrath和Nerkar（2004）、Klingebiel（2012）、Klingebiel和Adner（2015）等学者分别基于期权视角对创新的相关问题进行了探索与研究，其关注的问题各不相同，如表2.4所示。

表2.4　期权视角下创新的代表性研究

代表性研究	关注话题
Mitchell和Hamilton（1987）	研发管理（研发资金管理决策）
Huchzermeier和Loch（2001）	研发项目的过程管理
McGrath和Nerkar（2004）	研发投资决策
Klingebiel（2012）	新业务开发活动
Klingebiel和 Adner（2015）	创新绩效（新产品销量）

资料来源：笔者根据相关文献自行整理。

结合上述学者研究和期权特征，期权视角下的创新表现出以下特点：（1）期权思想引导下的企业通常拥有范围较广、包含多个项目的创新组合（Klingebiel and Adner，2015）。这是因为战略期权的低初始承诺和渐进性的资源投入方式使企业不必一次性向某个项目投入全部所需资源，从而可以将资源投入更多的项目中，且选择性（随着各个创新项目进展情况进行合理筛选）可以有效规避宽度劣势，降低了大量分散化投资的失败风险与损失。（2）期权引导下的创新过程具有迭代化的特征，这一点较少被学者们关注。创新迭代化，关键在于以快速开发原型和试错的方式进行产品创新，基于市场反馈迅速调整、及时纠正或放弃项目（张腾和王迎军，2016）。战略期权的渐进性资源投入是驱动创新迭代化的重要因素，因为企业做出是否在下一时期继续对某一项目进行资源投入的重要依据正是该项目的进展和市场反馈，若项目通过迭代创造出新价值并实现快速发展，则企业会对其继续投入资源（在期权术语中为持有期权），反之，则会被放弃（即放弃期权）。（3）战略期权下的创新伴随对外部机会的大量探索和学习行为（McGrath and Nerkar，2004；Klingebiel and Adner，2015）。对于在不确定环境中经营的企业，期权式的创新投资就是对外部机遇的最好探索（Bingham and Eisenhardt，2008），因为秉持战略期权的原则与方法，企业可以将损失控制在较小的水平，提升识别、开发机会的成功率。Bowman和Hurry（1993）指出，小规模的期权投资不仅限制了探索的下跌风险，还帮助企业试验和学习。期权逻辑下的创新是一个持续探索、学习和调整的过程，具有演化性质和动态特征（Klingebiel and Adner，2015）。战略期权理论与方法引导下的创新所具有的上述特征，使其可以比传统计划型的创新方式更好地适应不确定环境。

三、期权视角下的资源配置

Bowman和Hurry（1993）曾这样描述战略期权、战略和资源配置的关系：通过期权视角，战略可被视为一个组织的资源投入选择（资源配置）过程。战略期权研究领域的学者Tong和Reuer（2007）曾说过："因为它明确地考虑了成本和灵活性的好处，期权视角能解释组织如何在动态环境中分配资源（Because it explicitly considers both the costs and benefits of flexibility，the options perspective helps explain how organizations allocate resources in dynamic environments）"。期权为研究组织战略提供了一个独特且有价值的视角，对于企业更好地应对环境不确定性具有重要价值。作为组织战略的重要方面，资源配置值得我们在战略视角下对其进行审视与探讨。另外，战略期权与资源配置具有天然的内在联系，正如Klingebiel和Adner（2015）所说的，战略期权就是一种资源分配的逻辑。根据学者们的研究，对于"期权视角下的资源配置"这一话题可从战略期权视角下资源配置的特点和对企业绩效的影响展开论述。

（一）期权逻辑下资源配置的特点

期权逻辑支持这样的资源配置原理：把在新产品上的赌注视作小的定位性投资，这种小的投资行为给企业带来了一种权利，而非义务，这种权利使企业可以在未来视创新项目的实际进展而做出进一步投资（Klingebiel and Adner，2015）。Bowman和Hurry（1993）认为期权理论为渐进式资源投入的行为过程提供了一个经济逻辑，期权视角下的资源配置是一种渐进的方式，这区别于一次性投入资源的传统模式。Klingebiel和Adner（2015）指出，使用战略期权逻辑的公司排序式或渐进式（Sequencing）地进行资源分配。排序，是一种动态分配机制。这种机制与Bowman和Hurry（1993）提出的渐进式资源配置相符，即资源不是一下子投入进去，而是分步骤进行，企业根据项目的进展情况决定后续是否投入。因此，期权逻辑指导下企业资源配置的重要特征之一是资源连续性的分次投入，初始投入量保持在较低水平（该水平应保证企业能够获得对某一项目或资产的期权），而企业做出是否在下一时期继续进行资源投入的重要依据是项目的进展和市场反馈。

期权具有时间价值（Kogut and Kulatilaka，2001），也必然伴随对投资对象的低初始承诺（Klingebiel and Adner，2015）。低初始承诺意味着不在初始阶段就对投资项目做重大投入，企业内各项目之间为资源而展开竞争，只有随着进展和市场反馈被证实可行或后续取得更好绩效的项目才会得到更多资源。应该说，低初始承诺是引发排序式资源分配方式的原因，因为低初始承诺决定了企业对项目的初始投资一定是探索性的和非承诺式的，而企业决定是否在（t+1）期对项目继续投入（即购买、持有期权）的依据就是该项目是否在t期取得了较好的发展、得到较好的市场反馈，或比其他项目表现出更好的发展与更出色的绩效。此外，低初始承诺也引发资源重新分配机制（Adner，2007），失败项目的资源会被重新分配到成功的项目中，从而提高资源的利用率。

由于期权（Call Option）是获取或持有未来某个时间卖出或买入某种

资产的权利而非义务，拥有者的损失限制在购买期权的成本上，故秉持战略期权理念和方法的企业可以投资更多的项目，从而拥有更加宽泛的项目投资组合，其多元化的程度也更高。相应地，战略期权逻辑下的资源配置通常表现出更宽泛的资源分配范围，即资源在更多项目上的投入（Klingebiel and Adner，2015）。

（二）期权型资源配置对企业的影响

以战略期权理念及方法引导的资源配置方式，可称为期权型资源配置。如前所述，环境不确定性是战略期权重要的适用情境。期权型资源配置方式对企业的主要影响体现为：在不确定环境下，增强企业的适应力与灵活性，提高企业的成功率，从而提升绩效与竞争优势。

Bowman和Hurry（1993）认为，一个组织的期权组合能够缓冲未来投资的下跌风险，增强组织承担损失的能力和成功的概率。企业在t期做出的投资实际上在（t+1）期才与环境发生作用（Bowman and Hurry，1993）。而在高度不确定的环境中，企业很难预测（t+1）期的环境变化，因此，企业在t期的投入与（t+1）期成功率间的关系就存在较大变数，而降低失败风险的关键就是投入资源的方式，若在t期将资源一次性集中投向某个项目，则在（t+1）期及更远期企业失败的概率会很大，若遵循战略期权的原理进行资源配置，则可提高企业在（t+1）期及更远期的成功概率，因为战略期权的低初始承诺和渐进性的资源投入方式使企业不必一次性向某个项目投入太多资源，从而可以将资源投入更多项目中，且选择机制（随着各个创新项目进展情况进行合理筛选）可以有效规避宽度劣势，降低了大量分散化投资的失败风险与损失。

哈默（2008）曾指出，在不确定的世界里，最重要的是企业的适应力以及长期的进化优势。期权型资源配置的方式增强了适应力和灵活性。首先，它增加了企业的选择性。在不确定环境中，企业应遵循机会逻辑（Bingham and Eisenhardt，2008）。机遇逻辑强调竞争优势来自比竞争对手更快、更有效地捕获稍纵即逝的、有吸引力的市场机会。期权型资源配置使企业可以通过一系列探索式的项目发现、捕捉市场机会，为企业在未来打开更多的机会窗口。正如Bowman和Hurry（1993）所说，期权可以带来选择，而机会越难掌握，组织通过持有期权获得的收益就越多。其次，它有助于克服资源配置刚性。克里斯滕森曾在《创新者窘境》一书中指出，资源配置的刚性是阻碍大企业开发并推动破坏性创新的重要因素，也是许多企业难以克服的一种组织刚性。期权型资源配置方式的低初始承诺引发资源重新分配（Resource Reallocation），那些失败项目的资源会被重新分配到成功的项目中（Klingebiel and Adner，2015）。这一原理使得组织的资源配置具有一种灵活性，即对不同项目的资源投入随着各种项目的实际进展而调整，从而有助于克服资源配置刚性。再次，它给企业内部带来竞争机制。这种竞争机制在战略型资源配置的作用下体现为一个近似于自然选择的过程。在战略型资源配置方式下，企业不在初始阶段就对项目做重大投入，各项目之间为资源会展开竞争。只有随着项目的进展，被证实可行或后续取得更好绩效的项目才会得到更多资源。那些无法满足市场需求、难以取得良好发展的项目则会被淘汰。这一过程背后的决定性因素不是管理者或CEO的个人决策及命令，而是市场。这种自然选择的竞争机制增强了企业发展活力，使企业更能适应市场。最后，它给企业带来一种学习机制，使其能够更好地适应环境。在期权型资源配置下，企业做出是否在下一时期继续进行资源投入的重要依据是项目的进展和市场反馈，项目发展则遵循演化过程，项目成员及管理者必须根据市场反馈进行持续性调整，在过程中不断学习，否则就会被淘汰。期权型资源配置推动企业不断试验和学习，因此，使企业能够学习新知识、获取新能力（Bowman and Hurry，1993）。

可以看出，战略期权指引下的资源配置过程是一个不断修改假设、调整认识的迭代过程。遵循期权型资源配置方式的企业更有可能成功地使自己的产品创新组合符合演化的市场，并获取竞争优势。

第四节　环境不确定性的研究

前面分析指出，环境不确定性是期权型资源配置的适用条件，本节对环境不确定性的相关研究进行综述、分析。

一、环境不确定性的内涵及维度刻画

最早对不确定性进行系统探讨的学者是美国现代颇有影响力的经济学家奈特，他在1921年出版的《风险、不确定性和利润》一书中对风险和不确定性作出了区分，其观点随后在经济学、管理学、金融学等领域取得共识。奈特指出，风险是一种能够推导结果的概率分布状态，即结果不唯一、概率可知的状况，而不确定性则是一种不能够推导结果的概率分布状态。进一步讲，不确定性包含两层意思：一是可能出现的结果是已知的，但其概率分布是未知的；二是可能出现的结果及其概率分布都是未知的。现在学界的共识是后一种情况是真正的不确定性，如果从个体决策到产生结果的关系考察，若个体在做决策时，与决策相关联可能结果以及这一结果的概率是未知的，那么这种决策情景即可称为不确定性（李政和艾尼瓦尔，2018）。

管理学界对环境不确定性的关注始于对组织环境及组织与环境间关系的研究。依照Dill（1958）的定义，组织环境是外部环境中能影响组织目标的所有因素的组成。根据相关学者的研究，动态性、复杂性等是衡量环境不确定性的重要维度，不可预测性是环境不确定性的关键属性（张腾等，2015）。Thompson是较早关注组织环境不确定性的学者，他在《行动中的组织》一书中提出了一个刻画环境的双维度模型，见表2.5，该模型由同质性和稳定性两个维度组成。根据该模型，动态—异质性环境的不确定程度最高。

表2.5　　Thompson的环境模型

维度	稳定	动态
同质	1稳定的、同质化环境	3动态的、同质化环境
异质	2稳定的、异质化环境	4动态的、异质化环境

资料来源：Thompson，J. D. Organizations in action. New York：McGraw-Hill Book Co.，1967.

Thompson（1967）提出的环境模型及其对不确定环境的界定给了后来学者以启发。Duncan（1972）在Thompson模型的基础上提出了一个经典的环境模型，两个维度分别为简单—复杂和静态—动态，该模型被许多管理学教科书采用①。如表2.6所示，在Duncan环境模型中，简单—复杂维度是指组织中决策者需考虑的环境中各种因素的数量和这些因素之间的差异；静态—动态维度是指组织环境及其构成要素的变化程度，即环境中各因素是基本维持原状还是一直处于变化之中。Duncan提出的环境不确定性是一种感知不确定性（Perceived Environment Uncertainty），即决策者所感知到环境不确定的程度。根据Duncan的模型，环境不确定性从复杂性与动态性两个维度进行衡量。在表2.6中，复杂—动态环境的不确定程度最高。

表2.6　　Duncan的环境模型

维度	简单	复杂
静态	**低度感知不确定性** （1）环境中少量的要素和要素成分 （2）要素相似度较高 （3）要素及其构成成分基本不变	**较低度感知不确定性** （1）大量的要素和要素成分 （2）要素相似度低 （3）要素及其成分基本保持不变
动态	**较高度感知不确定性** （1）环境中少量的要素和要素成分 （2）要素相似度较高 （3）要素处于持续的变化中	**高度感知不确定性** （1）大量的要素且构成成分较复杂 （2）要素及成分的相似度低 （3）要素及成分处于持续的变化中

资料来源：Duncan R B. Characteristics of organizational environments and perceived environmental uncertainty［J］. Administrative Science Quarterly，1972，17：313-327.

① 著名管理学家斯蒂芬·罗宾斯所著的《管理学》即使用了Duncan（1972）提出的环境模型去描述企业环境。

Jurkovich（1974）认为Thompson、Duncan等提出的双维度模型有些简单，以至于难以用于衡量日渐动荡复杂的环境。他归纳出五个刻画环境的维度：复杂性、常规化程度、组织化程度、交易中介的数量，以及环境的变化。Jurkovich（1974）对环境变化的认识突破了原有的概念，他从两个维度刻画环境的变化：变化的速率和稳定性，区分了可预测的环境变化与不可预测的环境变化：稳定的变化是可预测的，不稳定的变化是不可预测的。Jurkovich（1974）的研究使不可预测性成为环境不确定性的一种重要属性。与Jurkovich摆脱双维度模型一样，Dess（1984）用一个三维模型来衡量环境。Dess（1984）从组织间资源的依赖关系、资源分布、组织多样性、环境动态性等视角来审视环境不确定性。首先，组织因为依赖于外部资源难以控制其所处环境，由此带来环境不确定性；其次，受组织生态学的启发，Dess利用环境中各个组织的异质性和外部资源分布的分散性来描绘环境复杂性，外部环境的异质性和资源分布分散性越大，环境不确定程度就越高；最后，不稳定、动荡性使得组织难以预测外部变化，从而也提升了环境不确定性。

Dess（1984）以后，Milliken（1987）在上述学者的基础上划分了三种类型的环境不确定性，分别是：状态不确定性（State Uncertainty）、效果不确定性（Effect Uncertainty）和反应不确定性（Response Uncertainty）。状态不确定性是指管理决策者难以理解和预测环境及其组成部分将会发生的变化，它是一种管理者所感知的环境不确定性，其本质属性是环境状态的难预测性；效果不确定性是管理者难以预测未来环境变化对组织造成的影响，在此情形下，管理者对于环境与组织间的因果关系缺乏足够的了解；反应不确定性是指管理者缺乏针对环境变化如何做出回应的知识，以及难以预测所做回应的结果。

进入20世纪90年代，组织环境变化加剧，全球化进程加快，互联网得到广泛应用，产业融合加剧，企业经营环境变得更加多变和复杂。这些现象说明企业面临的环境不确定性又有所提升。战略管理领域的众多学者基于环境变化发展出新的理论，如Teece的动态能力理论、

D'Aveni的超竞争理论、Eisenhardt的边缘竞争理论，他们认识的环境具有如下共同特征：动荡、快变、复杂……总之，环境变得更加难以预测。

回顾近些年，最能代表战略学界对环境认识的概念是“VUCA”，Bouee（2013）在《轻足迹管理》一书中将VUCA从军事学领域引入商业领域，使其迅速流行开来，在管理学界和商业界，越来越多的人用该词汇形容当今及未来企业的经营环境。VUCA包含四个维度：动荡性（Volatile）、不确定性（Uncertain）、复杂性（Complex）和模糊性（Ambiguous），如表2.7所示。对于VUCA模型，不确定性是一个关键变量。根据Bennett和Lemoine（2014）的定义，VUCA中的其他三个维度也含有“难以预测”之意，而这正是不确定性的重要属性。

表2.7　　VUCA模型

对行动结果的可预测度		
+	**复杂性** 环境中包含许多相联的因素与变量，有些信息是现成的，或能预测到。但想清晰地梳理环境因素的数量与关系的本质并非易事	**动荡性** 挑战本身与商业周期的时长是未知并且不稳定的，但是并非难以理解。相关信息通常是现成的
–	**模糊性** 因果关系往往是不清晰的。没有先例可供参考，你面对的是“未知中的未知”	**不确定性** 尽管缺乏额外信息，时间的基本因果关系已知。具备变革的可能性，但不一定成功
	– 对情况的了解程度	+

资料来源：Nathan Bennett，James Lemoine. What VUCA really means for you［J］. Harvard Business Review，2014（1）：27.

二、环境不确定性的研究分析

本节使用CiteSpace工具对与企业研究相关的不确定性主题文献进行归纳、分析，在CNKI数据库和Web of Science核心数据库中搜索题目中带“enterprise”“firm”“Uncertain Environment”和“VUCA”的文献，共得到322篇中文文献和426篇英文文献。以下分别进行发文量分析、关键词共现分析、关键词聚类分析、关键词突现分析。

（一）发文量分析

如图2.6所示，以“环境不确定性”为主题的发文量呈波动增长态势，其高峰期是2021年。

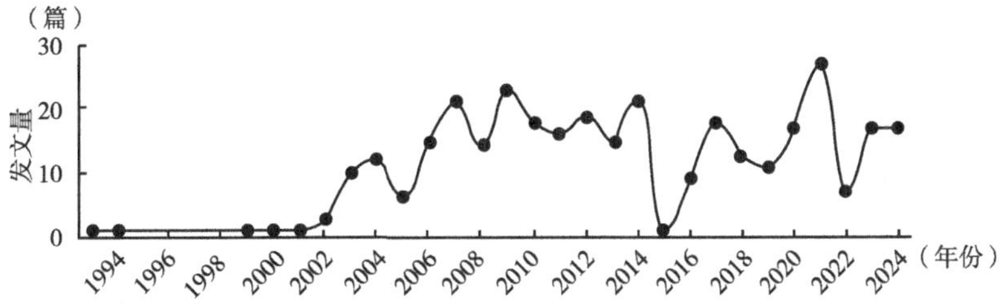

图2.6 “环境不确定性”主题发文量趋势图

资料来源：根据CiteSpace软件统计结果整理。

从图2.7可以看出，研究视角呈多元散点分布，涵盖供应链管理、企业应对策略，以及探讨不确定环境中的企业绩效与竞争优势的提升或实现、战略决策等。

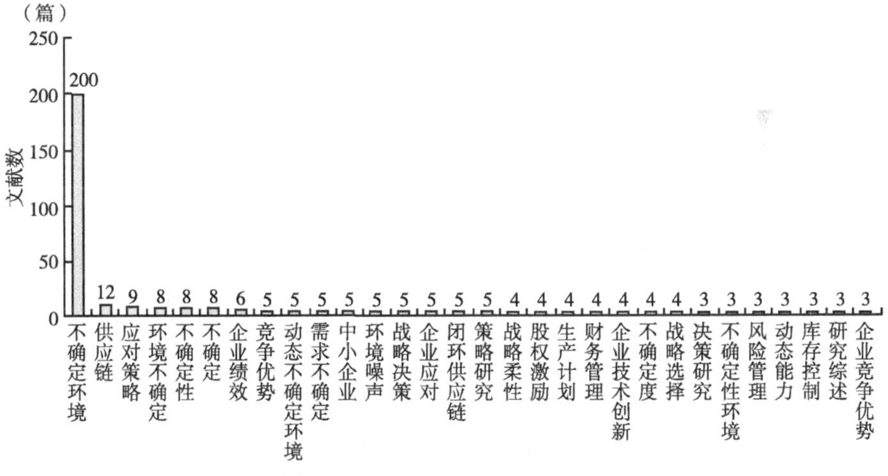

图2.7 相关论文涉及主题示意图

资料来源：根据CiteSpace软件统计结果整理。

（二）关键词共现分析

将CNKI数据库和Web of Science核心数据库中关于企业不确定环境的文献导入CiteSpace中对关键词进行共现分析，322篇中文文献中得到一个含有298个节点、287条关联路径的共现网络，426篇英文文献中得到一个含有92个节点、211条关联路径的共现网络。其中，节点大小代表关键词频次的高低，节点间的连线代表关键词间存在关联。对比中英文文献的关键词共现图谱发现，相较于英文文献，中文文献节点和关键词间的连线都偏多，这在一定程度上说明中文文献的研究广度、紧密性等高于英文文献。

频次较高的共引关键词通常反映了研究领域内的研究方向和热点，中心性意味着关键词在领域内的影响力。将企业应对不确定性的中英文文献的高频关键词及其中心性进行整理统计。中文文献高频关键词是“不确定性”，频次为45次，这与企业应对不确定性条件的实施背景不约而同；其次是“实物期权”“供应链”紧随其后，频次分别为10次和9次，说明企业应对不确定性的研究目的集中应用于实物期权①和供应链；此外，“动态能力”“中小企业”“战略决策”“遗传算法”“战略选择”等也为高频关键词。英文文献的第一高频关键词是“model”和“management”，频次均为53次，但“model”的中心性较高，说明该关键词是本书研究领域关键节点，企业在应对不确定性时需要模型支撑；其次为“performance”“impact”，频次分别为36次和27次，充分说明企业应对不确定性与企业绩效和影响之间的密切关系；此外，“framwork”“dynamic capability”“stategy”“innovation”“design”等也为高频关键词。此外，当关键词的中心性大于或等于0.1时，说明该关键词是本书研究领域关键节点，企业应对不确定性的关键节点有不确定性、模型、绩效、战略等。根据表2.8的统计结果，目前不确定性主题的研究尚未出现关键节点，这也说明相关研究的视角较为分散。

① 即本书所指的战略期权，在绝大部分情况下，实物期权和战略期权是可以互相替代的，甚至可以说两者是同义词。

表2.8　　中小企业数字化高频关键词统计

排名	频次	中心性	中文关键词	频次	中心性	英文关键词
1	45	0.11	不确定性	53	0.12	Model
2	10	0.02	实物期权	53	0.02	Management
3	9	0.01	供应链	36	0.04	Performance
4	8	0.01	不确定	27	0.21	Impact
5	6	0.01	动态能力	13	0.00	Framwork
6	5	0.00	不确定度	12	0.05	Dynamic capability
7	5	0.00	中小企业	11	0.00	Firm performance
8	4	0.01	战略决策	9	0.21	Strategy
9	4	0.00	遗传算法	9	0.02	Innovation
10	4	0.00	战略选择	7	0.04	Design

资料来源：根据CiteSpace软件统计结果整理。

（三）关键词聚类分析

将CNKI数据库和Web of Science核心数据库中关于企业应对不确定性的文献导入CiteSpace中对关键词进行聚类分析，聚类编号越小，说明聚类规模越大。具体而言，中文文献有三大类别，分别是“不确定性”“实物期权”“供应链”（见图2.8）。英文文献有两大类别，分别是“strategy”“firm”（见图2.9）。

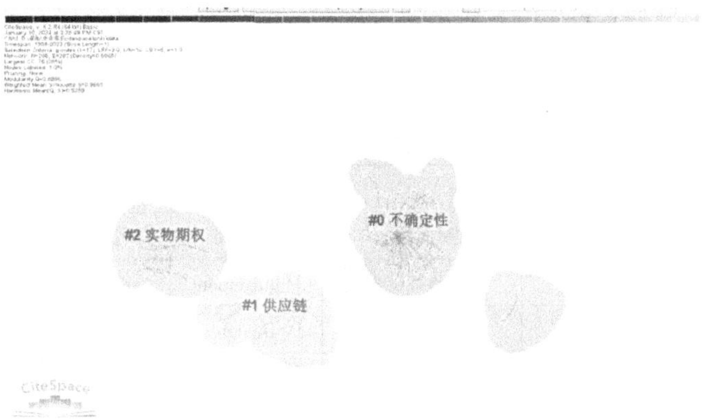

图2.8　中文文献关键词聚类分析

资料来源：根据CiteSpace软件统计结果整理。

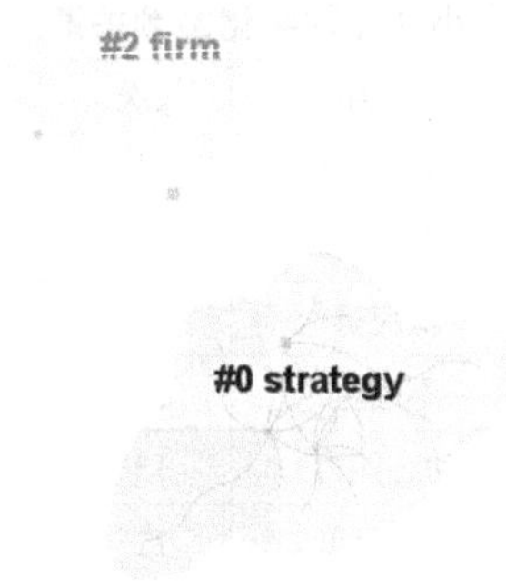

图2.9　英文文献关键词聚类分析

资料来源：根据CiteSpace软件统计结果整理。

（四）关键词突现分析

将CNKI数据库和Web of Science核心数据库中关于企业应对不确定性的文献导入CiteSpace中进行关键词突现分析，分别得到5个突现关键。中文文献除“不确定性”外，突现度最强的关键词是“企业管理”，英文文献中突现度最强的关键词是“management”，说明中英文文献都从管理角度关注企业应对不确定性。中文文献中突现关键词的起步时间早于英文文献，说明国内针对企业应对不确定性的研究普遍早于国外，但是国外的突现强度整体较高。同时，根据中英文文献的突现关键词可以发现，企业应对不确定性的相关研究基本沿着大环境驱动因素再到细化的研究对象、研究目的的脉络推进（见表2.9）。

表2.9　中英文文献关键词突现分析

排名	中文文献			英文文献		
	关键词	突现强度	突现时间段（年）	关键词	突现强度	突现时间段（年）
1	竞争优势	1.85	2005~2006	Management	8.72	2016~2018
2	不确定性	4.94	2006~2011	Design	4.28	2019~2020
3	企业管理	2.36	2009~2010	Model	3.87	2019~2020
4	不确定度	1.46	2020~2023	Framework	5.63	2021~2022
5	工业企业	1.83	2021~2023	Performance	5.08	2021~2022

资料来源：根据CiteSpace软件统计结果整理。

三、小结

通过对相关学者提出环境模型以及对环境不确定性文献的梳理，可以有以下几点发现：第一，企业所处环境的不确定性日益增加是学者们共同认可的话题，这也正是对企业经营环境的现实状况映照。这一发现也为本书将环境不确定性作为一个重要的情境因素提供了理论上的支撑。第二，复杂性、动态性、多样性等维度都是环境不确定性的构成部分，而不可预测或难预测性（Unpredictability）则是环境不确定性的关键属性，这为本书开发用于测量环境不确定性的量表提供了一个依据，即量表中的题项应包含难预测性因素。第三，学界对环境不确定性的探讨呈逐年波动式上升，但相关文献涉及的主题虽比较分散，但通过文献梳理可以看出，从企业管理视角的探讨是一条主线，以上分析意味着研究企业如何应对环境不确定性具有广阔的前景。

第五节　理论间的逻辑关系、文献述评与启示

一、资源基础观与战略期权的逻辑关系

如果说资源基础论是从企业内部资源视角探究竞争优势的来源，那么战略期权理论就是从外部机会视角探究竞争优势的获取，两种理论的融合可以使学者和企业更全面地认识新的环境下企业竞争优势的来源与特征。

自资源基础观被提出以来，诸多学者便开始在资源论框架下研究企业的创新问题，其关注的重点是哪些资源可以有效促进企业创新、提升创新绩效，以及如何获取这些关键性资源。在此过程中，学者们先后将目光投向知识、人力资本、互补性资产、组织间网络等重要资源，并产生

了一个很有影响力的理论——知识基础观。但对于资源的关注也带来一个问题，就是对资源转化为创新成果中间过程研究不足，使资源对创新影响的“黑箱”未能完全打开。而在现实情况中，那些有价值、不易模仿的异质性资源未必能给企业带来竞争优势，许多企业在缺乏此类资源的情况下也创造出了竞争优势。因此，一些学者陆续将目光从资源本身投向资源配置这一战略研究领域中的重要话题，即研究资源配置对创新的影响。

另外，随着环境不确定程度的提升，战略期权理论开始显现出其独特价值，为研究新环境下“什么样的资源配置方式能够促进企业创新”这一问题提供了一个重要视角。战略期权视角下的创新研究与资源配置研究可以说是两个并行的研究分支，期权型的资源配置以其独特的方式增强了企业在不确定环境中的适应力。首先，战略期权理论为研究创新提供了一个独特的视角，这一视角关注对外部机遇的把握，可以在研究上与关注企业内部资源的资源基础观形成互补；其次，战略期权作为一种非传统（即传统计划型）的资源分配逻辑，契合不确定环境下资源配置的特征，给我们研究资源配置对创新的影响提供了一个独特且有价值的视角。

结合资源基础观与战略期权两种理论视角，按照以上所述逻辑关系，我们通过文献梳理找出了“期权视角下资源配置对创新的影响”这一话题，而两种理论也正是本书研究的理论情境或背景。

二、述评与启示

本章首先回顾资源基础观视角下的创新研究——资源对创新的影响以及由此引申出的资源配置对创新的影响。通过文献梳理发现，相对于资源对创新的影响，有关资源配置对创新影响的研究总体上还比较缺乏，研究成果与资源配置对于创新的重要性尚无法匹配。

战略期权为探索不确定环境下的组织战略提供了一个有价值的视角。自期权从金融领域被引入战略研究领域之后，诸多学者在期权视角下开展了研究，创新和资源配置都是其中的重要话题。综合学者研究，战略期权引导下的创新具有如下特征：企业通常拥有范围较广、包含多个项目的创新组合；创新过程迭代化；伴随对外部机会的大量探索和学习行为。期权型的资源配置具有如下特征：资源配置是一种渐进的方式；对投资对象的初始低承诺；更宽泛的资源分配范围。

而对于不确定环境下以战略期权为视角研究资源配置对企业创新的文献就更少，其中以Klingebiel和Adner（2015）的研究为代表，两人实证分析了期权型资源配置对企业创新绩效的影响，但未就这种资源配置方式对企业创新类型的影响进行研究，另外，两人的模型中也没有环境不确定性这一重要的情境变量。

文献研究的发现给了我们以下启示：首先，结合前人研究成果，寻找期权型资源配置的基本维度，发展其测量方法；其次，基于新的数据，实证分析期权型资源配置方式对创新绩效与创新类型的影响，如探索式创新与开发式创新；再次，在模型中加入环境不确定性这一与战略期权有着本质关联的重要情境变量；最后，寻找并分析更多情境变量的作用，这些情境变量以调节变量、控制变量的形式存在于模型之中。如果能够做到以上几点，也算是对战略与创新研究做出了一些贡献，对于实践界关心的如何在不确定环境中推动企业创新、提升创新绩效也具有一些参考价值。

通过文献研究，本书的具体问题也得以明确：首先，期权型资源配置是否能够促进企业的创新绩效且这种关系是否受到环境不确定性的正向调节作用？其次，期权型资源配置是否促进了企业的探索式创新？

第三章　理论模型与代表性案例

通过文献梳理，阐述了研究所嵌入的理论情境，发现了目前相关研究仍需加强的环节，对于明确研究的理论贡献具有重要意义。首先，本章在文献综述的基础上进一步对期权型资源配置进行界定，构建期权型资源配置的理论模型；其次，基于权变理论明确期权型资源配置的适用情境；最后，通过对海尔创业平台资源配置模式进行研究，寻找期权型资源配置的现实模板。

第一节　期权型资源配置的理论模型

对资源配置的研究可以追溯到经济学领域，由于资源稀缺性和需求无限性的矛盾，自亚当·斯密发表《国富论》由此奠定经济学基础以及古典经济学诞生以来，资源配置一直都是经济学的核心问题，是微观经济理论的基本组成部分，它指资源（经济学中的资源主要是生产要素）在市场中不同部门间的分配（伊特韦尔等，1996）。根据西方经济学理论，市场是资源配置的基本方式也是最有效的方式，价格机制又在其中发挥核心作用。在市场中，企业追求利润最大化，消费者追求效用最大化。当某一产品价格上升时，说明对该产品的需求大于其供给（即供不应求），作为生产者的企业会向该产品或具有同等功能的类似产品投入更多资源；而当产品价格下降时，意味着对该种产品的需求小于其供给（即供大于求），企业将减少对此种产品的资源投入。在市场这只“看不见的手”与价格机制的引导下，资源通过在社会各部门、行业间流动实现合理配置，从而实现市场的“均衡”，厂商和消费者的状态在这一过程中均得到改善[①]。资源配置的最佳状态被称为“帕累托最优”，即资源配置达到了这样一种状态：对于某种经济的资源配置，不存在其他生产上可行的配置可以使得该经济中的所有个人至少和他们在初始时的情况一样良好，以及使得至少有一个人的情况比初始时更好。

根据经济学的描述，资源配置是生产要素在不同部门、厂商间流动的过程，其视角更加宏观。管理学领域对资源配置的专题研究始于20世纪六七十年代（关于战略管理研究领域资源配置的研究详见文献综述部分），其研究视角相对于经济学理论更加微观，以企业为基本研究单元，研究主题是企业资源配置对绩效和竞争优势的影响，以及企业如何安排自己的资源配置以提升绩效、获取竞争优势。如果说经济学宏观视角下的资源配置是生产要素在不同行业和企业间的分配与流动，那么管理学微观视角下的资源配置就是资源在企业内不同部门、活动、项目、成员间，以及企业自身与合作伙伴及其他相关组织间的分配。

期权型的资源配置方式除了具有一般资源配置方式的共性特点，还有其独有特征，表现为以下几点：资源配置是一种渐进或连续的方式，即资源的投入是分步骤进行的，企业根据项目的进展情况决定后续是否投入；对投资对象的初始承诺，即在一开始并不对投资项目做重大投入或做出大量投入的承诺，只有取得良好发展和经市场反馈证实可行的项目才会得到更多资源；更宽泛的资源分配范围，即资源会投入更多项目中。

要想更加明确地界定期权型资源配置方式，需要在上述特征基础上进一步归纳出用于描述期权型资源配置方式的模型。根据Klingebiel和Adner（2015）的研究，期权型资源配置方式可通过三个因素来界定，即排序（Sequencing）式资源投入、低初始承诺（Low initial commitment）、资源再分配（Resource Reallocation），如表3.1所示。

---

① 在经济学中，几乎没有什么概念比“效率”用的更广泛，它是指不浪费，即现有资源得到最好的利用，“帕累托改进”就是对效率的提升过程。

表3.1　　几种资源配置方式

配置方式	静态、计划式资源配置	动态、计划式资源配置	探索式、非结构化资源配置	探索式、结构化资源配置
排序 资源分步骤投入		√	√	√
低初始承诺 不承诺重大投入，项目间竞争			√	√
资源再分配 资源在项目间流动				√

资料来源：Klingebiel R，Adner R. Real Options Logic Revisited：The Performance Effects of Alternative Resource Allocation Regimes［J］. Academy of Management Journal，2015，58（1）：221–241.

传统的计划型资源配置通常是在对投资项目做出高度承诺的前提下进行资源的投入，这种高度的承诺源于正式的计划、明确的目标和管理者高度的情感投入。计划型资源配置可以是一次性的资源投入，也可是多次的排序式资源投入。前者是静态的资源配置；后者是动态式的资源配置，如美国政府对于阿波罗计划做出了高度承诺，其资源投入是按照分阶段的方式进行的。由此可见，排序式（即渐进式或连续式）的资源投入行为赋予资源配置动态性，但也只是期权型资源配置方式的必要条件，而非充分条件。低初始承诺使资源配置更具有期权特征，因为后续阶段对项目的资源投入要看其具体进展，项目有可能被淘汰（放弃期权），也有可能获得进一步支持（持有期权），但只具有排序和低初始承诺特征的资源配置是一种探索式、低结构化的资源配置方式，由于缺乏对不同项目的筛选机制以及资源流动机制，这种资源配置方式难以保证那些好的项目能够得到更多资源（即对更有价值的期权追加投资）。Klingebiel和Adner（2015）认为，只有同时具有排序、低初始承诺和资源再分配才符合期权型资源配置，资源再分配机制实现了项目间的资源流动，使资源可以从那些没有取得良好进展或经市场验证不可行的失败项目中转移到那些具有好的发展前景的项目中，企业由此可以对期权组合（即项目组合）进行更好地动态式的管理，也提升了资源在企业中的利用效率。

Klingebiel和Adner（2015）的资源分类模型为研究提供了重要依据，却忽略了一个关键维度——资源配置的宽度或范围。如前所述，更宽泛的资源分配范围是期权型资源配置方式的重要特征。秉持战略期权理念与方法的企业会通过许多小的探索性项目把握市场机会，为企业寻找新的增长点，这要求资源能够在更广范围内进行配置。基于此，本书在上述模型的基础上增加一个新的维度——宽度。期权型资源配置方式包括四个维度：渐进性（即排序）、低初始承诺、资源再分配和宽度。进一步归纳，渐进性、低初始承诺和资源再分配可以合并为一个维度——选择性机制，即企业随着各项目的发展会做出筛选，淘汰那些不成功的项目。低初始承诺是选择性的根本原因，因为低初始承诺意味着没有哪个项目会得到100%的资源投入，项目间必须为资源展开竞争，企业才可以在项目间进行筛选，选择标准是市场的反馈。这一方面决定了资源投入方式是渐进式的（因项目的商业价值通常是逐渐表现出来的，所以选择是一个渐进式的过程）；另一方面引发了资源的再分配，即资源从失败项目到成果项目的流动，就像经济学中资源从低利润部门流向高利润部门。对于选择性机制，低初始承诺是原因，渐进性是其表现，资源再分配是结果，选择性使企业具有一种类似于自然选择的机制，“适者生存”的法则得以体现。这样就可以用一个二维坐标图来界定期权型资源配置方式，如图3.1所示。

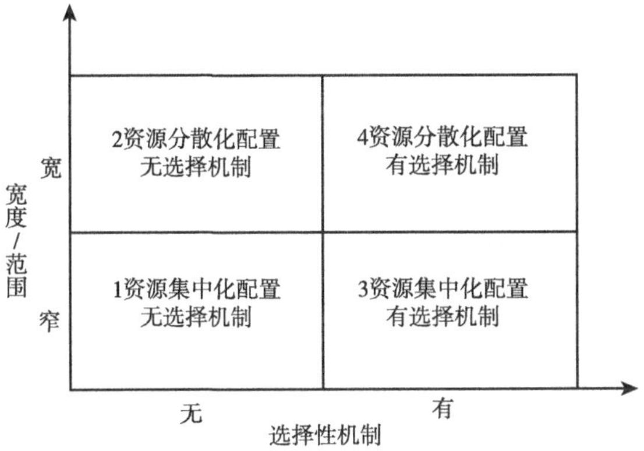

图3.1　期权型资源配置的界定

资料来源：笔者整理并归纳。

综上所述，期权型资源配置是这样一种资源配置方式：一方面将资源进行分散化配置，以推动更多的项目；另一方面，具有选择性机制。这是一种接近于自然选择的机制，又包含三个分维度：低初始承诺、渐进性和资源再分配。在选择性机制下，适者生存，即那些能够满足市场需求并能创造价值的项目才能够得到发展所需资源。

图3.1基于宽度和选择性两个维度划分出四类资源配置方式：传统计划型、冒险型、矛盾型和期权型，分别对应图3.1中第1、第2、第3、第4象限。对资源进行集中化配置且无选择性机制的方式是传统计划型的资源配置方式，其代表性的方法有NPV法，该方式长期以来被许多企业所采用；虽对资源进行分散化配置但缺乏选择性机制的方式是冒险型的资源配置方式，这种资源配置方式往往伴随“宽度劣势”，导致大量资源浪费、沉没成本和因大量分散化投资带来的较高失败风险；资源集中化配置和选择性机制则相互矛盾，现实中没有企业可以同时将这两种互相矛盾的特征结合起来，企业一旦对资源做出集中化配置，就意味着放弃了选择性机制（渐进性、低初始承诺和资源再分配），因在资源集中化配置的前提下选择性机制中的关键要素——低初始承诺和资源在不同项目间的再分配都无法得以实现，这种资源配置方式称为矛盾型资源配置；既对资源进行分散化配置，又具有选择性机制的方式才是期权型资源配置方式。

第二节　期权型资源配置的适用情境探讨

一、权变理论的启发

理论是一个有关概念和其相关概念之间因果联系的论据，它用来解释为什么某种后果会在特定条件下产生，理论的建立涉及以下重要的成分：概念、所提出的关系、机制或原则和边界条件（陈昭全和张志学，2012）。对于“理论是什么”的认识为本书提出理论模型以及研究假设提供了指导。权变理论（Contingency Theory）产生于20世纪60年代，“权变”一词意指“依据具体情况或情境而定”。权变理论的提出源于组织所处外部环境的变化以及管理学者对环境和组织环境间关系认知的改变。第二次世界大战之前，管理界的目光很少投向外部环境，管理学者的任务旨在建立一套能够普遍适用的管理理论和最优方法，如泰勒、法约尔和韦伯就为当时的组织建立了标准化的管理原则和方法。第二次世界大战之后，进入20世纪五六十年代，组织尤其是企业所处环境发生了许多新变化，如技术变革加速、国际经济交往日趋频繁、组织间联系更加紧密、市场更加开放也更具变化性，环境的变化促使Dill（1958）、Thompson（1967）、Lawrence和Lorsch（1967）等管理学者将目光从组织内部投向组织环境，并开始探索企业与环境间关系，自此管理学界对组织环境以及组织环境间关系的认识发生转变：原本适用于稳定和可预见环境的理论与方法难以适应带有不确定性质的环境，正是这种认知改变推动了权变理论的形成与发展（张腾、张玉利、田莉，2015）。

对于企业来说，重要的权变因素包括组织特征，如结构、技术、规模等，以及环境。权变理论给予管理研究者的重要启示是：不存在最优的或通用的管理理论与方法，处在不同性质环境中的企业需要不同的经营逻辑与管理方式，因此在进行相关研究时必须重视环境因素。作为重要的权变或情境因素，环境构成了理论模型的重要边界条件。对于期权型资源配置，环境不确定性正是其关键的边界条件或应用情境。在不确定环境下，期权型资源配置使企业以较小的投入便获得在未来利用、开发某些机会的权利，有助于推动企业的长期发展，提升企业的成功概率，使企业通过持续学习优化自身战略从而适应不确定的市场环境。

二、环境不确定性是战略期权的重要情境

环境不确定性给企业带来巨大冲击，那种已被企业及管理者掌握的一整套管理及决策方法，如计划、NPV（净现值分析）、预算系统、控制等，在不确定环境中会失去效力，因为它们都是基于环境变化可预测的假设，

而如今这一假设前提正在发生改变。当环境变得不确定时，意味着企业必须改变传统的管理方式，寻找新的经营逻辑。正如哈默（2008）所说，“那些仍然运用着泰勒的原理，继续生活在韦伯的科层体制中的企业必须从根本上改变管理工作的方式，成为能够迅速完成自我调整具有适应力的公司，否则将无法适应这个颠覆性加剧的世界。”

战略期权正是学者们针对如何更有效地应对不确定性而提出的一种理论。它主张企业应以管理期权的方式去管理投资项目。战略期权使企业在不确定环境中可以通过小成本快速试错和迭代式发展的方式探索机会，增强了企业的灵活性与适应力，使企业获得更多的发展机遇。另外，战略期权也有其成本，如规模经济的损失、因低承诺导致的组织成员情感投入不足、战略不聚焦，以及因资源分散造成的损失等。这说明，战略期权存在两面性，对于身处相对稳定环境中的企业，战略期权带来的好处可能不足以弥补其成本。因此，“不确定性”是战略期权的基本适用情境。正如Kogut和Kulatilaka（2001）指出的，战略期权只有在不确定下才有价值。此外，不确定的环境也为企业资源配置提供了大量的机会（Schilke，2014）。本书关注的是环境的不确定性，故在研究的理论模型中，环境不确定性是一个关键的情境因素或边界条件。

第三节　代表性案例：海尔的期权型资源配置模式

本节通过对海尔创业平台资源配置模式进行研究寻找期权型资源配置的现实模板，有助于分析期权型资源配置对创新的作用及其支持条件，为相关企业提供参考①。本节将海尔创业平台作为研究对象，原因在于其最能体现海尔的期权型资源配置模式。

① 笔者于2014年参与南开大学创业研究中心的海尔集团“海尔创业平台”的研究课题，并前往海尔集团青岛总部调研，积累了关于海尔创业平台、创业小微的一手素材，笔者近几年也保持对海尔集团的追踪研究，在一手素材基础上，同时结合张瑞敏先生的演讲稿、海尔的相关研究文献撰写本章内容。

一、海尔创业平台的由来、发展与成效

（一）海尔创业平台的诞生

从赶着改革开放的大潮，到勇敢“走出去”，再到发展成为全球第一家电企业，海尔顺应时代一路前行，不断否定自我、重塑自我，如今已走过五个战略性阶段，分别为：名牌战略（1984~1991年）、多元化战略（1991~1998年）、国际化战略（1998~2005年）、全球化品牌战略（2005~2012年）、网络化战略（2012~2019年）[①]。在名牌战略、多元化战略和国际化战略阶段，海尔遵循工业时代的管理方式，即以分工理论为基础理论，生产方式以流水线为主，组织管理以科层制为主。在全球化品牌战略阶段，海尔在探索过程中独创出“人单合一”双赢模式、自主经营体模式，极大地激发了组织活力，有效实现价值创造。在网络化战略阶段，海尔顺应互联网时代的到来，开始全面向互联网平台化企业转型，推动“小微”作为创业单元，通过实施迭代创新、开放创新、探索创新为用户提供新产品、新服务，打造利共体平台，努力塑造企业生态圈。海尔创业平台既诞生于该阶段，同时也标志着海尔开启平台化转型之路（见图3.2）。

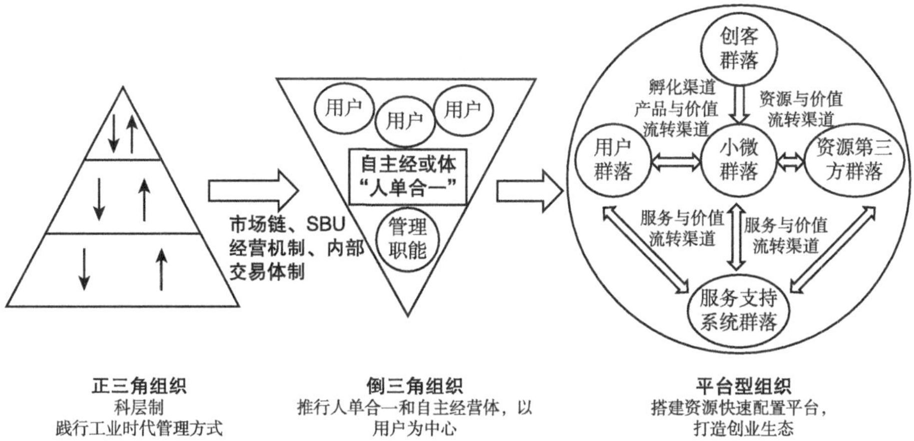

图3.2　海尔经历的多次组织演变

资料来源：笔者根据调研情况与相关公开资料自行绘制。

① 如今，海尔正处于“创客生增值、增值生创客”的生态品牌战略阶段。

海尔平台化的核心是在一流资源和用户之间架起快速配置资源的平台，并最终形成快速汇集资源的生态圈。海尔在平台化进程中，首先，将原行政职能部门、各事业部转变为服务型平台，将原来的行政管理关系变为服务型平台与小微之间的服务与被服务关系；其次，自建了多种平台，形成了海尔的自平台体系；最后，通过与外部资源方合作构建开放式的资源交互平台。例如，海尔的全球研发资源整合平台，以全球五大研发中心作为资源接口，与全球一流供应商、研究机构、著名大学建立战略合作，形成了以虚实两张网为媒介的120多万名科学家和工程师的生态圈，将全球10万个知名高校、专家学者、科研机构等整合在一起。经过以上实践，海尔成功打造出创业平台。

（二）海尔创业平台的构成

海尔创业平台由用户、创客、小微群落、资源方和平台系统五类生态主体及其所处的创业生态环境客体构成，如图3.3所示。小微群落是各种小微的集合，海尔创业平台有两种小微：一是用户小微，直接对接用户

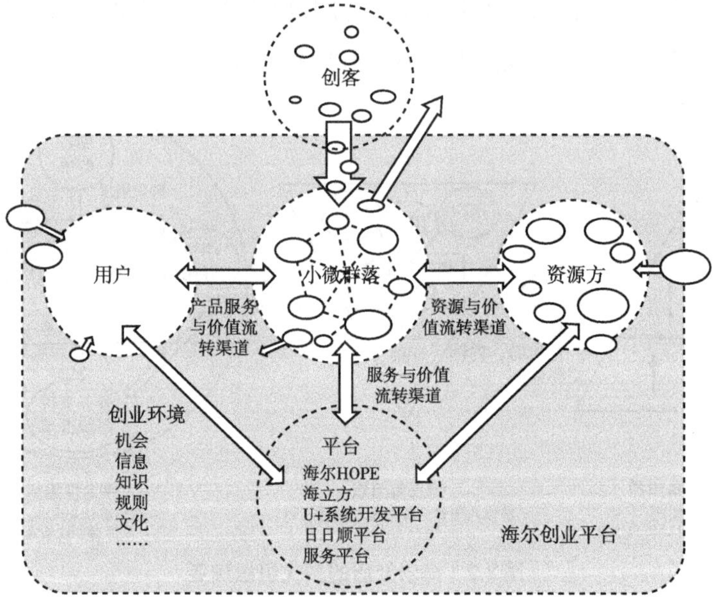

图3.3　海尔创业平台的构成

资料来源：笔者自行绘制。

市场；二是节点小微，为前者提供设计、研发、模块、制造、营销等服务。用户是小微群落的服务对象。海尔创业平台可以汇聚起庞大的用户群，包括海尔自身的用户和海尔之外的各方用户，通过深度交互，小微为用户提供美好住居生活解决方案，用户则参与全流程体验的价值创造。创客，海尔创业平台上的各种创业者，是热衷于创意、设计并努力把各种创意转变为现实的人，是将个性化、数字化和用户创新结合起来的一群人。创客通过孵化机制成长为创业家进入小微群落，创立新的小微公司，或选择加入已有的小微公司，通过海尔创业平台把自己的创意转化为美好住居生活的终端解决方案。

资源方即各类资源的提供者，不仅包括海尔的供应链系统，还有“外部”资源方。海尔创业平台是一个全球性的资源平台，可以帮助创业者连接外部资源，包括风险投资机构、创业导师、研发资源和技术支持、大数据分析、设计制造、营销渠道以及全产业链条上的其他资源。平台系统为小微、创客、创业者提供服务支持，与小微的合作基于市场机制。平台系统由多个模块构成，包括：以海尔HOPE为代表的创意、技术和解决方案的对接平台，以海立方为代表的创新产品孵化平台，基于海尔U+智慧生活系统的开发平台，为创业者提供物流配送服务、营销和网上交易服务的日日顺平台，由海尔原职能系统和功能中心（如全球采购中心、研发中心）组成的服务型平台。

（三）海尔创业平台的发展与成效

有了海尔创业平台，只要员工有创意，能够找到用户资源，就可以以组成“小微”的形式自己创业，目前，海尔活跃着4000多家小微，都是由海尔员工以及外部创业者创建的，其发展体现出几个特点：首先，创意来源于对用户痛点和需求的深度把握；其次，与用户进行全流程交互，甚至由用户参与从创意、设计，到开发、营销的全过程，一些产品还采用了众筹的模式；最后，能够跨国界、跨行业、全流程地整合全球一流资源。其中，最具代表性的就是“雷神”，雷神小微创立于2013年，其产品是高性能游戏本，如今已是京东、天猫等电商平台上的热销产品。作为国产电竞装备品牌，雷神填补了北交所在高性能电竞装备行业领域的空白，成为北交所首家电竞装备“新国货”上市公司①。此外，海尔创业平台还孵化出“社区洗”、海尔生物航空温控小微等优秀小微。

▶ 专栏3.1 “雷神”的小微生态圈

雷神是在海尔创业平台上最早实现市场化的小微，与海尔传统优势业务完全不同，雷神的产品是高性能游戏本，目标用户群是游戏发烧友，雷神在海尔电脑平台上创造了一个全新的业务。雷神的小微生态圈里有三个重要成员：用户、平台和外部资源方。雷神游戏本的创意来源于抓取用户痛点，每次迭代也都是围绕用户交互进行。在创业初期，雷神创业团队围绕游戏笔记本在网上搜集了3万多条意见，归纳为13类问题，总结出用户痛点，并围绕用户痛点资源、设计产品方案，雷神游戏笔记本上线后迅速受到玩家欢迎。雷神与用户交互的方式以线上为主、线下为辅，线上交互渠道包括雷神贴吧、QQ群、微信圈和雷神客服，线下渠道有粉丝见面会和校园行。用户是雷神产品设计与改进的重要参与者，在推出新产品之前，雷神会选择三类人进行公测：雷神贴吧的小吧主、专业级用户和专业媒体，雷神则会根据用户建议进行快速改进。尽管雷神创造的是不同于海尔传统产业的全新业务，但仍从平台获得了支持。海尔电脑平台是雷神的孵化平台，它为雷神小微提供的支持包括资金支持、采购、质检和售后服务，以及最重要的资源——公信力，它提升了雷神在获取外部资源时的谈判能力，这种来自海尔的公信力是在社会中独立创业所不具备的。另外，平台还搭建了外部资源方和小微间联系的桥梁，如引入外部风投。雷神的外部合作方包括产品设计与制造供应商如广达、营销平台如京东，以及配件供应商。2014年，雷神小微成为独立法人机构——雷神科技有限公司，2022年12月23日，雷神科技在北交所成功挂牌上市。从成立小微到完成市场化

① 来源于海尔官网报道“解密海尔”。

再到实现上市，雷神的成功对于平台上的其他小微也起到了示范效应。

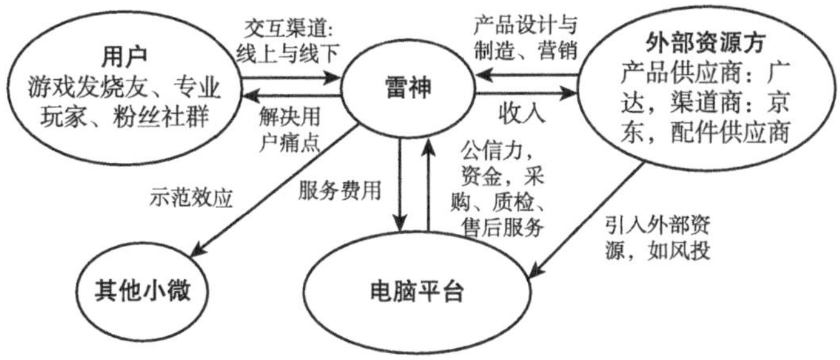

图3.4　雷神小微生态圈

资料来源：笔者根据调研资料总结。

海尔创业平台成为海尔集团创新发展的助推器，尽管疫情以来全球经济下行，海尔依然逆势奔跑。2022年，海尔集团全球营收3506亿元，增长5.4%，平台生态新增收入450亿元，增长率16.3%。截至2023年上半年，海尔集团所获中国专利金奖增至12项，为行业第一；海外发明专利超1.6万件，覆盖30多个国家；累计主导和参与国际标准发布100项、国家标准和行业标准发布755项；累计获得16项国家科技进步奖，占行业总数的2/3；且已有200余项原创科技被行业模仿，持续以新科技刷新用户体验①。海尔的这套体系如今已经孵化出5家上市公司、90家瞪羚企业、38家专精特新"小巨人"。

二、海尔创业平台的资源配置模式分析

如前所述，实施期权型资源配置的企业一方面将资源做分散化配置，以推动更多的项目；另一方面，在资源配置过程中塑造出选择性机制。后者包含三个分维度：低初始承诺、渐进性和资源再分配，选择性机制

① 来源于海尔官网。

给企业带来类似适者生存的自然选择性，只有能满足市场需求并能创造价值的项目才能够得到发展所需资源。

（一）资源配置宽度

海尔集团创始人、董事局名誉主席张瑞敏曾将海尔比喻成大海、云朵，用以彰显海尔的广度和无边界性，这种广度在资源配置上也得到体现。海尔创业平台是一个无边界平台，也是一个汇集万千“物种”的自演进生态系统。创业者利用海尔创业平台以自组织的方式组成创业团队并成长为核心物种——小微企业，在已有小微企业快速成长的同时，新的小微企业也不断涌现，从平台成立初始阶段的上百个小微到如今的4000家小微，未来，海尔创业平台上的小微还将继续繁衍，这就意味着作为资源配置与流动平台的海尔创业平台拥有极大的资源配置宽度，甚至可以说，海尔创业平台就是一个无边界的资源配置平台。因此，海尔创业平台首先具备期权型资源配置的第一个维度：宽度。

▶ 专栏3.2　海尔创业平台上的小微

我们按照R.A. Burgelman的公司创业评价框架对海尔创业平台上的小微进行分类，该框架由两个维度构成：战略重要性和运营关联度，如图3.5所示。战略重要性是指小微对于海尔战略目标发展智慧家庭、实现美好生活的重要性，即小微的发展是否代

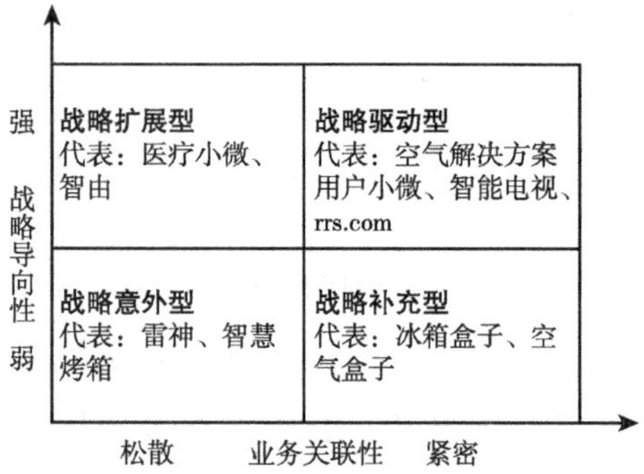

图3.5　用户小微的四种类型

资料来源：笔者根据调研资料总结。

表海尔未来的发展方向。运营关联度是小微与海尔现有核心能力、技术和知识的关联度，即小微的创业与创新活动是依赖于海尔现有能力还是新能力（包括新技术、新知识）。

战略驱动型：战略驱动型小微具有较高的战略导向性，与现有主营业务关联度较高，如早期的空气解决方案用户小微、免清洗小微。空气解决方案用户小微和免清洗小微分别在智慧家庭开放平台的空调平台和洗涤平台上进行孵化，rrs.com（日日顺商城）则是在日日顺平台上进行孵化。与传统空调生产商相比，空气解决方案用户小微为用户提供的不再是传统制热制冷功能的产品，而是包含调节空气温湿度、清新健康空气等一整套的空气解决方案。免清洗小微通过跨行业资源整合解决了一个行业难题，创造了一个新的产品品类，免清洗技术可以用于海尔所有的洗衣机，因此对海尔的主业起到了提升作用。rrs.com是基于海尔日日顺平台的电子商务小微，也是一个涵盖家电、家具，以家居为主题的网购商城，在2014年中国电子商务博览会上，日日顺商城同亚马逊中国共同摘得2013~2014年度中国电商创新成长系列奖项和“年度最具潜力网购商城”。对于海尔，rrs.com意味着一种新商业模式的引入，对于海尔电器价值交互的战略目标起到了提升作用。

战略扩展型：战略扩展型小微具有较高的战略导向性，与现有主营业务关联度较低，如医疗小微、智由、iseemini（统帅投影仪）。与传统医疗厂商仅提供医疗产品不同，医疗小微提供的是以超低温冷柜为核心的生命科学解决方案，虽然与海尔目前的主营业务有较大差异，但医疗小微具有广阔的战略空间和战略价值。智由小微（智能路由器）是基于互联网思维的产品，定位是智能家庭生活的入口，能够连接控制家中所有的“网器”。与海尔传统的优势业务不同，智由是互联网思维下的产品，是海尔网络化战略下的产物。

战略补充型：战略补充型小微具有较低的战略导向性，但与现有主营业务关联度较高，如冰箱盒子、空气圈、空气盒子。冰箱盒子小微提供的是一种被称为“冰箱健康卫士”的智能产品，通过“冰箱健康卫士”，用户可以用手机App实时监控冰箱内环境状况，远程进行除味、杀菌操作。冰箱盒子给非智能冰箱带去智能体验，是海尔冰箱补充型产品。空气魔方和空气Mini是基于互联网思维的产品，也是基于海尔空调平台开发出的新型产品，两款产品目前还难以替代空调并形成对产业的颠覆，但是与空调结合也可以给非智能的空调带去智能体验。

战略意外型：战略意外型小微具有较低的战略导向性，与现有主营业务关联度也较低，但这种小微可以给海尔带来主营业务之外的收获，扩大集团的战略面，如雷神。雷神的产品是高性能游戏本，目标用户群体是游戏发烧友。雷神的产品和用户群与海尔传统优势业务完全不同，创业者主要是利用了海尔的公信力去获取外部资源。雷神在海尔创造出了一个全新的业务，尽管针对的是小众市场，但它也是在海尔创业平台最早实现独立的市场化小微。

（二）选择性机制

在海尔创业平台，资源的渐进式投入贯穿于小微从组建到发展的全过程：小微源于创客孵化机制，对海尔创业平台而言，创客是利用海尔创业平台将自己的各种创意转变为产品方案的人。对于海尔员工，只要能在细分市场找到需求，拥有用户资源，就可以成立小微，进行市场化运作；对于外部创客，只要有好的创意和用户资源，也可以加入海尔创业平台参与创业。对于所有打算加入海尔创业平台的创客，其创意必须接受创客大赛的检验和筛选。海尔不仅在公司内部每周定期开展创客大赛，而且会在各个城市举办创客选拔大赛，寻找一切认同海尔创业平台理念的优秀创客。担任创客选拔评委的包括海尔内部专家、社会知名创业家、行业专家以及一流的风险投资机构，选拔完全采用市场化机制。在选拔中脱颖而出的创客才能携带创意进入海尔创业平台，海尔将提供从资金、技术、数据、制造、品牌等全供应链的支持，助推他们将创意孵化为创业项目。

以上阶段是小微从0到1的过程，意味着创意得到初步验证，此后便进入了小微创业项目的孵化阶段，海尔创业平台将组织流程从研发、制造到销售的串联变为并联，所有各方并联在一起为小微企业提供所需资源，帮助小微服务用户。这不仅大大降低了创业成本，也让创客专注于产品研发和响应用户需求，就能比竞争对手更快一步。孵化阶段是小微发展的关键期，小微需要发展出合理的商业模式、将产品正式推向市场并实现价值，因此，能否产生显著的用户价值、实现好的市场反馈、取得市场业绩成为小微能否获得资源投入的关键。为此，海尔引入第三方风投对创客项目进行估值从而为后续资源注入提供决策依据，此外风投还带来资金、管理和导师等资源。小微发展的目标是成为具有市场竞争力的企业，最终或成功上市或被海尔回购。

从以上分析可以看出，海尔对小微的资源投入正符合“渐进式”特征，并且在海尔创业平台，由于对赌机制和赛马机制，只有取得良好发展和经市场反馈证实可行的项目才会得到资源，因此，其资源配置也体现出明显的低初始承诺特征（见图3.6）。

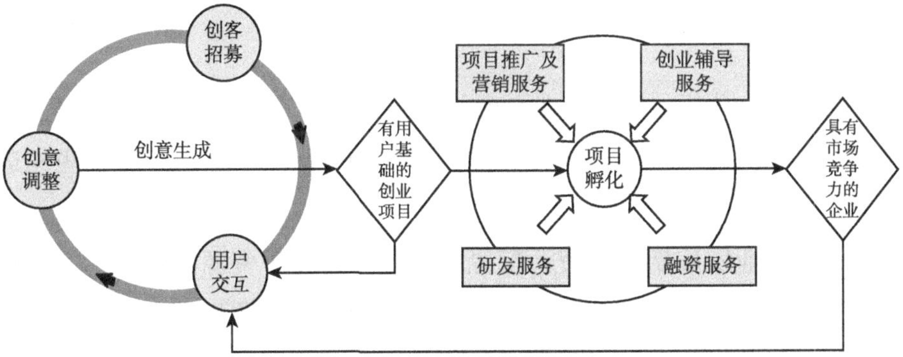

图3.6 小微的发展阶段

资料来源：笔者根据调研资料总结。

资源再分配体现了资源配置的动态性。在海尔，资源配置的动态性表现为两个方面。

官兵互选，是针对小微的一种动态性组织优化机制，指的是随着小微公司的成长，当小微主或小微成员无法满足进一步发展需求时，便启动该机制，内外部成员可通过竞单、抢单机制加入小微或成为新的小微主。例如，当小微经营业绩不佳或出现发展瓶颈时，便触动该机制，海尔会鼓励多个候选人参与竞争，候选者拿出预案、预算、预筹的“三预”方案，并由专门的委员会进行评价、选拔，该委员会通常由横向部门、利益相关者、员工、客户组成（曹仰峰，2017）。官兵互选充分发挥了小微成员的主动性，每个小微主都无固定任期，随时接受经营成果检验，2/3以上的小微成员就可以联名淘汰小微主、激发重新竞聘。可以说，官兵互选颠覆了传统组织的管理者任命模式，倒逼管理者、服务者、支持者，有效防止官僚主义带来的危害。

海尔创业平台的自演化属性同样造就了资源配置的动态性。如果将小微比作平台上的许多个生命体，那么有些小微会实现茁壮成长，而有些则会因无法创造价值而被淘汰，具体来说，那些失去发展潜力、无法为用户提供美好住居生活解决方案的小微将被解散、淘汰，其成员则从原小微中脱离出来并通过重新抢单进入其他小微。

三、本节小结

综合以上分析，海尔创业平台的资源配置模式正是期权型资源配置。同时，从对海尔及海尔创业平台的案例分析中还可以提炼出一些先进经验。

一般企业实施期权型资源配置的主要障碍在于资源的约束性，在本身所掌握的资源并不充裕的情况下要实施期权型资源配置很可能使企业陷入资源困境，海尔通过打造开放式的资源平台以及大力引进外部资源并帮助小微对接全球资源的做法使得自身在不耗费过多内部资源的情况下也能保证资源配置的宽度，正如张瑞敏先生曾说过的要将“资源为我所有”变为“资源为我所用”。为做到以上要求，海尔大力推动平台化转型，首先构建了一套平台系统，包括新建平台和转型平台。前者有以海尔HOPE为代表的创意、技术和解决方案的对接平台，以海立方为代表的创新产品孵化平台，基于海尔U+智慧生活系统的开发平台以及海尔集团面向全球创业者打造的加速器平台——海创汇；后者主要是由海尔原职能系统和功能中心组成的服务型平台，还有为创业者提供物流配送服务、营销和网上交易服务的日日顺平台。这些平台涵盖小微从孵化到发展的全过程。

其次，海尔还设计了一套保障机制，包括参与约束条件和激励相容。参与约束条件，是指利益相关者主动参与系统中活动需满足的条件，这一条件即参与者的参与收益应大于不参与的收益。海尔创业平台通过以下机制来实现参与约束：资源进入无障碍、用户交互无障碍和价值共享机制。资源进入无障碍和用户交互无障碍通过互联网平台得以实现，在这种平台上，只需点击一下鼠标就能获得所需要的。价值共创和共享机制是指多方参与者为用户共同创造价值，并分享所创价值，创造的价值越高，能获得的也就越多。例如，资源方在提供给小微优质资源并获取收入的同时，可以通过入股的形式分享小微的未来收益，或者成为小微公司的合伙人获取价值最大化。用户则通过全流程参与得到最佳体验并获取更高的用户价值。价值共创和共享机制改变了传统参与者之间的博弈关系，使创客、小微、资源方、用户、平台系统等多方达到共创共赢。激励相容，即在所设计的机制下，各参与者在追求个人利益的同时也能达到设计者既定的整体发展目标。激励相容约束是要达到个人利益和系统利益一致的效果，即每个参与者在追求自己价值最大化的同时也能带来系统整体价值最大化。在海尔创业平台，激励相容的保障机制建立在“人单合一双赢”机制基础上，“人单合一双赢”机制从根本上避免了个人利益与系统整体利益冲突的问题，其核心在于创客、小微和平台系统中的每个人（包括原来的行政职能部门）必须找到自己真正的用户，识别用户真正的价值，并为用户创造价值，进而得到自我价值。表3.2汇总了海尔创业平台的运行机制以供读者参考。

表3.2 海尔创业平台的运行机制

机制	交互方	机制	内容	依托平台
系统运行机制	用户—小微	交互机制	价值共创机制 盈利机制	海尔自平台、第三方平台
	小微—资源方	对接机制	自连接机制 价值共享机制	海创汇、海尔HOPE、海立方、海尔全球采购中心、全球数字化研发平台
	小微—平台系统	市场机制	自选择机制 价格机制	服务平台
	小微发展	赋能机制	数字赋能	卡奥斯COSMOPlat
保障机制	参与约束	资源进入无障碍、用户交互无障碍、价值共创和共享		
	激励相容	“人单合一双赢”机制		

资料来源：根据调研资料与相关公开材料整理。

最后，海尔期权型资源配置的建立还得益于海尔的数字化转型。在数字化全面来临之时，海尔将海创汇发展为具有数字化服务能力的创业加速平台，例如，通过大数据技术和人工智能，海创汇能为企业提供商业计划AI测评、“专精特新“在线测评、AI在线导师等多项精准服务，凭借其数字服务优势，海创汇吸引了来自全球的4000多个创业项目，重点加速项目360多个，总估值达到3000亿元（资料来源：海尔官网报道）。作为定位于世界级工业互联网平台的卡奥斯COSMOPlat，也是海尔推行数字化全面转型的杰作，该平台推动生产方式由大规模制造向大规模定制转变，以全要素、全价值链、全产业链的场景化应用，实现高精度下的高效率，形成交互定制、开放创新、精准营销、模块采购、智能制造、智慧物流和智慧服务七大模块，卡奥斯不仅为海尔创业平台上的小微赋能，也服务于广大企业，目前已为15个行业进行数字赋能，帮助一大批中小企业、项目实现数字化转型。

第四章　研究设计、数据获取与数据质量

本章针对上一章提出的命题假设进行定量分析的研究设计，包括问卷设计、变量的测量、量表的选择与开发、数据收集与数据分析方法等内容。本章具体涵盖以下章节：第一节研究方法简介，简单介绍定量分析所使用的方法。第二节问卷设计，阐释选择问卷调查法的基本原因、设计过程和问卷基本内容。第三节变量的测量与量表的选取，重点阐述各变量（自变量、因变量、调节变量与控制变量）的测量方法，并选择、开发合适的量表。第四节为预测试，其目的是通过小规模发放问卷发现问卷的不足，进行修改和完善，从而提升研究的信度与效度。具体分为两轮：首轮预调研和第二轮小样本预测试，首轮预调研旨在就问卷设计征求专家与企业管理者的反馈意见以修改和完善问卷，使量表更符合国内情境和企业的现实情况；第二轮小样本测试是通过检验初始量表的信度与效度，剔除初始问卷量表中某些不合理的题项并形成最终量表。第五节数据收集与描述性统计分析，介绍大样本数据收集的方法、问卷获得情况，并对样本基本情况和主要研究变量进行描述性统计分析。第六节数据质量评估，通过开展信度与效度检验对研究数据的质量进行评价。

第一节　研究方法简介

研究所需大部分数据为一手数据，因此通过问卷调查法进行数据收集。问卷调查法是管理学定量研究中最为普及的方法，但问卷调查法也

需要被调查者能够充分理解问卷中所有问题，还需保证被调查者有足够的精力去完成所有问题并且能提供真实可靠的答案（谢家琳，2012）。因此，问卷尽量做到精简，即在能够涵盖研究所需信息的前提下排除一切冗余问题，此外，在问卷中设计两道反向选择题用来排除无效问卷，当某个测试题的反向测试题与其含义矛盾时，则判定问卷为无效问卷，如此可以在一定程度上保证获得相对可靠的答案。通过问卷星生成调查问卷并发放给被调查者，也有一部分问卷以Word文档的形式通过电子邮件方式发放（问卷设计的具体过程与方法参见本章第二节）。

为检验本书提出的研究假设，需要采用定量分析的方法，在保证数据和量表信度与效度的前提下，建立回归模型，使用SPSS软件对经调查问卷法收集的样本数据进行回归分析，根据回归结果中系数显著性判断自变量对因变量的影响以及是否存在调节效应（回归分析具体过程与结果见第五章大样本定量分析）。

第二节　问卷设计

在管理学研究中，定量分析中的数据通常来自以下途径：实验、问卷调查和二手数据。其中，实验和问卷调查是获取一手数据的主要方法。对于战略管理研究，实验法在实验的可行性上对研究者提出极大挑战：一是作为战略决策者的实验对象，在时间、精力上都难以有效配合研究；二是战略决策从做出到生效通常需要较长的时间，在实验当时研究者无法取得有效的因变量。二手数据在战略管理研究中经常被采纳，其优点主要是：样本量通常都较大、研究者较易获得纵向数据；具有较高程度的客观性，更有效地规避了主观偏差；具有高度的可复制性等。且二手数据来源广泛，上市公司年报、专利数据、政府提供的各种统计报告甚至报纸、期刊、杂志等都可以为研究者提供二手数据（周长辉，2012）。但二手数据也存在不足，最关键的问题是二手数据经常难以提供研究所需的足够信息，因为研究者所用的二手数据是他人（或机构）收集的、用于其他目的。问卷调查法则是管理学定量研究中最为普及的方法，其实用性体现在：问卷调查法是最快速有效收集数据的方法；相对实验法，更易得到被调查企业及员工的支持，可行性高；在量表信度和效度高且样本量大的情况下，研究者可得到高质量的研究数据（谢家琳，2012）。此外，问卷法最重要的特点是可以围绕研究问题有针对性地进行数据的收集，研究者所需的各种数据都可通过一份问卷得以反映。当实验法不具有可行性、二手数据无法向研究者提供足够的信息时，研究者可以采用问卷调查法，针对研究问题设计问卷并收集数据。从第三章提出的基本理论模型及命题假设来看，关键变量期权型资源配置难以通过二手数据进行测量，因为其无法提供足够的信息，所以本书采用问卷调查法，针对研究变量进行问卷设计。

一、问卷设计的基本原则

美国著名社会学家艾尔·巴比（2005）总结了问卷设计的基本原则：选择合适的问题形式，包括合理使用问题和陈述、封闭式问题和开放式问题；问题要清楚、明确，能够保证受访者准确知道研究者问的是什么；避免双重问题，即避免一个问题引发多重答案；受访者必须胜任回答，即选择的被调研对象必须能够提供可靠的信息；受访者必须愿意回答，问卷应消除被调研对象的一些顾虑；问题应中肯，并避免否定性问题；避免带有倾向性的问题和词语，即避免对受访者形成诱导。除以上原则外，我国学者李怀祖（2004）还指出了另外几点研究者需注意的事项：不提有可能难以真实回答的问题，例如，当问一名管理者是否按照高标准要求自己时，受访者的回答一定为“是”；不把未经确认的事情当作假设前提；设计答案要保证答案的完备性和互斥性，要求问题所列出的答案选项应包括所有可能的回答，同时答案之间又不能互相重叠。此外，对于量表，谢家琳（2012）提出了又一项需注意的事项：国内研究者在引用国外学者的量表时，应特别注意量表的完整性，即不轻易对原量表的题项做删减。

遵循以上原则是做好问卷设计的重要保证，也是提升研究信度与效度的关键。本书在问卷设计过程中力图严格地遵循上述基本原则与注意事项，以保证研究的严谨性，确保研究的信度与效度，从而提升研究质量。

二、问卷设计的过程

本书的问卷设计历经以下几个阶段：寻找、发展量表；形成初始调查问卷；预调查；完善问卷、通过小样本预测试删除不合理题项从而确定最终版本。

首先，通过大量的文献检索与阅读，寻找与所需测量变量相关的量表。对于定量研究，量表是调查问卷的核心组成部分。谢家琳（2012）指出了沿用现有量表的几点益处：一是在文献中占有显著地位的量表一般有较高的信度和效度，因为这些量表被不同的研究人员反复使用其有效性也不断得以验证，并且量表在被不断使用的过程中也得到发展、完善，具有成熟性；二是在文献中被反复使用的量表认可度高，因为论文中所用量表的信度和效度是重要的审核标准之一，尤其对于在高质量国际期刊上发表的实证研究，其所用量表必须具有高质量，而这样的量表一经认可，便会得到更多引用从而被不断验证。一些量表已经在相关研究领域逐渐产生了品牌效应，使用它们一方面可以提高研究的信度与效度，另一方面也有助于研究得到认可。基于上述原因，本书的问卷设计过程先从寻找现有量表开始，从发表在国际顶级管理学期刊AMJ、ASQ、SMJ和国内权威期刊管理世界、南开管理评论上的文章中选择合适量表。对于一个变量有多种量表的情况，则对不同文献进行对比，比较不同量表与本书研究问题与模型的契合程度，选择更适合本书的量表。

然而在引用西方学者的量表时，翻译的准确性是研究者不得不面临的一个考验。为保证翻译的准确性，我们采用被专家、学者们多次建议与采纳的回译法（Back Translation）。根据谢家琳（2012）的建议，先由两组不同的研究人员分别翻译同一个量表（一组为论文作者，另一组是作为论文作者同学的博士生），在其中一组将某个量表从英文翻译为中文之后，再由另一组将此量表由中文翻译为英文，之后进行比对，对于双重翻译中产生的差异进行研讨，在讨论过程中由第三名专家进行指导、协助，直到取得一致，最终商定的版本就是本书使用的量表。

其次，在确定量表的基础上编写调查问卷。在编制问卷的过程中，除了严格遵循问卷设计的基本原则外，还进行了小组讨论、接受了多位学术界与企业界专家的指导与建议。其一，由笔者独立编制出调查问卷，然后在由导师带领的研究团队组成的研讨会议上征求意见，并进行修改。其二，同导师之外的两名学术界专家（均为教授、博士生导师，是所在研究领域的专家学者）和两名企业界专家（均为所在企业的中高层管理人员且具有产品创新的丰富经验）进行深入交流，分析调查问卷中问题设计、答案选项和问卷结构的合理性和逻辑性，并依据他们的意见对问卷再次做出修改和完善，形成本书的初始问卷。

再次，基于小样本测试进行预调查。艾尔·巴比（2005）指出，不管研究者在设计问卷上多仔细认真，还是存在错误的可能，如问题过于模糊、受访者无法回答、问题带有倾向性等，而避免这些错误的最有效的办法就是对问卷（全部或者部分）进行预调查，即先将问卷发放给小部分受访者让他们完成问卷。在大规模发放问卷之前，先将问卷发放给少量受访者，发放对象包括企业中高层管理者和笔者的博士生同学。问卷填写包括现场填写和互联网填写，对于现场填写的，当场征求受访者建议，对于互联网填写的，则通过评价、电子邮件、微信等方式征求建议。对预调查收集到的数据进行初步的统计整理，通过观察数据质量判断问卷质量。

最后，根据预调查的反馈，再次进行修改和完善，利用小样本预测试检验初始量表的信度和效度，删除量表中不合理题项，确定调查问卷的最终版本。

三、问卷的基本内容

本研究的调查问卷围绕“期权型资源配置对创新的影响”这一主题展开，根据研究的基本理论模型和所提命题假设，结合艾尔·巴比（2005）、李怀祖（2004）、谢家琳（2012）的建议以及秦剑（2009）、曹亚东（2011）、党建兵（2013）等的博士论文，问卷的基本内容包括以下几个方面：

（1）本研究的目的、问卷填写者的受益。

（2）问卷填写者及其所在企业的基本信息。

（3）核心量表，即本研究中用于测量核心变量（自变量、因变量和调节变量）的量表，包括测量环境不确定性的量表、测量期权型资源配置方式的量表（由对资源配置宽度、渐进性、低初始承诺和资源再分配四个分维度的问题与题项组成）、测量企业产品实际创新绩效与探索式创新的量表。

（4）辅助型量表，为测量控制变量的量表，包括企业规模、年龄、行业、创新活动中的资源投入量等，其中一些变量在企业基本信息中得以反映。

（5）其他说明事项，如保密说明、研究者的联系方式、致谢等。

第三节　变量的测量和初始量表的设计

本节涉及定量研究中各种变量的测量，详细阐述自变量、因变量、调节变量与控制变量的测量方法，选取、开发合适的量表。当然，本节拟定的变量测量方法及相关量表还有待后续小样本测试工作的验证和进一步的完善。

一、变量说明

本书所涉及的主要变量包括作为一种独特资源配置模式的期权型资源配置，反映企业创新成果和创新类型的创新绩效与探索式创新，代表研究情境的环境不确定性，体现期权型资源配置作用机理的机会识别与机会开发、企业竞争优势。第五章“期权型资源配置对企业创新的影响分析”涉及变量为：期权型资源配置、创新绩效、探索式创新；第六章“期权型资源配置影响创新绩效的机理探究”涉及变量为期权型资源配置、创新绩效、机会识别、机会开发；第七章“期权型资源配置的竞争优势效应”涉及变量为企业竞争优势、期权型资源配置、探索式创新、创新绩效。

二、变量测量

（一）期权型资源配置

资源配置的宽度、渐进性、低初始承诺和资源再分配构成了本书的解释变量即自变量。有关期权视角下资源配置的定量分析尚属较新的研究领域，代表性的学者及其研究有Klingebiel和Rammer（2014）、Klingebiel和Adner（2015）。本书主要借鉴上述两篇文献的测量方法对自变量进行操作化。Klingebiel和Rammer（2014）通过企业追求创新项目的数量对资源配置宽度进行测量，具体方法是向回答者提问：贵公司在过去三年中推动了多少产品创新（含新产品和产品改进）项目？但该问题会占有受访者较多的回答时间，且受访者对该问题的回答可能存在记忆偏差（即回答未能如实反映项目的真实数量），为防止以上现象，本书使用以下题项测量资源配置宽度：与竞争对手相比，过去三年中我们公司推动了更多的产品创新项目。该题项采用李克特5点量表进行度量，分别从1（完全不符合）到5（完全符合），得分越高代表企业对产品创新活动的资源配置宽度就越高，资源分散化配置的程度也越高。

渐进性是指资源配置是一种渐进的方式，即资源的投入是分步骤进行而非一下子投入进去，Klingebiel和Adner（2015）称其为排序式或渐进式（Sequencing）资源配置。本书采取两位学者在其研究中对该种资源配置的操作化方法，通过如下题项对渐进性进行测量：贵公司对于产品创新项目的资源投入是一次性的还是分批次（经历了多个阶段）进行的？对于一次性投入的回答，编码为“0”，对于分批次投入的回答，则编码为“1”，即那些推行渐进性资源配置的企业在该题项中的得分为1。

低初始承诺是企业在某一产品创新项目发展的初始阶段并不做出对其进行重大投入的承诺。在低初始承诺下，没有哪个项目（或很少）能够在发展初期就获得发展所需的全部资源，并且也都不能保证得到持续性的资源投入，这意味着项目之间不得不为了获取发展所需资源而展开竞争。Klingebiel和Adner（2015）对于低初始承诺的测量也正是基于上述逻辑，考虑到两位学者对资源分配问题的长期深入研究和AMJ（Academy of Management Journal）期刊的权威性及其对文章一贯的高要求传统，本书采取两位学者的方法，通过如下题项对低初始承诺进行测量：（1）很少有产品创新项目在一开始就能获得发展所需的全部资源；（2）各产品创新项目都要为获得资源展开竞争。但两个题项的构成情况可能使量表难以满足信效度要求，鉴于此，结合对期权型资源配置的理解，本书补充另外两条题项：“各产品创新项目在下一阶段获得资源的关键在于现阶段取得良好的市场反馈”和“在对各产品创新项目进行资源配置时，我们不做详细的预算和规划”。题项仍然采用李克特5点量表进行度量，请回答者将所在企业真实情况与上述题项进行对比，1表示题项所描述情况与企业真实情况完全不符合；2表示较不符合；3表示一般；4表示较符合；5表示完全符合。得分越高，初始承诺越低，即低初始承诺特征越明显。

资源再分配是指资源会从那些失败项目（如未通过市场验证、未取得好的进展、无法创造价值和未来难以给企业带来良好收益）被重新分配到成功项目（市场验证可行、取得较好进展、能够创造价值并有希望给企业带来良好收益）中。资源再分配意味着一些项目（失败项目）的中断，因此，Klingebiel和Adner（2015）将是否有项目被中断作为测量资源再分配的指标。本书沿用两位学者的方法，通过如下题项对资源再分配进行测量：过去三年中，贵公司推动的产品创新项目中是否有被中断的？对于“否”的回答，编码为0，即企业没有被中断的产品创新项目；对于“是”的回答，编码为1，即企业有的产品创新项目被中断了。但仅此一个问题的回答为1还不足以表示企业具有资源再分配的特征或机制，因此本书还补充了一个问题或题项：这些被中断项目的人、财、物等资源是否被转移到其他项目中？对于“否”的回答，编码为0；对于“是”的回答，编码为1。综合两个问题的回答，当答案都为1时，说明样本企业具有资源再分配的特征或机制。

（二）创新绩效

本书的被解释变量即因变量为企业产品创新的绩效和创新的类型。对于创新绩效的测量，从国内外重要期刊上有关创新的文献来看，主要有三种方法：一是量表，二是专利，三是新产品的销售情况[①]。关于测量创新绩效的量表，比较有代表性的是Ritter（2004）、Bell（2005）、Zhang和Li（2010）等学者的研究。例如，Ritter（2004）测量产品创新绩效的量表包含三个题项：（1）与竞争对手相比，我们的产品改进和产品创新收到了更好的市场反响；（2）我们的竞争对手在产品创新方面更成功（反向评分）；（3）我们的产品拥有最先进的技术。Zhang和Li（2010）用5个题项测量产品创新，分别为：与竞争对手相比，（1）能更频繁地引入新产品；（2）在市场中总是第一个推出新产品；（3）能更快地将新产品投向市场；（4）总能开发出优质的产品；（5）能使用新产品进行市场渗透。这些量表为李克特量表（Likert Scale），由企业高管、研发人员及行业专家进行评分，受到许多学者的欢迎，被许多国内学者如钱锡红等（2010）、李雪灵等（2010）、吴航（2014）、刘学元等（2016）等引用。通过梳理国际顶级的战略管理学期刊SMJ（Strategic Management Journal）近几年的

① 重点查阅的期刊包括国际顶级期刊SMJ、AMJ等，以及国内权威期刊管理世界、南开管理评论和中国工业经济。

创新文献，发现也有一些学者通过专利和新产品的销售情况对产品创新绩效进行测量。例如，Guler和Nerkar（2012）、Kim等（2013）、Yanadori和Cui（2013）、Van de Vrande（2013）、Chatterji和Fabrizio（2014）、Yayavaram和Chen（2015）、Alvarez-Garrido和Dushnitsky（2016）使用专利数据测量企业产品创新绩效；Garriga等（2013）、Love等（2014）、Zhao和Chadwick（2014）、Klingebiel和Rammer（2014）通过新产品的销售情况对创新绩效进行衡量，其具体方法见表4.1。

表4.1　　2012年以来SMJ中学者对创新绩效的测量

代表性学者	对创新绩效的测量方法
Guler和Nerkar（2012）	与新药物相关的专利数量
Garriga等（2013）	归属于新产品的营业额
Kim等（2013）	近四年内专利被其他企业引用的数量
Van de Vrande（2013）	加权专利数（Weighted patent counts），以被引用次数作为权重因子
Yanadori和Cui（2013）	成功申请专利的数量
Chatterji和Fabrizio（2014）	当年被有关当局批准的专利数量
Zhao和Chadwick（2014）	来自新产品的收入
Love等（2014）	新产品或改进型产品销售量占企业总销售量的比率和过去三年来新产品与改进型产品的总销售收入
Klingebiel和Rammer（2014）	新产品销售收入
Yayavaram和Chen（2015）	专利的被引用次数
Alvarez-Garrido和Dushnitsky（2016）	专利和学术发表成果

资料来源：笔者根据相关文献整理。

从本质上讲，企业是一种通过各种途径追求盈利性目标的组织，借用西方战略管理学家希特（2002）、波特（2006）等人的话语就是获取超额利润或收益，因此对绩效的测量必须能体现企业的经济回报或财务收益。根据Klingebiel和Rammer（2014）的定义，产品创新绩效是企业成功地推向市场（即完成商业化）的新产品的销量。创新绩效应能反映企业创新活动所取得的收益，但使用专利数量或是发表在学术期刊上的成果并不能体现出企业产品创新所获取的实际经济回报，故难以全面地衡量创新绩效[①]。相比之下，用新产品的销售情况来测量产品创新绩效，可以体现出企业创新努力所获取的财务回报，从而更能准确且全面地反映产品创新最终的市场绩效，因此对于创新绩效的测量必须能体现出新产品的销售情况。根据上述分析，并考虑到数据的可获得性，本书在综合参考Ritter（2004）、Zhang 和 Li（2010）、Klingebiel 和 Rammer（2014）、Klingebiel和Adner（2015）以及国内学者秦剑（2009）、钱锡红等（2010）、吴航（2014）、刘学元等（2016）等研究的基础上，通过以下题项对企业的产品创新绩效进行测量。

在过去三年中，（1）与竞争对手相比，我们经常率先推出新产品；（2）与竞争对手相比，我们总能推出更多的新产品；（3）我们推出的新产品总能获得较高的顾客满意度；（4）我们推出的新产品总能给企业带来收入上的"惊喜"，能获得令人满意的销售收入；（5）我们推出的新产品对企业整体的销售额与利润额有很大的贡献。对于上述问题，采用李克特5点量表进行评价度量，请回答者将所在企业真实情况与上述题项进行对比，1表示题项描述与企业真实情况完全不符合；2表示较不符合；3表示一般；4表示较符合；5表示完全符合。得分越高，表示企业创新绩效就越高。

（三）探索式创新

本书所探讨的创新类型为探索式创新。对于探索式创新的测量，最有代表性的量表来自Jansen（2006）发表在《管理科学》（*Management Science*）杂志上的一篇研究。之后的许多学者，如李忆和司有和（2008）、Kollmann和Stöckmann（2012）、Ozer和Zhang（2015）等都沿用了该量表，且他们的研究都取得了一定成效。鉴于Jansen（2006）的量

① 关于专利不能准确反映企业创新绩效这一判断，有许多经典的企业案例可以用来说明，如柯达、诺基亚在衰落之前都有许多有价值的专利，如柯达拥有对于数码型相机至关重要的数字信号捕捉的专利组合，诺基亚也掌握关于智能手机的数个关键专利，但这两家企业都未能成功将这些专利进行市场化，也没能适应新的时代要求。

表在研究中被使用的次数较多，且多次出现在高质量期刊如“*Strategic Management Journal*”上，已形成一定的“品牌效应”，其信度和效度必有所保证，本书选取该量表来测量两种创新。但本书也不拘泥于Jansen（2006）量表，而是同时吸收了He和Wong（2004）、Lubatkin（2006）、李忆和司有和（2008）等学者研究的合理因素。在遵循前面所述问卷设计原则与过程以及进一步把握探索式创新本质的基础上，确定了研究所用量表[①]。量表通过如下4个题项测量探索式创新：（1）我们公司会经常开发、销售超出现有产品范畴的新产品；（2）我们公司经常尝试开拓全新的、尚无相关营销及服务经验的市场与顾客群；（3）我们公司经常尝试运用尚不成熟、有一定风险的新技术；（4）我们公司总是从行业外吸收产品创意或技术解决方案。

（四）环境不确定性

环境不确定性是本书的关键调节变量。早期（主要为20世纪六七十年代）学者多是基于信息与决策视角对环境不确定性展开测量。例如，Lawrence 和Lorsch（1967）将组织环境细分为营销、制造和研究三个子环境（Subenvironment），由回答者分别就不同的子环境对以下三个题项作出评价：缺乏准确的信息、因果关系的不确定性、结果反馈的长时间跨度，问卷采用李克特量表的形式。Duncan（1972）从两个维度（每个维度各含6个题项）对环境不确定性进行测量，分别是：缺乏制定决策时关于环境因素的信息；不知道一旦决策失误组织可能遭到的损失。由回答者针对两个维度共12个题项进行评价。随后，对环境不确定性的测量得到进一步发展，主要体现在两个方面：一是量表中的内容不断得以拓展和丰

① March（1991）指出：探索行为包含搜寻、变异、风险承担、试验、发现等活动及事项，开发行为包含完善、生产、效率、执行等活动或事项。根据Ozer和Zhang（2015），开发式创新建立在企业现有知识基的基础上，是对现有流程或产品的改善，探索式创新则涉及不同的知识领域，是在与企业现有不同的知识基础上进行的创新活动。探索式创新是去满足新的顾客群体和市场的需求，开发式创新是去满足现有顾客和市场的需求（Jansen等，2006）。笔者认为，量表应能体现两种创新的本质，因此对Jansen（2006）量表做出了局部的改进、调整，以使其能够更准确地测量探索式创新和开发式创新。

富，更能说明企业外部环境的特征，概括性也更强；二是一些学者开始利用相对客观的二手数据对环境不确定性进行测量。例如，Dess和Beard（1984）利用美国统计局提供的数据，通过23个变量指标分别从充裕度（Munificence）、动态性（Dynamism）和复杂性（Complexity）三个维度对环境不确定性展开测量。Daft等（1988）和Sawyerr（1993）采取李克特5点量表形式，将环境细分为竞争、顾客、技术、规制等六个方面，针对每个环境方面使用三个题项测量感知不确定性：环境的变化速率、环境复杂程度和企业对环境中重要资源的依赖程度。Desarbo等（2005）从市场环境、技术环境和竞争环境三个环境维度出发，利用共18个题项对环境不确定性进行测量。Carpenter和Fredrickson（2001）、Cannella等（2008）通过行业销量的变动测量环境不确定性。Martin（2015）用绩效的波动性（Performance Variability）测量环境的不确定性，并用企业在过去五年中的资产回报率（ROA）、股价、每股预期收益三个指标的波动测量绩效波动性。表4.2详细列举了国内外代表性学者在研究中对环境不确定性的测量方法。

表4.2 不同学者对环境不确定性的测量方法

基本归类	代表性学者	对环境不确定性的测量方法
量表法	Lawrence和Lorsch（1967）	对营销、制造和研究三个子环境共9个题项进行评价
	Duncan（1972）	从两个维度共12个题项进行评价
	Ireland等（1987）	采用共25个题项分别对供应商、竞争者、客户、资本市场、政府规制、工会等六种环境因素变化的可预测性作出评价
	Daft等（1988）	对竞争、顾客、技术、规制、经济和社会文化环境共18个题项进行评价
	Sawyerr（1993）	同Daft等（1988）
	Baum和Wally（2003）	用5个题项测量行业动荡性
	Desarbo等（2005）	共采用18个题项依次对市场环境、技术环境和竞争环境进行评价
	文东华等（2009）	共采用18个题项对来自主营环境、潜在威胁、动力和宏观的不确定性进行评价
	李大元等（2009）	共8个题项对动态性与敌对性进行评价
	林亚清和赵曙明（2013）	共采用8个题项具体测量技术与市场不确定性两个维度

续表

基本归类	代表性学者	对环境不确定性的测量方法
量表法	刘光宗（2014）	共采用12个题项对技术、市场与竞争环境进行测量
	Larrañeta等（2014）	由行业专家对行业的动态性进行评分
	Schilke（2014）	对共5个题项作出评价
	杨卓尔等（2016）	用5个题项测量环境不确定性
二手数据法	Dess和Beard（1984）	共23个指标测量环境充裕度、动态性和复杂性，如行业销售波动、行业雇员变动
	Bergh和Lawless（1998）	行业净销量的波动，用行业值y对某一时期t进行回归，再用标准差除以行业平均值
	Carpenter和Fredrickson（2001）	同Bergh和Lawless（1998）
	Agle等（2006）	用股票收益的波动测量环境不确定性
	Cannella等（2008）	同Bergh和Lawless（1998）
	牛建波和赵静（2012）	利用Herfindahl指数测量环境复杂性，用行业销量波动测量环境动态性
	Luo等（2014）	用行业5年销售增长率的标准差测量行业不确定性
	Martin（2015）	用过去五年中企业的ROA、股价、每股预期收益三个指标波动的综合情况进行测量

资料来源：根据相关文献整理。

从对文献的梳理发现，对环境不确定性的衡量有两种方法，一是利用量表，二是利用客观的二手数据。而测量环境不确定性的量表又大致可划分为两类：一是从动态性、复杂性和敌对性（竞争强度）等三个维度出发进行评价；二是将环境划分为技术环境、市场环境、竞争环境等子环境，并针对这些子环境对题项作出评价。由量表测量的环境不确定性应该说是一种感知不确定性（Perceived Environmental Uncertainty），由二手数据测量的环境不确定性是一种客观不确定性。Boyd等（1993）建立了客观和感知不确定性间的联系，他们通过研究指出在以下情况，感知不确定性和客观不确定性高度关联，即由量表测量的感知不确定性可以较好地代表客观不确定性：（1）问卷由高层管理者回答；（2）分析层次保持在同一水平；（3）企业中存在大量跨界活动（Boundary-spanning Activity）；（4）高管团队差异化；（5）企业追求差异化战略等。

由于本书采用问卷调查法收集数据（原因详见本章第一节），并考虑到数据的可得性，因此选择通过量表对环境不确定性进行测量。如前所述，在特定情况下，利用量表测得的感知不确定性和利用二手数据测得的客观不确定性高度关联，且Ireland等（1987）早已验证了环境不确定性量表的可靠性，证明了用量表测量环境不确定性是可靠的，甚至是比二手数据还要准确的测量方法（Buchko，1994）。

此外，许多学者如Larrañeta等（2014）、Schilke（2014）、简兆权等（2015）、杨卓尔等（2016）都已经验证了用量表测量的环境不确定性调节作用的显著性。这些都说明我们可以利用量表测量环境不确定性并将之作为调节变量。李大元等（2009）还指出，如果量表中设计的问题过多，回答者将因厌烦情绪而不愿认真作出评价，建议归纳出关键要素并对其进行评价。因此，本书在综合参考表4.2中各位学者所提量表的基础上，采用归纳法，将不同学者研究中出现频次最多的几个题项列出，结果如表4.3所示。其中，一级条目是对各学者量表中所列题项的高度归纳，出现频次即相关条目在所有参考文献中出现的频次，按照出现频次由高到低的顺序对一级条目进行排列。

表4.3　对学者们关于环境不确定性量表中题项的归纳

一级条目	出现频次	关键词	参考文献
顾客需求	12	顾客需求或偏好变化快、难预测	Lawrence 和 Lorsch（1967）、Duncan（1972）、Ireland 等（1987）、Daft 等（1988）、Sawyerr（1993）、Baum 和 Wally（2003）、Desarbo 等（2005）、Larrañeta 等（2014）、Schilke（2014）、文东华等（2009）、李大元等（2009）、林亚清和赵曙明（2013）、刘光宗（2014）、杨卓尔等（2016）
技术变化	12	进步快、变革快、变化难预测	
产品变化	10	过时快、更新快、销量变化快	
竞争	10	竞争激烈、竞争强度大、竞争对手不明确、竞争行为难预测、竞争行为多样化、潜在进入者、价格竞争	
制度	5	监管、规制、政策、工会	
资源	4	金融支持、资本市场、资源难获取	
宏观	3	经济形势、国际市场、文化	
其他		商业模式变化、供应商变化	

资料来源：根据相关文献归纳整理。

前述归纳为我们确定量表基本内容奠定了基础。量表还吸收了Dess和Beard（1984）、Bergh和Lawless（1998）等学者研究中的一些重要指标，如行业销售的波动性。另外，根据前面分析（详见第三章理论模型构建中对环境不确定性研究的回顾），由于“难预测性”是环境不确定性的关键特征，量表特别注意对此特征的测度。在遵循精简、高度概括性、易理解性以及本章第一节“问卷设计的基本原则”的要求下，最终，使用以下题项对环境不确定性进行测量：本企业所处行业中，（1）顾客需求（或偏好）的变化很快；（2）顾客需求的变化不易被把握；（3）产品更新速度越来越快；（4）近三年中，行业整体销售额的波动性很大；（5）技术变革的速度非常快；（6）行业内竞争激烈；（7）面临大量来自行业外的竞争者；（8）竞争者的行为很难预测（经常不按套路出牌）。题项采用李克特5点量表进行度量，分别从1（非常不同意）到5（非常同意），得分越高，环境不确定性也就越高。

（五）机会识别与机会开发

综合参考Rong等（2011）、唐靖和姜彦福（2008）、马鸿佳等（2014）等学者的实证研究，利用以下三个题项测量机会识别：（1）能准确感知到未被满足的顾客需求；（2）会投入大量的时间和精力去寻找或开发能为顾客带来价值的产品或服务；（3）能捕获到高质量的商业机会。采取以下四个题项测量机会开发：（1）擅长开发新产品和新服务；（2）擅长开发新的生产、营销和管理方法；（3）擅长开发新的市场；（4）能够有效组织和激励员工实现企业目标。

（六）竞争优势

引用Schilke（2014）提出的量表，通过以下题项对竞争优势进行测量：过去三年，我们公司（1）市场份额增长速度高于行业平均水平；（2）与主要竞争对手相比，顾客满意度更高；（3）总利润高于行业平均水平；（4）销售收入高于主要竞争对手；（5）总体来看，比主要的竞争对手更成功。对于上述题项，采用李克特5点量表进行度量，请回答者将所在企业真实情况与上述题项进行对比，1表示题项描述与企业真实情况完全不符合；2表示较不符合；3表示一般；4表示较符合；5表示完全符合。得分越高，表示企业竞争优势就越大。

（七）控制变量

在量化研究中，我们需要在模型中加入除自变量外也会给因变量带来影响的另一类变量——控制变量，以排除干扰效应（Jansen et al.，2006）。本书选取企业规模、企业年龄、创新资源投入、行业作为控制变量。

企业规模是被使用最为广泛的控制变量。许多学者如Jansen等（2006）、Leiponen和Helfat（2010）都指出，大企业在创新活动中拥有资源优势，它们能够向研发过程及产品创新领域投入比中小企业更多的人力、资金等资源。此外，大企业拥有更多的顾客群，更易将创新成果转化为利润（Leiponen and Helfat，2010）。而资本市场也往往更青睐于大企业，使得大企业更易获得外部资源（Sørensen and Stuart，2000）。这些观点表明，规模越大，企业的创新绩效可能会越好。但同时，还有一些学者指出了大企业在创新方面的缺陷。根据Teece等（1997）的研究，随着规模的扩大，企业的创新能力尤其探索性创新的能力是下降的。Sørensen和Stuart（2000）认为，与小企业相比，大企业往往更加官僚、缺乏企业家精神，因而创新会受到阻碍。Jansen等（2006）也指出，大企业虽然拥有更丰富的资源，但在探索性创新上却缺乏灵活性。从上述分析中我们可以发现，从资源角度出发，规模越大，企业越有可能取得好的创新绩效；而从管理体制、创新精神出发，规模越大，企业的创新绩效反而可能越低。将企业规模作为控制变量，也有助于我们检验其对创新的作用究竟如何。关于企业规模的测量，许多学者采用全职型员工数量（Jansen et al.，2006；Leiponen and Helfat，2010；吴航，2014；Ozer and Zhang，2015；et al.），还有一些学者利用销售额，如Klingebiel和Rammer（2014）、Klingebiel和Adner（2015）利用销售额来测量企业规模。本书综合采用两种方法对企业规模进行测量。

企业年龄。一些研究表明企业年龄越大的企业经验越丰富，因而能获得更好的创新绩效。Sørensen和Stuart（2000）通过实证研究发现，基于时间形成的组织惯例与经验使得企业能够在现有技术路径与熟悉的领域取得更多创新成果，但随着企业年龄增长，企业的组织能力与环境越来越不匹配，尤其在快速多变的环境下，这种现象就愈加明显。Christensen（1998）也通过大量案例指出，许多在位的“老”企业能够沿着自己擅长的技术轨道与产品主导设计不断创新，将产品性能做到极致，并依靠这些渐进式的创新取得丰厚利润，但在面临那些由新创企业或外来者带来的破坏性创新时却显得无能为力。这些研究都表明，企业年龄不仅可能影响企业的创新绩效，还可能影响企业创新的类型。本书通过“企业自成立起至今的年份数”测量企业年龄。

创新资源投入。许多学者如Leiponen和Helfat（2010）、吴航（2014）、刘光宗（2014）、Klingebiel和Adner（2015）、李文贵和余明桂（2015）等都将创新资源投入作为重要的控制变量。研发投入（或研发支出）强度通常被用来作为衡量企业对创新活动尤其是产品创新资源投入的指标。根据Leiponen和Helfat（2010）、Klingebiel和Adner（2015）等的观点，在其他条件相同的情况下，研发投入越多，企业能取得的创新成果也越多。另外，企业在创新活动中的投入越多，所能追求的创新项目也就越多。在具体测量研发投入强度的方法上，一些学者采用研发投入的绝对数值（Leiponen and Helfat，2010；Hess and Rothaermel，2011），另一些学者则采用研发支出占销售收入的比重（Qian et al.，2013；吴航，2014；刘光宗，2014；Klingebiel and Adner，2015）。本书采取被更多学者使用的第二种方法即通过研发支出与销售收入比测量研发投入强度，在具体方法上，参照李文贵和余明桂（2015）的研究，对回答者提出如下问题：过去三年，公司的研发支出占销售收入的比重。

不同行业在技术进步潜力、创新回报、顾客对新产品的需求等方面表现出不同特性，而这些特性会影响企业的创新动机，从而影响创新成果（Leiponen and Helfat，2010）。对于高新技术行业，如软件开发、电子设备制造等，产品更换更快，顾客需求更加多元，企业可能会比许多传统行业更具创新性、研发更多新产品。在许多学者的研究中，如Leiponen和Helfat（2010）、Klingebiel和Rammer（2014）、Klingebiel和Adner（2015）、刘学元等（2016），行业都是重要的控制变量。把行业作为控制变量，可以控制行业差异，使研究结论更加准确。本书对行业的划分遵照国家统计局制定颁布的国民经济行业分类中制造业一级分类（GB/T 4754—2011），根据研究需要对一些行业进行合并，适度的合并可以减少问卷填写者的反应时间使其不至于过度疲倦从而保证回答质量。最终确定了以下行业：食品（含烟酒、饮料）、纺织与服装（含皮革制品、鞋帽）、木材加工与家具制造、造纸和纸制品、文体和娱乐用品制造、石油化学与化工、医药与生物制品、橡胶和塑料制品、金属和非金属制品（包括建材、玻璃陶瓷制品）、设备制造业（含交通运输设备）、电气机械和仪表及器材制造业、计算机和通信及其他电子设备制造业、计算机服务和软件行业、其他制造业。

三、小结

本章参考大量国内外文献，选取有代表性的成熟量表，并在广泛吸收学者们研究成果的基础上，对已有量表进行调整与改进，使其在表达上更加准确，从而更好地对变量进行测量。表4.4对主要变量的测量方法（问卷量表）进行了整理与汇总。

表4.4　主要变量的量表

类型	变量	题项
因变量	创新绩效	在过去三年中，（1）与竞争对手相比，我们经常率先推出新产品；（2）与竞争对手相比，我们总能推出更多的新产品；（3）我们推出的新产品总能获得较高的顾客满意度；（4）我们推出的新产品总能给企业带来收入上的“惊喜”，能获得令人满意的销售收入；（5）我们推出的新产品对企业整体的销售额与利润额有很大的贡献
	探索式创新	我们公司（1）会经常开发、销售超出现有产品范畴的新产品；（2）经常尝试开拓全新的、尚无相关营销及服务经验的市场与顾客群；（3）经常尝试运用尚不成熟、有一定风险的新技术；（4）总是从行业外吸收产品创意或技术解决方案

续表

类型	变量	题项
自变量	资源配置宽度	与竞争对手相比，过去三年中我们公司推动了更多的产品创新项目
	渐进性	贵公司对于产品创新项目的资源投入是一次性的还是分批次（经历了多个阶段）进行的
	低初始承诺	（1）很少有产品创新项目在一开始就能获得发展所需的全部资源；（2）各产品创新项目都要为获得资源而展开竞争；（3）各产品创新项目在下一阶段获得资源的关键在于现阶段取得良好的市场反馈；（4）在对各产品创新项目进行资源配置时，我们不做详细的预算和规划
	资源再分配	（1）过去三年中，贵公司推动的产品创新项目中是否有被中断的？（2）这些被中断项目的人、财、物等资源是否被转移到其他项目中
调节变量	环境不确定性	（1）顾客需求（或偏好）的变化很快；（2）顾客需求的变化不易被把握；（3）产品更新速度越来越快；（4）近三年中，行业整体销售额的波动性很大；（5）技术变革的速度非常快；（6）行业内竞争激烈；（7）面临大量来自行业外的竞争者；（8）竞争者的行为很难预测（经常不按套路出牌）
其他变量	机会识别	（1）能准确感知到未被满足的顾客需求；（2）会投入大量的时间和精力去寻找或开发能为顾客带来价值的产品或服务；（3）能捕获到高质量的商业机会
	机会开发	（1）擅长开发新产品和新服务；（2）擅长开发新的生产、营销和管理方法；（3）擅长开发新的市场；（4）能够有效组织和激励员工实现企业目标
	竞争优势	（1）市场份额增长速度高于行业平均水平；（2）与主要竞争对手相比，顾客满意度更高；（3）总利润高于行业平均水平；（4）销售收入高于主要竞争对手；（5）总体上来看，比主要的竞争对手更成功

资料来源：笔者自行整理。

第四节　预测试

在大规模发放问卷之前首先进行了小规模预测试。预测试的目的是通过问卷的实际填写工作发现问卷的不足，并进行修改和完善，从而提升研究的信度与效度。为更好地提升问卷的信度与效度并确保问卷质量，预测试共计两轮：首轮预调研和次轮小样本测试。首轮预调研的目的是就问卷设计征求反馈意见以帮助修改完善问卷内容特别是题项描述和问卷结构设计并使选用的国外量表及题项更符合国内情境。在首轮预调研形成的问卷的基础上进行第二轮的小样本测试，小样本测试的目的是检验初始问卷的信度与效度，删除某些信度与效度较低的题项进而确定最终量表和问卷。

一、首轮预调研与问卷修改

在首轮预调研中，我们发放问卷共计30份，发放对象为天津、上海、北京等地区较有代表性的制造业企业，问卷填写者为负责或了解企业产品创新的高管、产品研发或相关部门的主管负责人。

通过预调研，本研究的课题组收到许多有价值的反馈建议，这些反馈建议的宝贵之处在于它们是由深入产品创新一线的主管或十分了解企业产品创新的高管提出的，这些建议使问卷及量表中题项的表述能够更加贴近实际情况。课题组收到的主要反馈意见包括：（1）有些题项的表述过于主观，无法保证获取客观真实的数据；（2）一些题项不太符合我国企业的现实情况；（3）一些概念如“产品创新项目”“资源”等较为模糊，需要进一步明确；（4）一些词汇不够精准从而使答题者不易评判，如“竞争对手”一词可能包含所有竞争对手也可能被理解为主要竞争对手，前者涉及行业中所有细分市场，后者则是就某个某些细分市场而言；（5）个别量表题项设置太少，可能影响量表的信度与效度；（6）问卷还需更加简洁。

课题组以反馈建议为依据，在小组讨论的基础上对原始问卷进行了认真修改，修改内容包括：第一，增加反向题项，这样可以排除那些填写不够认真的问卷，提高问卷的有效性。增加题项为：“市场变化容易预测”（环境评估量表）。第二，对于题项中的用词进行了修改，例如，将“与竞争对手相比，经常率先推出新产品”和“与竞争对手相比，总能推出更多新产品”改为：“我们推出新产品的速度高于行业平均水平”和“我们推出新产品的数量高于行业平均水平”，将“经常开发、销售超出现有产品范畴的新产品”改为“与大部分行业竞争对手相比，开发、销售更多超出现有产品范畴的新产品”。第三，在原有量表中增设了一些题项，如对Klingebiel和Adner（2015）测量低初始承诺的量表补充了题项“各产品创新项目在下一阶段获得资源的关键在于现阶段取得良好的市场反馈”和“在对各产品创新项目进行资源配置时，我们不做详细的预算和规划”。通过以上修改，使量表可以更好地反映变量的概念。第四，明确了其中一些概念，如产品创新项目包含新产品开发和产品改进。第五，为使问题的形式更为合理，让填写者更好回答，将一些填空题变为选择题。第六，补充了一些问题以使量表能更好地测量变量，如请问卷填写者回答企业在创新过程中投入资源的类型。在对问卷进行修改与完善后，课题组再次将新的问卷及一些想法和对策反馈给原始问卷的填写者并征求二次建议，经过两轮的迭代式修改，确定了问卷的初始版本。

二、小样本预测试

小样本预测试旨在检验问卷中量表的信度和效度，通过探索性因子分析对初始问卷进行修正和净化以得到最终可用于大规模数据收集的有效问卷。在本研究小样本测试中，研究团队通过南开大学MBA和EMBA校友群及同学、同事、他人推荐、直接发送企业邮箱、企业调研等多种途径共发放问卷125份，收回有效问卷80份。问卷均由了解企业产品研发的高管（CEO、总经理、副总经理等）或产品研发部门及相关部门主管填写。样本行业主要涉及计算机、通信和其他电子设备制造业，软件业，电气机械制造业，设备制造业，医药行业，食品行业。具体分布情况见图4.1。

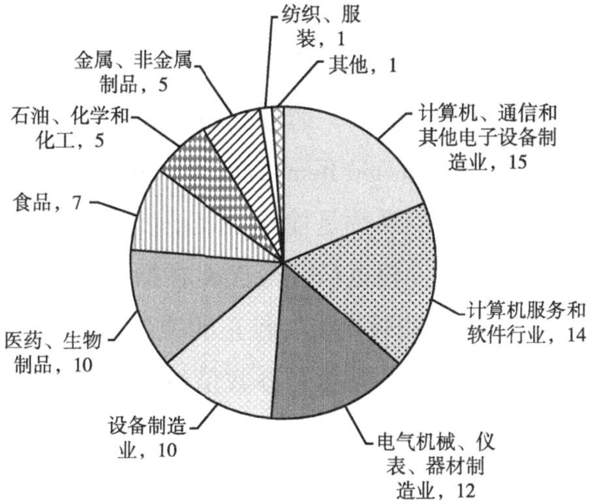

图4.1　预测试样本所属行业分布情况（单位：家）

资料来源：笔者自行绘制。

样本所在区域包括北京、天津、河南、上海、江苏、山东、广东、重庆，分别代表我国京津冀地区、中部地区、华东地区、华南地区和西南地区，详细分布情况如图4.2所示。

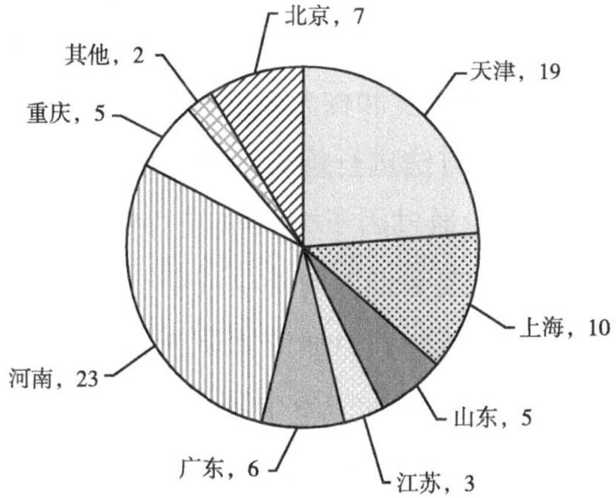

图4.2　预测试样本所在地分布情况（单位：家）

资料来源：笔者自行绘制。

对某一量表的评价通常从信度和效度两个方面进行（张伟雄和王畅，2012）。信度反映了测量结果的一致性和稳定性，一致性侧重反映不同标量反映同一现象的相似程度，稳定性则侧重反映在不同时点使用相同量表所得测量结果的相似性（武松和潘发明，2014）。信度越高说明测量的结果越可信。本书采用SPSS软件，通过克朗巴哈系数（Cronbach's α）和校正的项总计相关性（Corrected Item-Total Correlation，CITC）检验问卷中各题项的信度。克朗巴哈系数是检验量表信度最常用的指标，该系数越高，量表的信度就越高。根据研究经验，在探索性研究中，当该系数大于0.6时，量表的信度即应被接受。校正的项总计相关性表示对应的题项与其他题目总分的积差相关系数，系数值越高，表示该题项与其他题项的内部一致性越高，因此该数值也可作为题项删除或保留的参考指标之一。依照学者们的研究经验，当该系数大于0.35时量表信度可得到保证。此外，"项已删除的Cronbach's α"值表示该题项被删除后，其他题项构成的量表的内部一致性α系数的变动情况，如果某问卷题项的内部一致性很好，那么删除某题项后，新的内部一致性α系数会降低；若由于某些题项导致该问卷内部一致性较低，则删除该题项后内部一致性系数往往会提高。

效度代表测量的正确性，通常指量表是否能够测量到其所要测量的潜在概念；效度越高，表示越能测量到想要测量的概念（张伟雄和王畅，2012）。效度一般包括内容效度和构念效度：内容效度反映测量内容的适合程度，一般是通过定性方法进行检验；构念效度反映量表能够测度想要测量变量的程度，一般通过因子分析法进行检验（梁靓，2014）。本书所采用的量表及题项主要来自国内外权威期刊中已被广泛使用的量表（详见本章第二节变量的测量），且研究团队充分吸收诸多学者针对同一变量不同量表的特点，并就量表中各个题项征求了企业界人士的建议，因此，可以保证使用的量表具有较高的内容效度。本章效度检验的重点是构念效度，利用SPSS软件，通过探索性因子分析检验量表的效度。探索性因子分析一般应用在数据分析的初期阶段，其目的是探讨可观测变量的特征、性质及内部关联性，揭示有哪些主要的潜在因子会影响这些观测变量，它要求找出的潜在因子尽可能多地表达原可观测变量的信息

（武松和潘发明，2014）。判断样本数据是否可以进行因子分析的常用统计量是KMO（Kaiser-Meyer-Olkin）值和巴特莱特球体检验（Bartlett Test of Sphericity）的显著性。KMO值是用于比较变量间简单相关系数和偏相关系数的指标，其取值范围在0和1之间，当所有变量间的简单相关系数平方和远远大于偏相关系数平方和时，KMO值接近1，意味着变量间的相关性越强，获得的数据就越适合作因子分析，一般认为，当KMO值大于0.7时，样本数据可进行因子分析。另外，巴特莱特球体检验结果应为显著，即$P < 0.001$。探索性因子分析得出的对总方差的累积贡献率（解释总方差）和因子载荷系数是判断效度的重要依据。一般认为，因子载荷应大于0.5（梁靓，2014）。

（一）因变量量表的信度与效度分析

本书研究模型的因变量包括创新绩效和创新类型，使用SPSS软件分别检验两种因变量的信度与效度。

1.创新绩效的信度与效度检验

表4.5显示了创新绩效量表总体的克朗巴哈系数（Cronbach's α），该系数值大于0.6，说明量表总体具有较高的信度。

表4.5　　创新绩效量表的克朗巴哈系数

可靠性统计量		
Cronbach's α	基于标准化项的 Cronbach's α	项数
0.901	0.902	5

资料来源：笔者整理。

表4.6列出了量表中每个题项校正的项总计相关性（即CITC）和删除该题项后问卷的克朗巴哈系数（Cronbach's α）。从表4.6可看出，各题项校正的项总计相关性均远大于0.35，且各题项“项已删除的 Cronbach's α值”均低于量表总体的Cronbach's α值（见表4.5），说明创新绩效量表中的各题项都有较高的信度。

表4.6　　创新绩效量表各题项的信度分析

题项	均值	标准偏差	校正的项总计相关性	项已删除的Cronbach's α值
1. 推出新产品的速度高于行业平均水平	3.55	1.005	0.773	0.876
2. 推出新产品的数量高于行业平均水平	3.55	0.967	0.769	0.877
3. 与主要竞争对手相比，推出的新产品能获得较高的顾客满意度	3.74	0.838	0.779	0.875
4. 推出的新产品能给企业带来令人满意的销售收入	3.66	0.899	0.772	0.876
5. 推出的新产品对企业整体的销售额与利润额有较大的贡献	3.69	0.836	0.691	0.893

资料来源：笔者整理。

KMO和Bartlett球体检验结果如表4.7所示，其中，KMO值大于0.7，Bartlett检验结果也为显著（$P<0.001$），说明数据适合进行因子分析。

表4.7　　创新绩效KMO和Bartlett检验结果

KMO 和 Bartlett 的检验		
取样足够度的 Kaiser-Meyer-Olkin 度量		0.778
Bartlett 的球形度检验	近似卡方	289.238
	df	10
	Sig.	0.000

资料来源：笔者整理。

对小样本数据进行探索性因子分析：利用SPSS，选用主成分分析和最大方差法旋转，提取特征根大于1的因子，分析结果分别如表4.8、表4.9所示。通过主成分分析提取出一个公因子，该公因子对总方差解释的累积贡献率为71.97%，较好地反映了所测量变量的大部分信息。另外，根据表4.9，创新绩效量表各题项的因子载荷均远高于0.5，说明创新绩效量表及其题项具有较高的效度，且五个题项可归为一个因子。

表4.8　　创新绩效主成分列表

解释的总方差						
成分	初始特征值			提取平方和载入		
	合计	方差的 %	累积（%）	合计	方差的%	累积（%）
1	3.599	71.974	71.974	3.599	71.974	71.974
2	0.741	14.819	86.793			
3	0.344	6.880	93.673			
4	0.171	3.416	97.089			
5	0.146	2.911	100.000			

提取方法：主成分分析法。

资料来源：笔者整理。

表4.9　　创新绩效因子载荷矩阵

成分矩阵[a]	
题项	成分
	1
1. 推出新产品的速度高于行业平均水平	0.858
2. 推出新产品的数量高于行业平均水平	0.851
3. 与主要竞争对手相比，推出的新产品能获得较高的顾客满意度	0.863
4. 推出的新产品能给企业带来令人满意的销售收入	0.865
5. 推出的新产品对企业整体的销售额与利润额有较大的贡献	0.803

提取方法：主成分分析法。

a. 已提取了 1 个成分。
注：因只提取出一个公因子，故无法旋转

资料来源：笔者整理。

2. 探索式创新的信度与效度检验

表4.10显示了探索式创新量表总体的克朗巴哈系数（Cronbach's α），该系数值大于0.6，说明量表总体具有较高的信度。

表4.10　　探索式创新量表的克朗巴哈系数

可靠性统计量		
Cronbach's α	基于标准化项的 Cronbach's α	项数
0.851	0.853	4

资料来源：笔者整理。

表4.11列出了探索式创新量表中每个题项校正的项总计相关性（即CITC）和删除该题项后问卷的克朗巴哈系数（Cronbach's α）。从表4.11可看出，各题项校正的项总计相关性均远大于0.35，且各题项“项已删除的 Cronbach's α值”均低于量表总体的Cronbach's α值（见表4.11），说明量表中的各题项都有较高的信度。

表4.11　　探索式创新量表各题项的信度分析

题项	均值	标准偏差	校正的项总计相关性	项已删除的 Cronbach's α 值
1.与主要竞争对手相比，开发、销售更多超出现有产品范畴的新产品	3.48	0.927	0.704	0.808
2. 与主要竞争对手相比，更多地尝试开拓尚无营销及服务经验的市场与顾客群	3.51	1.055	0.784	0.770
3.主动尝试运用尚不成熟的新技术	3.18	1.053	0.629	0.838
4.能从行业外吸收产品创意或技术解决方案	3.30	1.048	0.660	0.825

资料来源：笔者整理。

KMO和Bartlett球体检验结果如表4.12所示，其中，KMO值大于0.7，Bartlett检验结果也为显著（$P < 0.001$），说明数据适合进行因子分析。

表4.12　　　　探索式创新KMO和Bartlett检验结果

KMO 和 Bartlett 的检验		
取样足够度的 Kaiser-Meyer-Olkin 度量		0.777
Bartlett 的球形度检验	近似卡方	141.203
	df	6
	Sig.	0.000

资料来源：笔者整理。

对小样本数据进行探索性因子分析：利用SPSS，选用主成分分析和最大方差法旋转，提取特征根大于1的因子，分析结果分别如表4.13、表4.14所示。通过主成分分析提取出一个公因子，该公因子对总方差解释的累积贡献率为69.51%，较好地反映了所测量变量的大部分信息。另外，根据表4.14，量表各题项的因子载荷均高于0.5，说明量表及其题项具有较高的效度，且四个题项可归为一个因子。

表4.13　　　　探索式创新主成分列表

解释的总方差						
成分	初始特征值			提取平方和载入		
	合计	方差的%	累积（%）	合计	方差的%	累积（%）
1	2.780	69.511	69.511	2.780	69.511	69.511
2	0.510	12.755	82.266			
3	0.471	11.782	94.048			
4	0.238	5.952	100.000			

提取方法：主成分分析法。

资料来源：笔者整理。

表4.14　　　　探索式创新因子载荷矩阵

成分矩阵[a]	
题项	成分
	1
1.与主要竞争对手相比，开发、销售更多超出现有产品范畴的新产品	0.843

续表

成分矩阵[a]	
题项	成分
	1
2. 与主要竞争对手相比，更多地尝试开拓尚无营销及服务经验的市场与顾客群	0.895
3. 主动尝试运用尚不成熟的新技术	0.785
4. 能从行业外吸收产品创意或技术解决方案	0.808
提取方法：主成分分析法。	
a. 已提取了 1 个成分。 注：因只提取出一个公因子，故无法旋转	

资料来源：笔者整理。

（二）自变量的信度与效度分析

对自变量的信度与效度分析涉及低初始承诺，因为其余自变量如宽度由问卷填写者对“与主要竞争对手相比，过去三年中我们公司推动了更多的产品创新项目”的评估进行测量，该测量方法能十分直接地反映企业在产品创新中的资源分配宽度，即推动的产品创新项目越多，资源分配宽度自然也就越高，这一点并不会引起争议；而渐进性和资源再分配均由“0，1”型变量测量（Klingebiel and Adner，2015）。本书对Klingebiel和Adner（2015）测量低初始承诺的量表进行了补充，添加了题项“各产品创新项目在下一阶段获得资源的关键在于现阶段取得良好的市场反馈”和“在对各产品创新项目进行资源配置时，我们不做详细的预算和规划”，故有必要对低初始承诺量表进行信度与效度分析。

表4.15显示了低初始承诺量表总体的克朗巴哈系数（Cronbach's α），该系数值大于0.6，是一个可以接受的数值，但为了进一步提高信度从而提升量表质量，需要对量表中各题项的信度进行分析，分析结果如表4.16所示。可以发现，题项“在对各产品创新项目进行资源配置时，我们不做详细的预算和规划”校正的项总计相关性低于0.35的要求，其项已删除的Cronbach's α值明显大于量表总体的Cronbach's α值，说明该题项影

响了量表总体的信度，在低信度的情况下，效度也难以得到保证，因此，为提高量表的信度与效度，将该题项删除，并重新进行量表的信度与效度分析。

表4.15　　低初始承诺量表的克朗巴哈系数

可靠性统计量		
Cronbach's α	基于标准化项的 Cronbach's α	项数
0.655	0.690	4

资料来源：笔者整理。

表4.16　　低初始承诺量表各题项的信度分析

题项	均值	标准偏差	校正的项总计相关性	项已删除的 Cronbach's α值
1.很少有产品创新项目在一开始就能获得发展所需的全部资源	3.68	0.925	0.623	0.456
2.各产品创新项目都要为获得资源展开竞争	3.65	0.929	0.654	0.432
3.在对各产品创新项目进行资源配置时，我们不做详细的预算和规划	2.59	1.144	0.125	0.825
4.各产品创新项目在下一阶段获得资源的关键在于现阶段取得良好的市场反馈	3.83	0.808	0.481	0.567

资料来源：笔者整理。

删除题项3“在对各产品创新项目进行资源配置时，我们不做详细的预算和规划”的新量表总体的克朗巴哈系数如表4.17所示。从表4.17可以看出，新量表总体的克朗巴哈系数值达到了0.825（大于0.6），即有了显著提升，说明删除题项3后量表总体具有较高的信度。

表4.17　　低初始承诺新量表的克朗巴哈系数

可靠性统计量		
Cronbach's α	基于标准化项的 Cronbach's α	项数
0.825	0.826	3

资料来源：笔者整理。

表4.18列出了删除题项3后量表中每个题项校正的项总计相关性（即CITC）和删除该题项后量表的克朗巴哈系数。从表4.18可看出，各题项校正的项总计相关性均大于0.35，且各题项“项已删除的Cronbach's α值”均低于量表总体的Cronbachs' α值（见表4.18），说明量表中的各题项都有较高的信度。

表4.18　　　低初始承诺新量表各题项的信度分析

	均值	标准偏差	校正的项总计相关性	项已删除的Cronbach's α 值
1.很少有产品创新项目在一开始就能获得发展所需的全部资源	3.68	0.925	0.676	0.765
2.各产品创新项目都要为获得资源展开竞争	3.65	0.929	0.719	0.719
3.各产品创新项目在下一阶段获得资源的关键在于现阶段取得良好的市场反馈	3.83	0.808	0.657	0.786

资料来源：笔者整理。

KMO和Bartlett球体检验结果如表4.19所示，其中，KMO值大于0.7，Bartlett检验结果也为显著（$P < 0.001$），说明数据适合进行因子分析。

表4.19　　　低初始承诺KMO和Bartlett检验结果

KMO 和 Bartlett 的检验		
取样足够度的 Kaiser-Meyer-Olkin 度量		0.715
Bartlett 的球形度检验	近似卡方	86.103
	df	3
	Sig.	0.000

资料来源：笔者整理。

对小样本数据进行探索性因子分析：利用SPSS，选用主成分分析和最大方差法旋转，提取特征根大于1的因子，分析结果分别如表4.20、表4.21所示。通过主成分分析提取出一个公因子，该公因子对总方差解释的累积贡献率为74.23%，反映了所测量变量的大部分信息。另外，根据表4.21，量表各题项的因子载荷均高于0.5，说明量表及其题项具有较高的效度，且三个题项可归为一个因子。

表4.20　　低初始承诺主成分列表

解释的总方差						
成分	初始特征值			提取平方和载入		
	合计	方差的%	累积（%）	合计	方差的%	累积（%）
1	2.227	74.228	74.228	2.227	74.228	74.228
2	0.435	14.488	88.716			
3	0.339	11.284	100.000			
提取方法：主成分分析法。						

资料来源：笔者整理。

表4.21　　低初始承诺因子载荷矩阵

成分矩阵[a]	
题项	成分
	1
1.很少有产品创新项目在一开始就能获得发展所需的全部资源	0.856
2.各产品创新项目都要为获得资源展开竞争	0.883
3.各产品创新项目在下一阶段获得资源的关键在于现阶段取得良好的市场反馈	0.846
提取方法：主成分分析法。	
a.已提取了1个成分。 注：因只提取出一个公因子，故无法旋转。	

资料来源：笔者整理。

（三）调节变量的信度与效度分析

本书的调节变量是环境不确定性。表4.22显示了环境不确定性量表总体的克朗巴哈系数，该系数值大于0.6，说明量表总体具有较高的信度。

表4.22　　环境不确定性量表的克朗巴哈系数

可靠性统计量		
Cronbach's α	基于标准化项的 Cronbach's α	项数
0.883	0.882	9

资料来源：笔者整理。

表4.23列出了探索式创新量表中每个题项校正的项总计相关性（即CITC）和删除该题项后问卷的克朗巴哈系数。从表4.23可看出，各题项校正的项总计相关性均大于0.35，除第7题项“行业内竞争激烈”之外，其余各题项“项已删除的 Cronbach's α 值”均低于量表总体的Cronbach's α值（见表4.23），因此删去第7题项，修正后的环境不确定性量表由8个题项组成。

表4.23　　环境不确定性量表各题项的信度分析

题项	均值	标准偏差	校正的项总计相关性	项已删除的 Cronbach's α 值
1.顾客偏好的变化很快	3.39	1.073	0.749	0.859
2.顾客需求的变化不易被把握	3.28	0.993	0.788	0.856
3.产品更新速度越来越快	4.00	1.043	0.732	0.861
4.近三年中行业整体销售额的波动很大	3.61	0.974	0.518	0.879
5.技术变革的速度非常快	3.95	0.884	0.578	0.874
6.市场需求的变化容易预测（转换）	3.11	0.842	0.671	0.867
7.行业内竞争激烈	4.38	0.753	0.411	0.885
8.面临大量来自行业外的竞争者	3.45	1.124	0.577	0.876
9.竞争者的行为很难预测（常不按套路出牌）	3.39	1.037	0.654	0.868

资料来源：笔者整理。

KMO和Bartlett球体检验结果如表4.24所示，其中，KMO值大于0.7，Bartlett检验结果也为显著（$P < 0.001$），说明数据适合进行因子分析。

表4.24　　　　　　环境不确定性KMO和Bartlett检验结果

KMO 和 Bartlett 的检验		
取样足够度的 Kaiser-Meyer-Olkin 度量		0.884
Bartlett 的球形度检验	近似卡方	327.643
	df	36
	Sig.	0.000

资料来源：笔者整理。

基于修正后的量表（删除了题项7）对小样本数据进行探索性因子分析：利用SPSS，选用主成分分析和最大方差法旋转，提取特征根大于1的因子，分析结果分别如表4.25、表4.26所示。通过主成分分析提取出一个公因子，该公因子对总方差解释的累积贡献率为56.38%。另外，根据表4.26，修正后量表各题项的因子载荷系数均大于0.5，说明量表及其题项具有较高的效度。

表4.25　　　　　　环境不确定性主成分列表

总方差解释						
成分	初始特征值			提取载荷平方和		
	总计	方差百分比	累积（%）	总计	方差百分比	累积（%）
1	4.511	56.383	56.383	4.511	56.383	56.383
2	0.778	9.721	66.104			
3	0.738	9.231	75.335			
4	0.673	8.416	83.751			
5	0.457	5.713	89.463			
6	0.359	4.482	93.946			
7	0.286	3.572	97.518			
8	0.199	2.482	100.000			
提取方法：主成分分析法。						

资料来源：笔者整理。

表 4.26　　环境不确定性因子载荷矩阵

成分矩阵[a]	
题项	成分
	1
1. 顾客偏好的变化很快	0.836
2. 顾客需求的变化不易被把握	0.864
3. 产品更新速度越来越快	0.799
4. 近三年中行业整体销售额的波动很大	0.605
5. 技术变革的速度非常快	0.675
6. 市场需求的变化容易预测（转换）	0.778
7. 面临大量来自行业外的竞争者	0.665
8. 竞争者的行为很难预测（常不按套路出牌）	0.746
提取方法：主成分分析法。	
a. 提取了 1 个成分。 注：因只提取出一个公因子，故无法旋转。	

资料来源：笔者整理。

（四）其他重要变量的信度与效度分析

机会识别、机会开发、竞争优势三个变量将出现在第六、七章中，在此也对相关量表的质量进行预测试检验。

1. 机会识别的信度与效度检验

在预测试中，机会识别量表总体的克朗巴哈系数（Cronbach α）为 0.832，说明量表总体具有较高的信度。各题项校正的项总计相关性最小值为 0.598，说明创新绩效量表中的各题项都有较高的信度。KMO 值为 0.688，十分接近 0.7，Bartlett 检验结果也为显著（$P < 0.001$），说明数据适合进行因子分析。

表4.27　机会识别KMO和Bartlett检验结果

KMO 和 Bartlett 的检验		
取样足够度的 Kaiser-Meyer-Olkin 度量		0.688
Bartlett 的球形度检验	近似卡方	96.970
	df	3
	Sig.	0.000

资料来源：作者整理。

对小样本数据进行探索性因子分析，分析结果分别如表4.28、表4.29所示。通过主成分分析提取出一个公因子，该公因子对总方差解释的累积贡献率为74.88%，较好地反映了所测量变量的大部分信息，另外，各题项的因子载荷均高于0.5，说明量表具有较高的效度，且三个题项可归为一个因子。

表4.28　机会识别主成分列表

解释的总方差

成分	初始特征值			提取平方和载入		
	合计	方差的 %	累积 %	合计	方差的 %	累积 %
1	2.246	74.879	74.879	2.246	74.879	74.879
2	0.500	16.682	91.561			
3	0.253	8.439	100.000			

提取方法：主成分分析。

资料来源：作者整理。

表4.29　机会识别因子载荷矩阵

成分矩阵[a]

题项	成分
	1
1. 能准确感知到未被满足的顾客需求	0.888
2. 会投入大量的时间和精力去寻找或开发能为顾客带来价值的产品或服务	0.803
3. 能捕获到高质量的商业机会	0.902

提取方法：主成分。

a. 已提取了 1 个成分。

注：因只提取出一个公因子，故无法旋转

资料来源：作者整理。

2. 机会开发的信度与效度检验

在预测试中，机会识别量表总体的克朗巴哈系数（Cronbach α）为0.883，说明量表总体具有较高的信度。各题项校正的项总计相关性最小值为0.675，说明量表各题项都有较高的信度。KMO值为0.820，Bartlett检验结果也为显著（P＜0.001），说明数据适合进行因子分析。

KMO和Bartlett球体检验结果如表4.30所示，其中，KMO值大于0.7，Bartlett检验结果也为显著（P＜0.001），说明数据适合进行因子分析。

表4.30　机会开发KMO和Bartlett检验结果

KMO 和 Bartlett 的检验		
取样足够度的 Kaiser-Meyer-Olkin 度量。		0.820
Bartlett 的球形度检验	近似卡方	170.656
	df	6
	Sig.	0.000

资料来源：作者整理。

探索性因子分析结果分别如表4.31、表4.32所示。通过主成分分析提取出一个公因子，该公因子对总方差解释的累积贡献率为69.51%，较好地反映了所测量变量的大部分信息，另外，根据表4.32，量表各题项的因子载荷均高于0.5，说明量表及其题项具有较高的效度，且四个题项可归为一个因子。

表4.31　机会开发主成分列表

解释的总方差						
成分	初始特征值			提取平方和载入		
	合计	方差的 %	累积 %	合计	方差的 %	累积 %
1	2.965	74.136	74.136	2.965	74.136	74.136
2	0.479	11.967	86.103			
3	0.307	7.667	93.770			
4	0.249	6.230	100.000			
提取方法：主成分分析。						

资料来源：作者整理。

表4.32　　机会开发因子载荷矩阵

成分矩阵[a]	
题项	成分
	1
1.擅长开发新产品和新服务	0.851
2.擅长开发新的生产、营销和管理方法	0.905
3.擅长开发新的市场	0.874
4.能够有效组织和激励员工实现企业目标	0.811

资料来源：作者整理。

3.竞争优势的信度与效度检验

在预测试中，竞争优势量表总体的克朗巴哈系数（Cronbach α）为0.917，说明量表总体具有较高的信度。各题项校正的项总计相关性最小值为0.695，说明量表各题项都有较高的信度。KMO值为0.820，Bartlett检验结果也为显著（$P<0.001$），说明数据适合进行因子分析。

KMO和Bartlett球体检验结果如表4.33所示，其中，KMO值大于0.7，Bartlett检验结果也为显著（$P<0.001$），说明数据适合进行因子分析。

表4.33　　竞争优势KMO和Bartlett检验结果

KMO 和 Bartlett 的检验		
取样足够度的 Kaiser-Meyer-Olkin 度量。		0.873
Bartlett 的球形度检验	近似卡方	286.769
	df	10
	Sig.	0.000

资料来源：作者整理。

探索性因子分析结果分别如表4.34、表4.35所示。通过主成分分析提取出一个公因子，该公因子对总方差解释的累积贡献率为75.795%，较好地反映了所测量变量的大部分信息。量表各题项的因子载荷均高于0.5，说明量表及其题项具有较高的预测试效度。

表4.34　　竞争优势主成分列表

解释的总方差						
成分	初始特征值			提取平方和载入		
	合计	方差的 %	累积 %	合计	方差的 %	累积 %
3.790	75.795	75.795	3.790	75.795	75.795	3.790
0.525	10.500	86.295				.525
0.249	4.978	91.273				.249
0.225	4.493	95.766				.225
0.212	4.234	100.000				.212
提取方法：主成分分析。						

资料来源：作者整理。

表4.35　　竞争优势因子载荷矩阵

成分矩阵[a]	
题项	成分
	1
1.市场份额增长速度高于行业平均水平	0.802
2.与主要竞争对手相比，顾客满意度更高	0.898
3.总利润高于行业平均水平	0.911
4.能够有效组织和激励员工实现企业目标	0.838
5.总体上来看，比主要的竞争对手更成功	0.898

资料来源：作者整理。

三、正式量表的确定

通过预测试（预调研和小样本测试），我们发现了研究问卷及量表的一些不足并获取了有价值的建议，对初始量表的信度和效度进行了评估，这为我们进行确定最终问卷及量表奠定了重要基础。笔者与所属研究团队其他成员在此基础上进行了探讨，根据预测试结果，确定了用于大规模数据收集的正式问卷及量表，其中，用来测量因变量、自变量、调节变量的量表如表4.36所示。

表4.36　正式问卷的主要量表

变量	编号	题项
创新绩效	IP1	推出新产品的速度高于行业平均水平
	IP2	推出新产品的数量高于行业平均水平
	IP3	与主要竞争对手相比，推出的新产品能获得较高的顾客满意度
	IP4	推出的新产品能给企业带来令人满意的销售收入
	IP5	推出的新产品对企业整体的销售额与利润额有较大的贡献
探索式创新	ER1	与主要竞争对手相比，开发、销售更多超出现有产品范畴的新产品
	ER2	与主要竞争对手相比，更多地尝试开拓尚无营销及服务经验的市场与顾客群
	ER3	主动尝试运用尚不成熟的新技术
	ER4	能从行业外吸收产品创意或技术解决方案
低初始承诺	LIC1	很少有产品创新项目在一开始就能获得发展所需的全部资源
	LIC2	各产品创新项目都要为获得资源展开竞争
	LIC3	各产品创新项目在下一阶段获得资源的关键在于现阶段取得良好的市场反馈
环境不确定性	EU1	顾客偏好的变化很快
	EU2	顾客需求的变化不易被把握
	EU3	产品更新速度越来越快
	EU4	近三年中行业整体销售额的波动很大
	EU5	技术变革的速度非常快
	EU6	市场需求的变化容易预测（转换）
	EU7	面临大量来自行业外的竞争者
	EU8	竞争者的行为很难预测（常不按套路出牌）
机会识别	OI1	能准确感知到未被满足的顾客需求
	OI2	会投入大量的时间和精力去寻找或开发能为顾客带来价值的产品或服务
	OI3	能捕获到高质量的商业机会
机会开发	OE1	擅长开发新产品和新服务
	OE2	擅长开发新的生产、营销和管理方法
	OE3	擅长开发新的市场
	OE4	能够有效组织和激励员工实现企业目标
竞争优势	CA1	市场份额增长速度高于行业平均水平
	CA2	与主要竞争对手相比，顾客满意度更高
	CA3	总利润高于行业平均水平
	CA4	销售收入高于主要竞争对手
	CA5	总体上来看，比主要的竞争对手更成功

资料来源：笔者自行整理。

第五节　数据收集与描述性统计

一、数据收集情况

在通过问卷设计和小样本预测试确定最终问卷之后，笔者及所在研究团队开始进行大规模问卷发放以获取大样本定量分析所需数据。由于本书关注的是企业的产品创新，因此选取制造业企业为样本，在选取样本时我们注意以下几点：样本之间具有一定的行业差异性；样本分布地域有一定的差异性；样本在过去三年中存在产品创新行为；同一行业样本企业的创新绩效应表现出差异，既有行业领先者又有行业落后者。

因环境不确定性作为本书的重要变量，为更好地评估环境不确定性及其给企业产品创新带来的影响，问卷的填写者为企业的中高层管理者，具体包括：了解本企业产品研发与新产品销售情况的高管，如CEO、总经理、副总经理等；产品研发或相关部门主管。数据收集的途径主要有两种，一是通过笔者及研究团队的关系网络，具体包括南开大学商学院MBA和EMBA校友群及同学、同事和由以上人群向其朋友圈进一步发放的"滚雪球"方式，使用微信、QQ链接、电子邮件等渠道。二是与专业性咨询公司建立合作，由后者负责一部分样本与数据的收集工作。数据收集工作从2016年7月开始至2017年2月结束，历时近八个月时间，样本来源于多个省区市，如北京、天津、河南、山东、广东、重庆等地。研究团队对所收问卷进行一一审核，对反向测试题与正向测试题评分相同或相近者（意味着两个回答相互矛盾）和出现缺失项者做无效问卷处理。对于无效问卷，研究团队会将信息反馈给其填写者，如有回复者则再次检查其有效性。经过上述工作，研究团队从总计235份问卷中获取有效问卷146份，有效率为62%。

二、描述性统计

描述性统计分析是进行其他统计分析的基础，在描述性分析中，通过各种统计图表和数字特征量可以对样本来自的总体特征有比较准确的把握，有助于研究人员思考对数据进一步分析的方案、选择正确的统计推断方法（武松和潘发明，2014）。本章使用Excel和SPSS软件对样本的基本特征与研究变量进行描述性统计。

（一）样本基本信息

样本企业的基本信息包括以下内容：企业规模、企业年龄、创新投入、所属行业分布、企业性质与所在地。关于样本的基本信息情况如表4.37所示。从基本信息可以看出，获取的样本在规模、年龄、所属行业、所在地等属性上都具有比较好的广泛性。在基本信息的不同属性中，企业规模、企业年龄、创新投入与所属行业构成了本章研究的控制变量。

表4.37　样本基本信息汇总

大样本基本信息（N=146）			
样本特征变量		份数	百分比（%）
企业规模	大型	43	29.5
	中型	44	30.1
	小型	59	40.4
企业年龄	5年以下	19	13.0
	6~10年	22	15.1
	11~20年	56	38.4
	20年以上	49	33.6
创新投入（研发投入占销售收入百分比）	小于1%	101	35.0
	1%~5%	165	57.1
	5%~10%	14	4.8
	10%及以上	9	3.1

续表

大样本基本信息（N=146）			
样本特征变量		份数	百分比（%）
所属行业	设备制造业	28	19.2
	计算机、通信和其他电子设备制造业	27	18.5
	计算机服务和软件行业	18	12.3
	食品	14	9.6
	电气机械、仪表、器材制造业	13	8.9
	医药、生物制品	12	8.2
	石油、化学与化工	8	5.5
	金属、非金属制品	6	4.1
	文体和娱乐用品制造	4	2.7
	纺织、服装	2	1.4
	其他制造业	14	9.6
企业性质	国有独资或控股	25	17.1
	集体企业	6	4.1
	民营企业	75	51.4
	港澳台资企业	7	4.8
	外资企业	24	16.4
	其他形式	9	6.2
所在地	天津	44	30.1
	河南	33	22.6
	广东	15	10.3
	上海	15	10.3
	北京	10	6.8
	重庆	9	6.2
	山东	7	4.8
	浙江	6	4.1
	江苏	4	2.7
	其他	3	2.1

资料来源：笔者根据有效问卷的信息自行统计并整理。

（二）主要研究变量的描述性统计

对研究涉及的主要变量进行描述性统计，统计结果如表4.38所示。表4.38展示了各变量的最小值、最大值、平均值与标准差，有助于我们对研究变量的情况进行初步的了解和把握。根据表4.38，期权型资源配置平均值为0.30，说明有大约30%的样本企业采取了该种资源配置方式，表明期权型资源配置并不是纯粹的理论概念，也是现实中的存在。环境不确定性平均值接近3.5，说明样本企业普遍认为自身所处环境具有较高的不确定性。

表4.38　　各主要变量的描述性统计

变量类型	名称	最小值	最大值	平均值	标准差
因变量	创新绩效	1.80	5.00	3.56	0.74
	探索式创新	1.50	5.00	3.35	0.80
自变量	资源配置宽度	1.00	5.00	3.60	1.01
	渐进性	0.00	1.00	0.82	0.39
	低初始承诺	1.00	5.00	3.56	0.76
	资源再分配	0.00	1.00	0.53	0.50
	选择性机制	0.00	1.00	0.38	0.49
	期权型资源配置	0.00	1.00	0.30	0.46
调节变量	环境不确定性	1.88	5.00	3.48	0.68

资料来源：笔者根据有效问卷的信息自行统计并整理。

第六节　数据质量评估

在对大样本数据进行量化研究之前，需要对数据质量进行评估，以确保量化分析结果的可靠性。对数据质量的评估包括信度和效度的检验，本节使用SPSS软件，通过克朗巴哈系数（Cronbach's α）和校正的项总计相关性（Corrected Item-Total Correlation，CITC）检验大样本数据的信度。根据研究经验，当克朗巴哈系数大于0.6、校正的项总计相关性大于0.35时，用于测量各变量的数据具有较高的信度。另外，使用AMOS软件通过验证性因子分析进行效度检验，具体方法如下：观察测量模型的拟合结果，如果拟合结果较好，说明用于测量各变量的数据具有较高的有效性。通常学者们综合采用χ^2/df、NFI、TLI、CFI、IFI、RMR等指标判断模型的拟合效果。一般认为，χ^2/df小于5，NFI、CFI、GFI、IFI大于0.9，RMR小于0.05，模型适配度为合格，表示模型适配情况良好（吴明隆，2010）。结合各题项的标准化路径系数（因子载荷）判断数据的效度，一般认为，各题项标准化路径系数（因子载荷）应大于0.5。

一、各变量的信度与效度表现

（一）期权型资源配置

对自变量期权型资源配置的信度与效度分析主要涉及低初始承诺，因为研究所涉及的其余自变量如宽度由问卷填写者对“与主要竞争对手相比，过去三年中我们公司推动了更多的产品创新项目”的评估进行测量，该测量方法能直接反映企业在产品创新中的资源分配宽度，即推动的产品创新项目越多，资源配置宽度自然也就越高；而渐进性和资源再分配均由“0，1”型变量测量（Klingebiel and Adner，2015），因而也不需要进行信度与效度的检验。

使用SPSS软件检验低初始承诺数据的信度，检验结果如表4.39所示。根据表4.39，低初始承诺的总体克朗巴哈系数为0.784，高于0.6的标准要求，各题项删除项后的克朗巴哈系数值均大于0.6，且小于总体的克朗巴哈系数值，各题项校正的项总计相关性也都大于0.35的标准要求，说明用于测量低初始承诺的数据具有较高的信度。

表4.39　　低初始承诺的信度检验结果

变量	题项	校正的项总计相关性	删除项后的Cronbach's α 值	Cronbach's α 值
低初始承诺	1.很少有产品创新项目在一开始就能获得发展所需的全部资源	0.610	0.720	0.784
	2.各产品创新项目都要为获得资源展开竞争	0.684	0.637	
	3.各产品创新项目在下一阶段获得资源的关键在于现阶段取得良好的市场反馈	0.581	0.751	

资料来源：笔者整理。

利用AMOS软件做验证性因子分析以进行效度检验，由于测量低初始承诺的题项只有三个，造成模型自由度为0，从而出现饱和模型，在进行数据回归之前，需要将其中一个协方差（e_2）设为0（吴明隆，2010）。验证性因子分析主要结果如表4.40和表4.41所示。

根据表4.40，各题项的标准化路径系数（即因子载荷）均大于0.5，且路径系数在$P<0.001$的水平上通过了显著性检验。另外，根据表4.41模型拟合效果各主要判断指标与测量模型实际取值的对照，除χ^2/df一项外，其余主要指标均达到理想标准。此外，χ^2/df值虽大于5，但其值5.439与5的差距并不大，根据学者们的研究经验，综合考虑其他指标的实际取值都已较为理想、χ^2/df值接近于5、该研究变量的重要性以及量表理论上的有效性，我们认为其对低初始承诺测度的效度是可以接受的。

表4.40　　低初始承诺各题项的因子载荷表现

路径			标准化路径系数	S.E.	C.R.	P
LIC1	<---	LIC	0.602			
LIC2	<---	LIC	1.000	0.193	9.088	***
LIC3	<---	LIC	0.568	0.141	6.134	***

注：***表示$P<0.001$。

资料来源：笔者整理。

表4.41　　低初始承诺测量模型拟合效果判断指标与实际取值对照

指标	χ^2/df	RMR	NFI	CFI	IFI	GFI
标准取值	＜5	＜0.05	＞0.90	＞0.90	＞0.90	＞0.90
测量模型	5.493	0.040	0.966	0.975	0.975	0.977

资料来源：笔者整理。

（二）创新绩效

使用SPSS软件的可靠性分析功能对用于测量创新绩效的大样本数据进行信度检验，所得分析结果如表4.42所示。

表4.42　　创新绩效的信度检验结果

变量	题项	校正的项总计相关性	删除项后的Cronbach's α值	Cronbach's α值
创新绩效	1.推出新产品的速度高于行业平均水平	0.763	0.880	0.902
	2.推出新产品的数量高于行业平均水平	0.795	0.873	
	3.与主要竞争对手相比，推出的新产品能获得较高的顾客满意度	0.778	0.877	
	4.推出的新产品能给企业带来令人满意的销售收入	0.748	0.883	
	5.推出的新产品对企业整体的销售额与利润额有较大的贡献	0.708	0.891	

资料来源：笔者整理。

根据表4.42，总体的克朗巴哈系数为0.902，远高于0.6的标准要求，各题项删除项后的克朗巴哈系数值均大于0.6，且小于总体的克朗巴哈系数值，各题项校正的项总计相关性也都大于0.35的标准要求，说明用于测量创新绩效的数据具有较高的信度。

在信度分析之后，利用AMOS软件的验证性因子分析进行效度检验，主要结果如表4.43和表4.43所示。根据表4.43，各题项的标准化路径系数均大于0.5，且路径系数均在P＜0.001的水平上通过了显著性检验。另外，根据表4.44，模型拟合效果各主要判断指标与测量模型实际取值的对照，该模型拟合效果较好，可以认为本章的研究对创新绩效的测度是有效的。

表4.43 创新绩效各题项的因子载荷

路径			标准化路径系数	S.E.	C.R.	P
IP1	<---	IP	0.891			
IP2	<---	IP	0.914	0.069	14.775	***
IP3	<---	IP	0.769	0.065	11.447	***
IP4	<---	IP	0.669	0.074	9.216	***
IP5	<---	IP	0.648	0.074	8.834	***

注：***表示 $P<0.001$。

资料来源：笔者自行整理。

表4.44 创新绩效测量模型拟合效果判断指标与实际取值对照

指标	χ^2/df	RMR	NFI	CFI	IFI	GFI
标准取值	<5	<0.05	>0.90	>0.90	>0.90	>0.90
测量模型	3.184	0.023	0.981	0.987	0.987	0.975

资料来源：笔者自行整理。

（三）探索式创新

使用SPSS软件检验探索式创新数据的信度，检验结果如表4.45所示。

表4.45 探索式创新的信度检验结果

变量	题项	校正的项总计相关性	删除项后的Cronbach's α值	Cronbach's α值
探索式创新	1.与主要竞争对手相比，开发、销售更多超出现有产品范畴的新产品	0.618	0.799	0.828
	2.与主要竞争对手相比，更多地尝试开拓尚无营销及服务经验的市场与顾客群	0.747	0.739	
	3.主动尝试运用尚不成熟的新技术	0.614	0.803	
	4.能从行业外吸收产品创意或技术解决方案	0.644	0.787	

资料来源：笔者整理。

根据表4.45，总体的克朗巴哈系数为0.828，高于0.6的标准要求，各题项删除项后的克朗巴哈系数值均大于0.6，且小于总体的克朗巴哈系数值，各题项校正的项总计相关性也都大于0.35的标准要求，说明用于测量探索式创新的数据具有较高的信度。

利用AMOS软件做验证性因子分析以进行效度检验，主要结果如表4.46和表4.47所示。根据表4.46，各题项的标准化路径系数即因子载荷均大于0.5，且路径系数在P＜0.001的水平上通过了显著性检验。另外，根据表4.47模型拟合效果各主要判断指标与测量模型实际取值的对照，该模型拟合效果较好，可以认为本章的研究对探索式创新的测度是有效的。

表4.46　　探索式创新各题项的因子载荷表现

路径			标准化路径系数	S.E.	C.R.	P
ER1	<---	ER	0.708			
ER2	<---	ER	0.880	0.152	8.664	***
ER3	<---	ER	0.653	0.144	7.117	***
ER4	<---	ER	0.719	0.135	7.785	***

注：***表示P＜0.001。

资料来源：笔者整理。

表4.47　　探索式创新测量模型拟合效果判断指标与实际取值对照

指标	χ^2/df	RMR	NFI	CFI	IFI	GFI
标准取值	＜5	＜0.05	＞0.90	＞0.90	＞0.90	＞0.90
测量模型	3.749	0.032	0.966	0.975	0.975	0.977

资料来源：笔者整理。

（四）环境不确定性

使用SPSS软件检验调节变量——环境不确定性数据的信度，其可靠性检验结果如表4.48所示。根据表4.48，总体的克朗巴哈系数为0.861，高于0.6的标准要求，各题项删除项后的克朗巴哈系数值均大于0.6，除“近三年中行业整体销售额的波动很大”外其他题项删除项后的克朗巴哈系数均小于总体的克朗巴哈系数值，各题项校正的项总计相关性也都大于0.35的标准要求。进一步对比删除题项“近三年中行业整体销售额的波动很大”的克朗巴哈系数值与总体的克朗巴哈系数值，前者为0.864，后者为0.861，两者的差距并不大，综合考虑，保留该题项。

表4.48　　　　环境不确定性的信度检验结果

变量	题项	校正的项总计相关性	删除项后的Cronbach's α值	Cronbach's α值
环境不确定性	1.顾客偏好的变化很快	0.738	0.828	
	2.顾客需求的变化不易被把握	0.729	0.830	0.861
	3.产品更新速度越来越快	0.658	0.839	
	4.近三年中行业整体销售额的波动很大	0.412	0.864	
	5.技术变革的速度非常快	0.535	0.853	
	6.市场需求的变化容易预测	0.542	0.851	
	7.面临大量来自行业外的竞争者	0.588	0.848	
	8.竞争者的行为很难预测	0.667	0.838	

资料来源：笔者自行整理。

利用AMOS软件做验证性因子分析以检验效度，主要结果如表4.49和表4.50所示。根据表4.49，除第四个题项（EU4）外，其余各题项的标准化路径系数（因子载荷）均大于0.5，且路径系数在$P<0.001$的水平上通过了显著性检验。对于题项EU4（近三年中行业整体销售额的波动很大），考虑到其值0.435与0.5相差并不大及其理论上的重要性，且也有学者认为因子载荷大于0.4也符合基本要求，因此本章的研究对其予以保留。另外，根据表4.50，模型拟合效果各主要判断指标与测量模型实际取值的对照，该测量模型拟合效果较好，可以认为本章的研究对环境不确定性的测度是较为有效的。

表 4.49　　环境不确定性各题项的因子载荷

路径			标准化路径	S.E.	C.R.	P
EU1	<---	EU	0.834			
EU2	<---	EU	0.769	0.090	9.887	***
EU3	<---	EU	0.671	0.091	8.371	***
EU4	<---	EU	0.435	0.088	5.108	***
EU5	<---	EU	0.537	0.098	6.413	***
EU6	<---	EU	0.558	0.086	6.645	***
EU7	<---	EU	0.653	0.104	8.106	***
EU8	<---	EU	0.734	0.085	9.348	***

注：*** 表示 $P < 0.001$。

资料来源：笔者自行整理。

表 4.50　　环境不确定性测量模型拟合效果判断指标与实际取值对照

指标	χ^2/df	RMR	NFI	CFI	IFI	GFI
标准取值	＜5	＜0.05	＞0.90	＞0.90	＞0.90	＞0.90
测量模型	1.619	0.036	0.941	0.976	0.977	0.950

资料来源：笔者自行整理。

（五）机会识别与机会开发

使用SPSS软件检验机会识别与机会开发的信度，检验结果如表4.51所示。

表 4.51　　机会识别与机会开发的信度检验结果

变量	题项	校正的项总计相关性	删除项后的 Cronbach's α值	Cronbach's α值
机会识别	1. 能准确感知到未被满足的顾客需求	0.762	0.809	0.871
	2. 会投入大量的时间和精力去寻找或开发能为顾客带来价值的产品或服务	0.694	0.871	
	3. 能捕获到高质量的商业机会	0.805	0.770	

续表

变量	题项	校正的项总计相关性	删除项后的Cronbach's α 值	Cronbach's α 值
机会开发	1.擅长开发新产品和新服务	0.747	0.851	0.884
	2.擅长开发新的生产、营销和管理方法	0.766	0.844	
	3.擅长开发新的市场	0.771	0.842	
	4.能够有效组织和激励员工实现企业目标	0.708	0.867	

资料来源：笔者自行整理。

根据表4.52，总体的克朗巴哈系数为0.828，高于0.6的标准要求，各题项删除项后的克朗巴哈系数值均大于0.6，且小于总体的克朗巴哈系数值，各题项校正的项总计相关性也都大于0.35的标准要求，说明用于测量探索式创新的数据具有较高的信度。利用AMOS软件做验证性因子分析以进行效度检验，由于机会识别和机会开发同属于创业活动的核心范畴，因此将两个变量放置在一个测量模型之中，主要结果如表4.52和表4.53所示。根据表4.52，各题项的标准化路径系数即因子载荷均大于0.5，且路径系数在P＜0.001的水平上通过了显著性检验。另外，根据表4.53，反映测量模型拟合效果的各主要判断指标与测量模型实际取值的对照，测量模型拟合效果较好，可以认为本章的研究对机会识别与机会开发的测度具有较高效度。

表4.52　　　　机会识别与机会开发各题项的因子载荷表现

路径			标准化路径系数	S.E.	C.R.	P
OI1	<---	OI	0.837			
OI2	<---	OI	0.765	0.088	10.601	***
OI3	<---	OI	0.907	0.080	13.512	***
OE1	<---	OE	0.839			
OE2	<---	OE	0.798	0.082	11.268	***
OE3	<---	OE	0.813	0.080	11.576	***
OE4	<---	OE	0.791	0.087	11.117	***

注：***表示P＜0.001。

资料来源：笔者自行整理。

表4.53　机会识别与机会开发测量模型拟合效果判断指标与实际取值对照

指标	χ^2/df	RMR	NFI	CFI	IFI	GFI
标准取值	＜5	＜0.05	＞0.90	＞0.90	＞0.90	＞0.90
测量模型	1.602	0.020	0.971	0.989	0.989	0.961

资料来源：笔者自行整理。

（六）竞争优势

竞争优势一项的信度检验结果如表4.54所示，总体的克朗巴哈系数为0.923，远高于0.6的标准要求，各题项删除项后的克朗巴哈系数值均大于0.6，且小于总体的克朗巴哈系数值，各题项校正的项总计相关性也都大于0.35的标准要求，说明用于测量竞争优势的数据具有较高的信度。

表4.54　竞争优势的信度检验结果

变量	题项	校正的项总计相关性	删除项后的Cronbach's α值	Cronbach's α值
竞争优势	1.市场份额增长速度高于行业平均水平	0.723	0.919	0.923
	2.与主要竞争对手相比，顾客满意度更高	0.811	0.904	
	3.总利润高于行业平均水平	0.843	0.896	
	4.销售收入高于主要竞争对手	0.779	0.910	
	5.总体上来看，比主要的竞争对手更成功	0.853	0.894	

资料来源：笔者自行整理。

利用AMOS软件进行验证性因子分析以检验效度，主要结果如表4.55和表4.56所示。根据表4.55，各题项的标准化路径系数即因子载荷均大于0.5，且路径系数在$P < 0.001$的水平上通过了显著性检验。另外，根据表4.56，模型拟合效果各主要判断指标与测量模型实际取值的对照，竞争优势的测量模型拟合效果较好，可以认为本章的研究对竞争优势的测度是有效的。

表 4.55　　竞争优势测量模型拟合结果

路径			标准化路径	S.E.	C.R.	P
CA1	<---	CA	0.758			
CA2	<---	CA	0.844	0.097	10.733	***
CA3	<---	CA	0.886	0.108	11.362	***
CA4	<---	CA	0.828	0.115	10.494	***
CA5	<---	CA	0.894	0.117	11.483	***

注：*** 表示 P＜0.001。

资料来源：笔者整理。

表 4.56　　竞争优势的模型拟合效果判断指标与实际取值对照

指标	χ^2/df	RMR	NFI	CFI	IFI	GFI
标准取值	＜5	＜0.022	＞0.90	＞0.90	＞0.90	＞0.90
测量模型	3.199	0.040	0.971	0.980	0.980	0.980

资料来源：笔者整理。

二、小结

本节使用SPSS软件和AMOS软件分别对大样本数据进行了信度与效度检验，根据相应判断标准，结合学者们的研究经验，经过分析发现，本章的研究所用数据具有较好的信度与效度，因此研究数据具有较高的质量，具备进行回归分析的基础。

第五章　期权型资源配置对创新的影响

第一节　基本理论模型

本章要解答的主要问题是：在不确定环境中，企业应以何种资源配置方式推动企业创新从而构建竞争优势。通过前面分析，本书提出了期权型资源配置方式，并归纳出其特征以及对其进行了概念上的界定。因此，研究所要探明的关系就是期权型资源配置方式对企业创新的影响，更进一步地，它如何影响企业创新。基于此，本章提出基本的理论框架，如图5.1所示。在图5.1中，环境不确定性对期权型资源配置与创新绩效间的关系起调节作用，就创新类型而言，无论是探索式创新还是开发式创新，都无好坏之分，它们不像创新绩效是一个表征企业成效的变量，因此，模型未在期权型资源配置与创新类型之间加入调节作用。

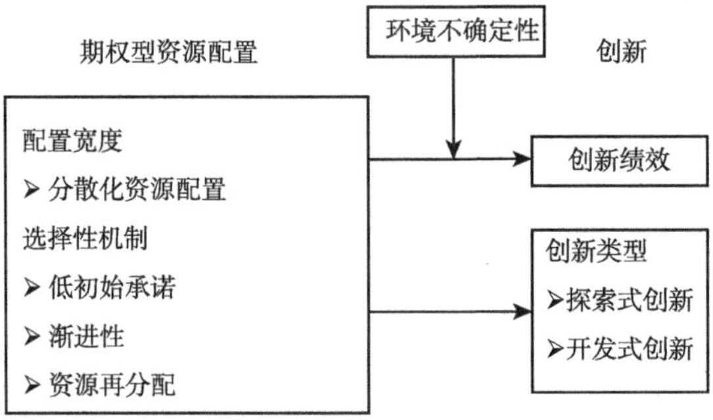

图5.1　本章的基本理论框架

资料来源：笔者自行归纳并整理。

期权型资源配置包括两个维度：配置宽度和选择性机制。前者代表资源在不同产品创新项目间配置的宽度，企业投入的创新项目越多，则资源配置宽度越大；后者包括三个要素：低初始承诺、渐进性和资源再分配。其中，低初始承诺代表企业高层决策者不事先对产品创新项目做出高度的资源投入承诺，在后续是否会对某个项目进行支持取决于该创新项目的发展状况和市场反馈；渐进性代表资源投入是一个渐进或连续的过程，并非一次性的投入；资源再分配代表资源会在不同的创新项目之间流动，即从失败项目流向不成功项目，这期间会有一些项目因无法获得好的市场反馈、不能创造价值而被中止。

当我们回顾世界两大搜索引擎公司——谷歌和百度在过去十年的发展，会发现百度除PC搜索之外没有哪个产品拥有同样的影响力，而谷歌却做出了许多伟大的产品，成为21世纪初期全球最伟大的企业之一。本书关注的创新是企业的产品创新。那些优秀企业的伟大发展史表明，企业的成功及持续性发展在很大程度上是以产品和产品创新为基础的，提供出类拔萃的产品并为顾客创造价值是企业成功的关键。传统意义上，产品被定义为有形的物品，但随着技术与商业发展，产品的概念已经突破“有形”性，如保险、银行、投资、通信、游戏、旅游等行业的公司纷纷推出基于服务的产品，如今，许多服务企业使用“产品”这一名词来描述它们为顾客提供的内容（陈劲和郑刚，2013）。结合陈劲（2013）、Ozer和Zhang（2015）等的研究，本书将产品创新定义为：企业成功地开发能够满足顾客需求或解决顾客问题的新产品并将新产品引入市场。产品创新是个知识密集型活动，因为企业需要了解市场需求、掌握市场所需产品的特性、懂得如何设计产品以及如何将其成功商业化（Ozer and Zhang，2015）。

本书从创新绩效和创新类型两个方面衡量期权型资源配置方式对创新的影响。创新绩效是企业产品创新或创新性产品所取得的市场绩效。创新按照不同标准可做不同分类，如果按照与企业现有技术、知识、产品的相关性，创新可以分为探索式创新（Exploratory Innovation）和开发式创新（Exploitative Innovation）。根据Ozer和Zhang（2015），开发式创新建立在企业现有知识基的基础上，是对现有流程或产品的改善，探索式创新则涉及不同的知识领域，是在与企业现有不同的知识基础上进行的创新活动。探索式创新是去满足新的顾客群体和市场的需求，开发式创新是去满足现有顾客和市场的需求（Jansen et al.，2006）。但关于究竟是开发式创新还是探索式创新更有利于提升企业绩效这一问题，存在较多争议，但学者们普遍达成的共识是：企业既不应过度专注于开发式创新，又不宜过多地追寻探索式创新，因前者易使企业陷入“竞争力陷阱”，使企业无法跳出现有技术轨迹、难以获得长久可持续发展，而后者则将大量资源投入风险性活动中，且无法给企业提供稳定可靠的回报从而难以支撑企业生存（Jansen et al.，2006；Ozer and Zhang，2015）。

第二节　主要研究假设

理论模型为后续研究假设的提出及定量分析等研究工作奠定了基础。本节在基本理论模型的基础上进一步分析不同变量之间的逻辑关系，推导研究假设。对期权型资源配置的衡量从以下几个维度展开：资源配置宽度、选择性机制（低初始承诺、渐进性、资源再分配）；对创新结果的衡量从两个维度展开：创新绩效和创新类型（开发式创新和探索式创新）。

一、期权型资源配置与创新绩效

（一）资源配置宽度与创新绩效

创新是一项高风险的活动（Leiponen and Helfat，2010）。哈默在《管理的未来》一书中指出：创新就是一项概率游戏，你做得越多，你就越有机会获益，创新是一个过程，它在失败中寻找成功的解决方案。期权型资源配置方式使得资源可以投入更多产品创新项目中，意味着企业可以尝试更多的创新产品，这有助于提高产品创新的成功率，而这种作用在环境不确定时会得到提升，因为在不确定环境中，精准的产品计划通常会失效，而更多主动的探索是创新成功的保障。索尼在开发磁带录音机技术时，推动了20多个项目，以提高技术研发的成功率（Ding and Eliashberg，2002）。微信诞生自腾讯对多种并行开发创新项目的尝试。将资源配置到更广泛的创新项目，是一种分散“赌注”的机制。实践中在制药、电信等行业，许多企业都遵循这种将赌注进行分散化处理的做法，即将资源投入或分配到多个项目中以提升创新成功率（McGrath amd Nerkar，2004；Klingebiel and Rammer，2014）。创新活动中的资源分散化配置代表企业推动着多个创新项目，即拥有了一定的创新宽度。Leiponen和Helfat（2010）的研究表明，创新的宽度（由企业同时推动的创新项目数量来衡量）对于创新的成功率与绩效起到了积极的促进作用。从管理决策者角度来看，企业战略与创新活动的决策者是有限理性的，他们不可能掌握创新过程所需的全部知识，尤其在不确定环境下，更难准确预知未来的变化，其所做出的计划存在很大的风险，一旦失败，将给企业带来巨大损失，此时，积极尝试多种可能，即提升创新宽度，有助于规避传统计划的风险，提升企业未来创新的成功率。从投资学角度来看，这种资源的分散化配置就像建立自己的投资组合、实行分散化投资，即将投资分散性地配置于多种风险性资产，即俗语所说：“不要将所有鸡蛋放在同一个篮子里。”根据分散化投资的原理，建立内容广泛的投资组合，可以使投资者在不降低收益率的前提下减少投资的整体风险暴露程度。

创新经常来自对多种知识的重组。已有学者的研究表明，企业拥有更多互补性的知识资源可提升创新成功率（Leiponen，2005；Leiponen and Helfat，2010）。创新需要创意和多种知识，而将资源配置到更多创新项目中，意味着企业可以获取更多知识资源，这些知识包括技术知识、顾客需求、竞争者与供应商信息等（Leiponen and Helfat，2010）。期权型资源配置方式中的资源分散化处理，使企业可以追求更多创新项目，而这些不同的项目可以为企业贡献更多的知识源，拓展企业的知识基，尤其是关于市场需求和技术方案方面的知识，甚至有助于企业比竞争对手掌握更多有利信息，产生更多创新方案从而孵化出更多更有可能取得市场成功的创新产品。此外，从相关学者的最新研究来看，资源分散化配置可以提升创新绩效，如Klingebiel和Rammer（2014）的研究就表明，与将资源集中化投入少数项目相比，将资源分配到更广泛的创新项目中增加了新产品的销量。

但是，必须认识到期权式的资源配置方式也有不利的一面，将资源分散性地投入更多创新项目虽然有助于企业获取前面所述的宽度优势，却也给企业带来一些弊端，如规模经济的损失、战略不聚焦、发展方向的模糊（Klingebiel and Rammer，2014）。将资源从本来可以给企业带来更多稳定回报的核心或主营业务中抽出还会使企业面临收入下降、利润减少的风险。此外，还有学者指出，那些远离企业知识和经验的探索式的创新项目在现实中经常产生令人失望的销量（Dahlin and Behrens，2005）。上述问题说明，期权型的资源配置存在两面性，既能够给企业带来好处，又需要企业付出相应的成本。对于身处相对稳定环境中及一些传统行业的企业，它给企业带来的好处可能不足以弥补其成本。而对于那些处于快变、不易做出预测等不确定环境或行业中的企业来说，期权型资源配置给企业带来的宽度优势将超过其需付出的成本，即会提升企业创新的成功率与市场业绩。

综合以上分析，我们有较充分的理由认为，更高的资源配置宽度能够提升企业的创新绩效，且这种提升的作用在不确定环境中更加明显。这里，环境不确定性扮演着调节变量。调节变量的主要作用是为现有理论划出限制条件和适用范围，它解释的是一个关系在不同的条件下是否会有所变化，用生活化的语言来描述，就是“视情况而定”，一个包含调节变量的问题往往被陈述为：在什么样的情况下，X对Y的影响更大（罗胜强和姜嬿，2012）。因此，我们提出如下研究假设：

资源配置宽度对企业的产品创新绩效有显著正向影响，且这种影响随着环境不确定性的增加而变强。

（二）选择性机制与创新绩效

期权型资源配置的选择性机制包含三个维度：渐进性、低初始承诺、资源再分配。探讨选择性机制与创新绩效的关系需要从以上三个维度展开分析。

渐进性是指资源配置是一种渐进或连续的方式，即资源的投入是分步骤进行的，Klingebiel和Adner（2015）称其为"排序"（Sequencing）。遵循期权型资源配置的企业根据项目的进展情况决定后续的投入。根据Utterback（1994）对创新史的研究，产品最初的设计往往并不符合市场的最终要求。而在不确定环境中，市场往往是动态的（Brown and Eisenhardt，1997）。传统的将资源一次性投入某个项目的做法在市场需求发生较急剧变化或在市场需求难以摸清的情况下往往会使管理者、创新团队及创新项目陷入发展困境，使企业面临较大的沉没成本（Klingebiel and Adner，2015）。渐进性的资源投入方式给管理者、创新团队及企业带来了一种学习机制。在期权型资源配置下，企业做出是否在下一时期继续进行资源投入的重要依据是项目的进展和市场反馈，且管理者、创新团队可以根据项目的市场反馈及进展情况进行快速的持续性调整。这种调整过程就是一个组织及其成员学习的过程，对于创新项目团队，只有在过程中不断学习、不断快速调整、进行迭代，使产品匹配市场需求并创造价值才能获取下一阶段发展所需的资源。图5.2展示了一次性资源投入与渐进式资源投入，前者在t_0时刻即将全部资源投入项目中，后者则分别在t_0、t_1、t_2、t_3、t_4时刻将资源分次分批投入项目中，由于渐进式资源投入下创新团队根据市场反馈信息进行持续性调整，产品最终能够更好地匹配市场需求。但是，一次性资源投入的方式也并非不能给企业创造好的创新绩效，因为在现实中，有许多企业正是依靠这种资源配置方式开发出成功的创新性产品。上述对于两种资源投入方式的对比基于环境不确定这样一个前提，即在更具动态性、不确定程度相对更高的市场或行业中，渐进式的资源投入方式比一次性资源投入方式更有助于提升企业的创新绩效。这里，环境不确定性依然扮演调节变量。

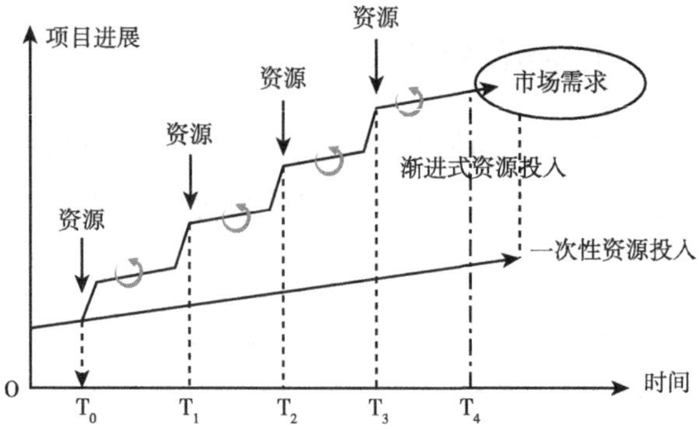

图5.2　渐进式资源投入与一次性资源投入

资料来源：笔者自行绘制。

基于上述分析，提出以下研究假设：

渐进性对企业的产品创新绩效有显著正向影响，且这种影响随着环境不确定性的增加而变强。

低初始承诺是在创新产品项目发展的初始阶段不做出对其进行重大投入的承诺。McGrath和Nerkar（2004）曾经指出，符合战略期权逻辑的投资行为会表现出对项目的低承诺，当产品经理无法预测产品的商业前景时，只须做出少量的资源承诺即投入少量资源。低初始承诺使资源配置更具有期权特征，因为后续阶段对项目的资源投入要看其具体进展，项目有可能被淘汰（放弃期权），也有可能获得进一步支持（持有期权）。在低初始承诺下，没有哪个项目（或很少）能够在项目初期就获得发展所需的全部资源，且任何项目也都不能保证能够得到持续性的资源投入，根据Klingebiel和Adner（2015）的研究，在其对样本的统计中，采取低初始承诺的企业会有将近1/3的创新产品项目被中止。这意味着项目之间不得不为了获取发展所需资源展开竞争，而判断某产品项目是否具备竞争优势、做出是否继续投入资源（即持有期权）的标准就是创新产品项目是否能够满足市场真实需求、创造更大价值以及在未来能给企业带来更多利润，即只有取得良好发展和经市场反馈证实可行的项目才会得到更多资源。

低初始承诺给企业的创新活动带来一种竞争机制，在这种竞争机制下，创新团队为争夺资源会更加努力地把握市场需求、吸收反馈信息、主动进行探索、积极做出调整以使自己的新产品更好地满足真实需求、创造价值并给企业带来可观收益，从而提升企业创新绩效。但也应认识到低承诺带来的一些弊端，如因其导致的组织成员情感投入的不足（Klingebiel and Adner，2015）。这种投入情感的不足可能阻碍企业取得一些重大的突破性创新，而历史上一些重大的创新成果都倾注了开发者及团队大量的情感，如爱迪生的交流发电机、美国阿波罗登月计划，甚至如今风靡全球的苹果手机。因此，我们需要权衡低初始承诺与高初始承诺两种方式的适用情境，而这一情境就是环境不确定性。在市场环境相对稳定的情况下，高初始承诺通过其带来的成员高度的情感投入、认同感等有助于企业取得更好的创新绩效，而在不确定程度较高的市场环境中，低初始承诺所带来的竞争机制更能提升企业的创新绩效。基于以上分析，提出如下研究假设：

低初始承诺对企业的产品创新绩效有显著正向影响，且这种影响随着环境不确定性的增加而变强。

根据Klingebiel和Adner（2015）的定义，资源再分配是指资源会从那些失败项目（如未通过市场验证、未取得好的进展、无法创造价值和未来难以给企业带来良好收益）被重新分配到成功项目（市场验证可行、取得较好进展、能够创造价值并有希望给企业带来良好收益）中。资源再分配使得资源在项目间实现了流动。

资源再分配避免了创新活动中创新成员及决策者的承诺升级现象（Escalation of Commitment）。承诺升级，是一种在过去决策的基础上不断增加承诺的现象。在管理中，我们经常可以看到决策者虽然已获知对某一项目前期投入的消极结果或前期投入已变为沉没成本，却仍坚持向该项目继续投入资源。而继续投入资源的数量反映了决策者承诺升级的程度。承诺升级往往给企业带来较大损失，使得资源被继续投向那些难以取得市场成功的项目，而造成承诺升级的原因通常包括前期较大的资源投入量、企业或创新团队管理决策者的过度自信、决策者的认知偏差、自我高效能等。承诺升级的主要表现是对某一实际上应当被放弃的项目继续投入资源，而资源再分配的机制实现了资源在项目间的流动，使资源可以从面临失败的项目中抽出并转移至更有可能取得成功的项目中，从而使组织资源避免被进一步浪费，提升了资源的使用效率。同时，资源再分配也使得组织的资源配置具有一种灵活性，即对各创新项目的资源投入随着它们的实际进展而做出调整，因此使得企业及创新团队可以更好地适应快速多变、难以预测的动态市场，在更大程度上保证创新产品与市场需求的匹配，并有助于企业诞生出更多成功的创新产品。综合以上分析，可以看出资源再分配有助于企业提升创新绩效。但任何事物都有其两面性，资源再分配也有一些弊端，需要企业付出相应成本，包括削弱的战略推力（Strategic Thrust）和降低的采购效率，来自投入某个项目过多精力和情感的管理者及成员的抵制，以及使企业过早推出有可能成功的项目。在期权型资源配置的重要适用情境——环境不确定下，资源再分配给企业带来的收益将有可能超过其成本，且不确定程度越高，这种收益就越大。基于上述分析，提出如下研究假设：

资源再分配对企业的产品创新绩效有显著正向影响，且这种影响随着环境不确定性的增加而变强。

以上分别探讨了期权型资源配置选择性机制的三个维度——渐进性、低初始承诺和资源再分配对于企业产品创新绩效的影响。综合来看，期权型资源配置方式的选择性机制给企业创新活动带来一种“适者生存”法则，产品创新项目之间为获得资源展开竞争，掌管企业资源的高层决策者决定资源投向的标准就是市场，那些被市场证实可行、能够满足市场需求并创造价值的项目会得到资源，那些经市场验证无效、不能满足市场需求的项目则会被淘汰，这种竞争机制为那些能真正满足市场需求并创造价值的产品创新项目从诸多项目中脱颖而出提供了机制保障。选择性机制还为企业构建了一个资源流动的内部市场，使得资源可以从失败的产品创新项目中转移到成功项目中。此外，资源渐进式投入的特点驱使各产品创新项目团队以快速迭代的方式进行创新，推动产品创新不断发展并取得成功。在现实中，许多公司高层决策者通常只有在确保创新项目未来必定取得成功的前提下才愿意投入资源，这种做法阻碍了创新，但是期权型资源配置的低初始承诺以及其近似于自然选择的机制使市场成为资源分配的决策者，这种做法推动了创新。本书假设渐进性、低初始承诺和资源再分配都能促进企业创新绩效，且其积极作用随环境尤其是市场不确定程度的提升而加强。但单一地对某个维度与企业创新绩效进行检验的结果也可能在统计上不够显著，因为一个完整的选择性机制是同时包含三种维度的，正如前面所分析的，对于选择性机制，低初始承诺是原因，渐进性是其表现，资源再分配是结果。渐进性、低初始承诺和资源再分配之间也是互补的，渐进性使资源配置具有了一种动态性，使得资源配置和创新项目可以进行动态演化，然而如果缺乏低初始承诺，渐进性的积极作用就难以得到充分发挥，正如Klingebiel和Adner（2015）所指出的，“仅有排序式资源分配（即本书所说的渐进性）还不算是战略期权逻辑，例如，有的企业明确了项目的任务和使命，并坚持完成该项目，却依然可以采取排序式的资源分配，即分多轮投入资源，以使得产品适应变化的要求，如阿波罗登月计划就是这样，资源并非一次性投入，但对登月的承诺却是高度的。这使得企业难以完整获取期权式资源配置所带来的好处”。另外，低初始承诺给企业内部的创新活动带来竞争机制，使项目之间为争夺资源展开竞争，但也只有在资源再分配机制的支撑下，才能保证资源从那些无法较好满足市场需求、难以创造价值、不能在未来给企业带来良好收益的项目转移至那些更有可能成功的项目中。因此，本书提出的又一假设是：

选择性机制对企业的产品创新绩效有显著正向影响，且这种影响随着环境不确定性的增加而变强。

以上分别阐释了期权型资源配置各维度对创新绩效的影响。正如前所述，真正的期权型资源配置方式包含上述所有维度，即资源配置的宽度和选择性机制（渐进性、低初始承诺和资源再分配）。我们再次回顾资源配置宽度对创新绩效的影响。前面分析指出，在不确定的市场环境中，创新活动中的资源分散化配置有助于企业提升创新绩效，但将资源分散性地投入更多创新项目也让企业担负了一些成本，如因资源过度分散带来的规模经济损失、战略不聚焦、发展方向的模糊以及企业收入、利润减少的风险。但期权型资源配置中的另一个维度——选择性机制则可以减少上述成本或损失，因为选择性机制使得资源在项目间实现了合理的流动，提升了资源的利用效率，使得资源向更有可能取得成功的创新项目中转移。选择性机制使得原本看起来有些盲目的资源分散化投入变得更加有序、更有效率。正如Klingebiel和Rammer（2014）在其研究中举出的例子：一个年收入1亿欧元的企业，拥有15个产品创新项目，新产品销售额0.25亿欧元，如果对于正在开发的创新项目不加选择，那么新产品的销量约增加2%，而如果加以选择，则新产品销量会上升7%。综合来看，期权型资源配置可以促进企业的创新绩效，当然，这里离不开环境不确定性这一重要情境，因此提出如下假设：

期权型资源配置方式可以提升企业的产品创新绩效，且环境不确定性正向调节上述关系，即期权型资源配置对产品创新绩效的促进作用随着环境不确定性的增加而变强。

（三）小结

本部分从资源配置的宽度、渐进性、低初始承诺和资源再分配四大维度着手展开了对期权型资源配置与创新绩效间关系的探讨，其中后三者形成了选择性机制。通过分析，提出以下假设：

H1：期权型资源配置方式可以提升企业的产品创新绩效，且环境不确定性正向调节上述关系，即期权型资源配置对产品创新绩效的促进作用随着环境不确定性的增加而变强。具体来说：

H1a：资源配置宽度对企业的产品创新绩效有显著正向影响，且这种影响随着环境不确定性的增加而变强。

H1b：渐进性对企业的产品创新绩效有显著正向影响，且这种影响随着环境不确定性的增加而变强。

H1c：低初始承诺对企业的产品创新绩效有显著正向影响，且这种影响随着环境不确定性的增加而变强。

H1d：资源再分配对企业的产品创新绩效有显著正向影响，且这种影响随着环境不确定性的增加而变强。

H1e：选择性机制对企业的产品创新绩效有显著正向影响，且这种影响随着环境不确定性的增加而变强。

二、期权型资源配置与创新类型

Klingebiel和Rammer（2014）指出，创新过程中的资源配置影响企业追求创新的类型。本章从资源配置宽度和选择性机制两个维度探讨期权型资源配置方式对企业创新类型的影响。关于创新类型，本书关注的是探索式创新（Explorative Innovation）和开发式创新（Exploitive Innovation）。根据Ozer和Zhang（2015），开发式创新建立在企业现有知识基的基础上，是对现有流程或产品的改善；探索式创新则涉及不同的知识领域，是在与企业现有不同的知识基础上进行的创新活动。探索式创新是去满足新的顾客群体和市场的需求，开发式创新是去满足现有顾客群体和市场的需求（Jansen et al.，2006）。

（一）资源配置宽度与探索式创新

对创新项目的资源配置宽度反映了创新宽度，创新宽度的背后是知识源的广度。知识源广度促进企业的探索式创新活动：首先，较高的知识源广度意味着企业具有较多的知识源数量，从而增加了企业知识的异质性，这种异质性使得企业可以获取更多与现有知识基不同的新知识（金昕和陈松，2015）。其次，企业的知识源越多，就越有条件进行多种知识的整合，尤其是对那些来自不同领域的知识的整合，这种整合可能使企业在创新中获得具有超前性的创意与方案，从而促进探索式创新。正如创新史学家厄特巴克所指出的，重大创新往往来自对已存在于主导设计元素之外的多种技术的整合，如取代煤油灯的白炽灯建立在电力、抽空技术、碳丝等已有技术的基础上，而这些技术却来自煤油灯行业之外。

计划式的资源配置方式往往受制于企业主导逻辑、主营业务、核心能力的影响，倾向于在熟知的领域内进行搜寻活动①。而期权型资源配置下较高的资源配置宽度代表较大的搜寻范围（Search Scope）。资源的分散化配置可以促使企业及其成员进行更多的内外部搜寻活动，即扩展了搜寻范围。广泛的搜寻可以给企业带来更多的创意，这些创意能在企业内部创造出变异（Jan et al.，2014；Dahlander et al.，2016）。大量且广泛的搜寻活动促使企业跨界寻求问题的解决方案（Katila and Ahuja，2012），这种跨界搜寻活动也有助于推动探索式创新（肖丁丁和朱桂龙，2016）。此外，在期权型资源配置下，由于较高的资源配置宽度，创新活动实际上由许多个相对独立的创新项目团队发动与执行，根据演化理论，物种在多样性上表现得越丰富，其在进化过程中产生的变异就越多（Hodgson，2000）。这些变异正是对渐进性变化的脱离，用创新的语言来描述，就是促使企业超越现有产品范畴和技术路径，从而促进了探索式创新。

综上所述，期权式的资源配置方式更有可能在组织内部创造出一些变异（Variation）。这些变异正是推动探索式创新的关键。另外，有学者指出，过度的产品聚焦会给企业带来发展短视，将关注点和资源投向现有产品领域；相反，适度的发散有助于企业将目光投向一些与现有优势产品不同的领域（Klingebiel and Rammer，2014）。期权型资源配置是一种分散化的资源分配方式，它使企业将资源投向更多的产品创新项目，而根据Klingebiel和Rammer（2014）的描述，采取此种方式的企业一般拥有雄心勃勃的创新意图（Innovation Intent），它们通常会追求更多新颖的产品项目，这些项目往往脱离企业现有的知识基础与能力基础。依据上述分析，本书提出如下假设：

资源配置宽度对探索式创新有显著的正向影响。

① 搜寻是寻找解决问题的方案的活动或行为（Cyert and March，1992）。在创新活动中，搜寻是企业为改善现有产品与技术、研发新产品和新技术等而寻找创意、方案的过程（陈君达和邬爱其，2011；Katila and Ahuja，2012）。

（二）选择性机制与探索式创新

传统的计划式资源配置方式会抑制组织内的探索式创新。探索式创新给企业带来的回报存在较大的不确定性，在传统资源配置决策中，用于资源配置的工具如NPV法无法预测探索式创新项目的收益情况，根据委托代理理论，管理者通常选择规避收益波动性较大或未来收益不确定性较高的项目（Jensen and Meckling，1976），这便阻碍了组织中探索式创新的产生和发展。

克里斯坦森曾在《创新者的窘境》一书中系统分析了大企业难以诞生破坏性创新或即使成功研发出破坏性创新却也无法将其成功商业化的原因[①]。这些原因包括对被认为正确的经营原则的坚持（如认真听取客户建议）以及计划式资源配置对破坏性创新的扼杀。如前所述（详见本节第一部分“选择性机制与创新绩效”），期权型资源配置方式的选择性机制给企业创新活动带来一种“适者生存”法则，产品创新项目之间为获得资源展开竞争，掌管企业资源的高层决策者决定资源投向的标准就是市场，那些被市场证实可行、能够满足市场需求并创造价值的项目会得到资源，那些经市场验证无效、不能满足市场需求的项目则会被淘汰，这种竞争机制为那些能真正满足市场需求并创造价值的产品创新项目从诸多项目中脱颖而出提供了机制保障。

在推行期权型资源配置的企业中，因“选择性机制”带来的类似于市场的竞争性机制和“适者生存”法则取代了高层管理者的命令和权威以及建立在NPV等传统手段基础上的计划方式，创新项目能否得到资源取决于市场的实际反馈和项目进展，而非某个人、权威部门或重要业务的决定，被主流业务挤压的程度将远远小于传统的计划型资源配置。这从机制上对探索式创新活动形成了保障，使其不至于因与现有主流业务的资源争夺而被过早扼杀。

---

① 克里斯坦森所提出的破坏性创新（disruptive innovation）本质上属于探索式创新，因为破坏性创新是对现有企业主流顾客群的脱离，其服务对象对企业来说是非主流人群，另外，其运用的技术也脱离了现有主流的技术轨迹。

此外，在期权型资源配置的选择性机制作用下，市场是决定项目能否得到资源投入的决定性因素，因而要求产品创新团队必须重视市场、客户或用户，由此推动了企业在创新过程中与用户展开交流与合作，这种合作促进了企业对现有产品与技术的突破（Chatterji and Fabrizio，2014），从而促进探索式创新。基于上述分析，本书提出假设如下：

由渐进性、低初始承诺和资源再分配构成的“选择性机制”能够促进企业的探索式创新，即对探索式创新有显著的正向影响。

（三）小结

该部分从资源配置的宽度和选择性机制两个基本维度分别阐述期权型资源配置可能对企业创新类型中探索式创新产生的影响，通过理论上的推演，提出以下假设：

H2：期权型资源配置方式促进了企业的探索式创新。具体来说：

H2a：资源配置宽度对探索式创新有显著正向影响。

H2b：选择性机制对探索式创新有显著正向影响。

第三节　模型构建

前面的信度与效度分析表明研究所用大样本数据具有较好的质量，可用于回归分析。本节使用SPSS软件，通过线性回归分析验证自变量、因变量和调节变量间的关系，基本内容包括回归方程模型介绍、变量的测量说明、回归结果分析。

一、回归方程模型

（一）创新绩效、期权型资源配置与环境不确定性

模型1：检验创新绩效、资源配置宽度与环境不确定性的关系。

（1）$IP=\alpha_0+\beta_{11}Scale+\beta_{12}Age+\beta_{13}Input+\beta_{14}Industry+\beta_{15}Breadth+\varepsilon$；

（2）$IP=\alpha'_0+\beta'_{11}Scale+\beta'_{12}Age+\beta'_{13}Input+\beta'_{14}Industry+\beta'_{15}Breadth+\beta'_{16}Uncertainty+\beta'_{17}Z_{Bread}\times Z_{Uncertainty}+\varepsilon$。

在上述模型中，IP即创新绩效（Innovative Performance），Scale即企业规模，Age为企业年龄，Input为创新投入，Industry即企业所属行业，Breadth代表资源配置宽度，Uncertainty代表环境不确定性。此外，模型（2）中乘积项及系数β'_{17}是检验环境不确定性调节作用的关键，若该系数显著则证明环境不确定性对资源配置宽度与创新绩效间关系具有调节作用，Z_{Bread}和$Z_{Uncertainty}$分别代表资源配置宽度和环境不确定性的标准化取值，对乘积项中变量进行标准化（使用z分数）的目的一是消除量纲影响，二是减小回归方程中变量之间的多重共线性问题（罗胜强和姜嬿，2012）。

模型2：检验创新绩效、渐进性与环境不确定性的关系。

（1）$IP=\alpha_0+\beta_{21}Scale+\beta_{22}Age+\beta_{23}Input+\beta_{24}Industry+\beta_{25}Sequencing+\varepsilon$；

（2）$IP=\alpha_0+\beta'_{21}Scale+\beta'_{22}Age+\beta'_{23}Input+\beta'_{24}Industry+\beta'_{25}Sequencing+\beta'_{26}Uncertainty+\beta'_{27}Z_{Sequencing}\times Z_{Uncertainty}+\varepsilon$。

在上述模型中，Sequencing代表渐进性，Uncertainty代表环境不确定性，其余控制变量与模型1相同。模型（2）中乘积项及系数β'_{27}是检验环境不确定性调节作用的关键，若该系数显著则证明环境不确定性对资源配置的渐进性与创新绩效间的关系具有调节作用，$Z_{Sequencing}$和$Z_{Uncertainty}$分别代表资源配置的渐进性和环境不确定性的标准化取值。

模型3：检验创新绩效、低初始承诺与环境不确定性的关系。

（1）$IP=\alpha_0+\beta_{31}Scale+\beta_{32}Age+\beta_{33}Input+\beta_{34}Industry+\beta_{35}LIC+\varepsilon$；

（2）$IP=\alpha_0+\beta'_{31}Scale+\beta'_{32}Age+\beta'_{33}Input+\beta'_{34}Industry+\beta'_{35}LIC+\beta'_{36}Uncertainty+\beta'_{37}Z_{LIC}\times Z_{Uncertainty}+\varepsilon$。

在上述模型中，LIC代表低初始承诺（Low Initial Commitment），Uncertainty代表环境不确定性，其余控制变量与模型1相同。模型（2）中乘积项及系数β'_{37}是检验环境不确定性调节作用的关键，若该系数显著则证明环境不确定性对资源配置的低初始承诺与创新绩效间关系具有调节作用，Z_{LIC}和$Z_{Uncertainty}$分别代表低初始承诺和环境不确定性的标准化取值。

模型4：检验创新绩效、资源再分配与环境不确定性的关系。

（1）$IP=\alpha_0+\beta_{41}Scale+\beta_{42}Age+\beta_{43}Input+\beta_{44}Industry+\beta_{45}RA+\varepsilon$；

（2）$IP=\alpha_0+\beta'_{41}Scale+\beta'_{42}Age+\beta'_{43}Input+\beta'_{44}Industry+\beta'_{45}RA+\beta'_{46}Uncertainty+\beta'_{47}Z_{RA}\times Z_{Uncertainty}+\varepsilon$。

在上述模型中，RA代表资源再分配（Resource Reallocation），Uncertainty代表环境不确定性，其余控制变量与模型1相同。模型（2）中乘积项及系数β'_{47}是检验环境不确定性调节作用的关键，若该系数显著则证明环境不确定性对资源再分配与创新绩效间关系具有调节作用，Z_{RA}和$Z_{Uncertainty}$分别代表资源再分配和环境不确定性的标准化取值。

模型5：检验创新绩效、选择性机制与环境不确定性的关系。

（1）$IP=\alpha_0+\beta_{51}Scale+\beta_{52}Age+\beta_{53}Input+\beta_{54}Industry+\beta_{55}SM+\varepsilon$；

（2）$IP=\alpha_0+\beta'_{51}Scale+\beta'_{52}Age+\beta'_{53}Input+\beta'_{54}Industry+\beta'_{55}SM+\beta'_{56}Uncertainty+\beta'_{57}Z_{SM}\times Z_{Uncertainty}+\varepsilon$。

在上述模型中，SM代表选择性机制（Selective Mechanism），Uncertainty代表环境不确定性，其余控制变量与模型1相同。模型（2）中乘积项及系数β'_{57}是检验环境不确定性调节作用的关键，若该系数显著则证明环境不确定性对选择性机制与创新绩效间的关系具有调节作用，Z_{SM}和$Z_{Uncertainty}$分别代表选择性机制和环境不确定性的标准化取值。

模型6：检验创新绩效、期权型资源配置与环境不确定性的关系。

（1）$IP=\alpha_0+\beta_{61}Scale+\beta_{62}Age+\beta_{63}Input+\beta_{64}Industry+\beta_{65}ORA+\varepsilon$；

（2）$IP=\alpha_0+\beta'_{61}Scale+\beta'_{62}Age+\beta'_{63}Input+\beta'_{64}Industry+\beta'_{65}ORA+\beta'_{66}Uncertainty+\beta'_{67}Z_{ORA}\times Z_{Uncertainty}+\varepsilon$。

在上述模型中，ORA代表期权型资源配置（Option Resource Allocation），Uncertainty代表环境不确定性，其余控制变量与模型1相同。模型（2）中乘积项及系数β'_{67}是检验环境不确定性调节作用的关键，若该系数显著则证明环境不确定性对期权型资源配置与创新绩效间的关系具有调节作用，Z_{ORA}和$Z_{Uncertainty}$分别代表期权型资源配置和环境不确定性的标准化取值。

以上模型分别检验第三章所提出的假设H1a、H1b、H1c、H1d、H1e、H1f和H1，具体对应关系如表5.1所示。

表5.1　　模型与所检验假设的对应关系1

模型	假设
模型1	H1a
模型2	H1b
模型3	H1c
模型4	H1d
模型5	H1e
模型6	H1

资料来源：笔者整理。

（二）探索式创新、期权型资源配置与环境不确定性

模型7：资源配置宽度与探索式创新的关系。

$ER=\alpha_0+\beta_{71}Scale+\beta_{72}Age+\beta_{73}Input+\beta_{74}Industry+\beta_{75}Breadth+\varepsilon$。

检验资源配置宽度对探索式创新的影响。在上述模型中，ER代表探索式创新（Explorative Innovation），Scale即企业规模，Age为企业年龄，Input为创新投入，Industry即企业所属行业，Breadth代表资源配置宽度。

模型8：选择性机制与探索式创新的关系。

$ER=\alpha_0+\beta_{81}Scale+\beta_{82}Age+\beta_{83}Input+\beta_{84}Industry+\beta_{85}SM+\varepsilon$。

检验选择性机制对探索式创新的影响。在上述模型中，SM代表选择性机制（Selective Mechanism），其余控制变量与模型1相同。

模型9：期权型资源配置与探索式创新的关系。

$ER=\alpha_0+\beta_{91}Scale+\beta_{92}Age+\beta_{93}Input+\beta_{94}Industry+\beta_{95}ORA+\varepsilon$。

检验期权型资源配置方式对探索式创新的影响。在上述模型中，ORA代表期权型资源配置（Option Resource Allocation），其余控制变量与模型

1相同。

上述模型分别检验第三章所提出的假设H2、H2a、H2b，具体对应关系如表5.2所示。

表5.2　　　　模型与所检验假设的对应关系2

模型	假设
模型7	H2a
模型8	H2b
模型9	H2

资料来源：笔者整理。

二、变量测量说明

（一）因变量

创新绩效和探索式创新通过经小样本测试确定的正式量表进行测量，其中，测量企业创新绩效的题项包括：（1）推出新产品的速度高于行业平均水平；（2）推出新产品的数量高于行业平均水平；（3）与主要竞争对手相比，推出的新产品能获得较高的顾客满意度；（4）推出的新产品能给企业带来令人满意的销售收入；（5）推出的新产品对企业整体的销售额与利润额有较大的贡献。测量探索式创新的题项包括：（1）与主要竞争对手相比，开发、销售更多超出现有产品范畴的新产品；（2）与主要竞争对手相比，更多地尝试开拓尚无营销及服务经验的市场与顾客群；（3）主动尝试运用尚不成熟的新技术；（4）能从行业外吸收产品创意或技术解决方案。

（二）自变量

资源配置的宽度由问卷填写者对“与主要竞争对手相比，过去三年中我们公司推动了更多的产品创新项目”的评估进行测量。资源配置的渐进性是一个“0，1”变量，其测量问题是“贵公司对于产品创新项目的资源投入是一次性的还是分批次进行的”。当回答为“一次性”时，变量取值为0；当回答为“分批次”时，变量取值为1。低初始承诺通过经小样本测试确定的正式量表进行测量，见表4.32（正式问卷的主要量表）。资源再分配也为“0，1”变量，当对以下两个问题的回答都为“是”时，该变量取值为1，否则取值为0：（1）过去三年中，贵公司推动的产品创新项目中是否有被中断的？（2）被中断项目的资源是否被转移到其他项目中？

选择性机制为“0，1”变量，只有那些同时具备渐进性、低初始承诺和资源再分配的样本才拥有选择性机制，即在该变量上的取值为1，具体的测量方法如下：首先，对低初始承诺取平均值，对于那些该变量取值小于平均值的样本，在低初始承诺上取值为0，对于该变量取值大于平均值的样本，在低初始承诺上取值为1；对那些在渐进性、低初始承诺和资源再分配三个维度上取值都为1的样本，将它们在选择性机制这一变量上的取值设为1，其余样本在该变量上的取值则为0。

期权型资源配置也为“0，1”变量，只有那些在资源配置上同时具备一定的宽度、渐进性、低初始承诺和资源再分配的样本，其资源配置方式才可称为期权型资源配置。该变量的测量工作在选择性机制测量的基础上进行，具体方法如下：首先，对资源配置宽度的样本数据取平均值，对于那些该变量取值小于平均值的样本，在宽度一项上的取值为0，对于该变量取值大于平均值的样本，在宽度一项上取值为1；结合前面对选择性机制的取值，对那些在宽度和选择性机制两项上取值都为1的样本，将它们在期权型资源配置这一变量上的取值设为1，其余样本在该变量上的取值则为0。

（三）调节变量

调节变量——环境不确定性通过经小样本测试确定的正式量表进行测量，具体的测量题项包括：（1）顾客偏好的变化很快；（2）顾客需求的变化不易被把握；（3）产品更新速度越来越快；（4）近三年中行业整体销售额的波动很大；（5）技术变革的速度非常快；（6）市场需求的变化容易预测；（7）面临大量来自行业外的竞争者；（8）竞争者的行为很难预测（常不按套路出牌）。其中，题项（6）“市场需求的变化容易预测”由于是一项反向测试题，因此需要对其进行取反值的处理。

（四）控制变量

企业规模通过结合员工人数与营业收入进行测量，针对该变量，在问卷中设计了“贵公司在上一年的营业收入”这一问题，提供如下选项：小于1000万元、1000万元至2000万元、2000万元至1亿元、1亿元至4亿元、4亿元及以上；以及设立问题“贵公司目前全职员工人数”，并提供如下选项：100人以下、100人至300人、300人至1000人、1000人及以上。本书参照工业和信息化部、国家统计局、国家发展和改革委员会、财政部《关于印发中小企业划型标准规定的通知》中所提出的企业规模划分标准将企业划分为大型企业和中小型企业，具体来说，从业人员1000人以下或营业收入40000万元以下的为“中小型企业”，规模在此之上的则为大型企业。如此划分是基于两个原因：一是符合政府部门、行业乃至国际惯例；二是中小型企业表现出更多的共性（林汉川和夏敏仁，2003）。对于大型企业，企业规模取值为1，对于中小型企业，企业规模取值为0。

企业年龄即用2017减去企业成立年份。创新投入通过“过去三年的产品研发支出占公司总销售收入的比重”进行测量。行业为“0，1”变量，在前期行业分类工作的基础上（问卷共划分了15个行业），将企业所属行业进行归并，划分为计算机行业及非计算机行业，前者包括计算机、通信和其他电子设备与计算机服务和软件行业，主要基于以下两个原因：一是相对于设备制造业、医药及生物制品等许多行业，计算机产业产品生命周期短，硬件的更新符合摩尔定律，且计算机行业企业面临的不确定性可能更高（张腾和王迎军，2016）；二是在我们所收集到的样本中，计算机行业的企业数量超过其他行业类企业，比率达到30.6%。对于所属行业为计算机行业的样本企业，行业变量取值为1，其他样本企业行业变量取值为0。

第四节　实证检验与结果分析

根据上述模型，使用SPSS软件对大样本数据进行线性回归，对回归结果的分析涵盖两个方面：一是对模型总体效果的判断，涉及模型的F值检验、多重共线性、序列相关性和异方差问题的检验；二是对相关变量回归系数进行解读从而判断假设是否能够成立。

通常，为保证回归结果的可靠性，在进行线性回归之前须对多重共线性问题、序列相关性问题和异方差等三大问题进行检验，这些问题都会使估计难以准确从而降低回归的质量，因此，只有在以上三个问题的检验都通过的情况下，所得出的结果才可能具有严谨性和可信性。多重共线性（Multicollinearity）是指在线性回归模型中多个解释变量之间存在高度相关的关系。对于多重共线性问题，通过方差膨胀因子（VIF）进行检验，方差膨胀因子取值大于等于1，其值越接近于1，则多重共线性越弱。一般来说，若1＜VIF＜10，可认为解释变量之间不存在多重共线性或多重共线性较弱，不会影响回归质量；若VIF＞10，则解释变量之间存在较为严重的多重共线性，从而影响回归质量（薛薇，2014）。

序列相关，又称自相关，是指随机误差项的各期望值之间存在相关关系。如果残差序列存在自相关，则说明回归方程遗漏了一些较为重要的解释变量或者回归模型选择不合适（薛薇，2014）。对于序列相关问题，我们通过DW（德宾—沃森）值来检验，DW的取值在0和4之间，当DW=0时，残差序列存在完全正自相关，当DW=4时，残差序列存在完全负自相关，当DW=2时，残差序列无自相关，因此，DW观测值越接近2，序列相关性问题就越小（梁靓，2014）。

无论解释变量取何值，对应残差的方差都应相等，它不应随解释变量或被解释变量取值的变化而变化，否则就认为是出现了异方差现象。当存在异方差时，参数最小二乘估计便不再是有效估计，导致回归系数显著性检验的t值偏高，使不该留在方差中的变量被保留下来，从而增大模型的预测偏差（薛薇，2014）。异方差可以通过以标准化残差为纵轴、标准化预测值为横轴的散点图来进行判断，若散点图呈现出无序状态，则可认为模型不存在异方差问题（梁靓，2014）。

（1）创新绩效、资源配置宽度与环境不确定性的关系。

表5.3是单因素方差分析的结果，表中模型1代表仅有控制变量的模型，模型2代表资源配置宽度与创新绩效的相关关系，模型3是加入调节效应的模型。根据方差分析结果，R^2与调整后R^2都表明自变量能够较大限度地解释因变量，模型1、模型2、模型3的F值显著（$P \leqslant 0.001$），表明模型总体效果理想，自变量与因变量之间可以建立线性模型（薛薇，2014）。接下来，分别对多重共线性、序列相关和异方差三大问题进行判断。本例中，各回归模型中的VIF值都大于1且小于10，说明模型不存在多重共线性问题。表5.3中的德宾—沃森值（即DW值）为1.714，比较接近2，说明模型也不存在序列相关的问题。通过绘制加入调节变量前后资源配置宽度与创新绩效线性回归分析的残差散点图检验异方差问题，结果显示，两幅图中散点间呈现出均匀、无序的分布（见附图5.1和附图5.2），说明模型也不存在异方差的问题。

表5.3　创新绩效、资源配置宽度与环境不确定性关系的单因素方差分析结果

模型	R^2	调整后R^2	F	显著性	德宾—沃森
1	0.130	0.106	5.280^{**}	0.001^{b}	
2	0.608	0.594	43.386^{***}	0.000^{c}	
3	0.634	0.615	34.122^{***}	0.000^{d}	1.714

a. 预测变量：（常量），行业，企业规模，年龄，创新投入

b. 预测变量：（常量），行业，企业规模，年龄，创新投入，资源配置宽度

c. 预测变量：（常量），行业，企业规模，年龄，创新投入，资源配置宽度，环境不确定性，$Z_{资源配置宽度} \times Z_{环境不确定性}$

d. 因变量：创新绩效

注：*表示$P<0.05$，**表示$P<0.01$，***表示$P<0.001$。

资料来源：笔者自行整理。

表5.4展示了创新绩效、资源配置宽度与环境不确定性关系回归系数及显著性的情况，根据表中模型2的回归结果，资源配置宽度对创新绩效的影响显著且为正（b=0.734，P＜0.001）。根据模型3的回归结果，在加入调节项后，所得$Z_{资源配置宽度} \times Z_{环境不确定性}$的系数显著且大于0（b=0.137，P＜0.05），说明调节效用存在，即环境不确定性正向调节资源配置宽度对创新绩效的影响。假设H1a“资源配置宽度对企业的产品创新绩效有显著正向影响，且这种影响随着环境不确定性的增加而变强”成立。

表5.4　创新绩效、资源配置宽度与环境不确定性关系的回归系数结果

模型	标准化系数	t	显著性	共线性统计	
	Beta			容差	VIF
1（常量）		16.478	0.000		
企业规模	0.142	1.679	0.095	0.857	1.167
年龄	0.106	1.238	0.218	0.840	1.190
创新投入	0.264**	3.049	0.003	0.822	1.216
行业	0.007	0.080	0.936	0.810	1.235
2（常量）		8.938	0.000		
企业规模	0.071	1.236	0.218	0.849	1.177
年龄	0.031	0.526	0.600	0.832	1.202
创新投入	0.078	1.299	0.196	0.776	1.289
行业	–0.032	–0.548	0.585	0.808	1.238
资源配置宽度	0.734***	13.055	0.000	0.887	1.127
3（常量）		5.202	0.000		
企业规模	0.045	0.797	0.427	0.831	1.203
年龄	0.013	0.222	0.825	0.822	1.216
创新投入	0.051	0.861	0.391	0.756	1.323
行业	–0.055	–0.909	0.365	0.724	1.381
资源配置宽度	0.704***	12.688	0.000	0.861	1.161
环境不确定性	0.102	1.763	0.080	0.795	1.258
$Z_{资源配置宽度} \times Z_{环境不确定性}$	0.137*	2.565	0.011	0.924	1.083

注：*表示P＜0.05，**表示P＜0.01，***表示P＜0.001。

资料来源：笔者整理。

（2）创新绩效、渐进性与环境不确定性的关系。

表5.5是单因素方差分析的结果，表中模型1代表仅有控制变量的模型，模型2代表渐进性与创新绩效的相关关系，模型3是加入调节效应的模型。根据方差分析结果，R^2与调整后R^2都表明自变量能够在一定程度上解释因变量，模型1、模型2、模型3的F值显著（$P \leqslant 0.001$），表明模型总体效果理想，自变量与因变量之间可以建立线性模型（薛薇，2014）。接下来，分别对多重共线性、序列相关和异方差三大问题进行判断。本例中，各回归模型中的VIF值都大于1且小于10，说明模型不存在多重共线性问题。表5.5中的德宾—沃森值（即DW值）为1.531，比较接近2，说明模型也不存在严重的序列相关的问题。所绘制的加入调节变量前后渐进性与创新绩效线性回归分析的残差散点图中散点间呈现出均匀、无序的分布（见附图5.3和附图5.4），说明模型也不存在异方差的问题。

表5.5　创新绩效、渐进性与环境不确定性关系的单因素方差分析结果

模型	R^2	调整后 R^2	F	显著性	德宾—沃森
1	0.130	0.106	5.280**	0.001[b]	
2	0.196	0.167	6.811***	0.000[c]	
3	0.325	0.291	9.486***	0.000[d]	1.531

a. 因变量：创新绩效

b. 预测变量：（常量），行业，企业规模，年龄，创新投入

c. 预测变量：（常量），行业，企业规模，年龄，创新投入，渐进性

d. 预测变量：（常量），行业，企业规模，年龄，创新投入，渐进性，环境不确定性，$Z_{渐进性} \times Z_{环境不确定性}$

注：*表示$P < 0.05$，**表示$P < 0.01$，***表示$P < 0.001$。

资料来源：笔者整理。

表5.6展示了创新绩效、渐进性与环境不确定性关系回归系数及显著性的情况，根据表中模型2的回归结果，渐进性对创新绩效的影响显著且为正（$b=0.261$，$P < 0.01$）。根据模型3的回归结果，即在加入调节项后，所得$Z_{渐进性} \times Z_{环境不确定性}$的系数显著且大于0（$b=0.305$，$P < 0.001$），说明

调节效用存在，即环境不确定性正向调节渐进性对创新绩效的影响。假设H1b“渐进性对企业的产品创新绩效有显著正向影响，且这种影响随着环境不确定性的增加而变强”成立。

表5.6　　创新绩效、渐进性与环境不确定性关系的回归系数结果

模型	标准化系数	t	显著性	共线性统计	
	Beta			容差	VIF
1（常量）		16.478	0.000		
企业规模	0.142	1.679	0.095	0.857	1.167
年龄	0.106	1.238	0.218	0.840	1.190
创新投入	0.264**	3.049	0.003	0.822	1.216
行业	0.007	0.080	0.936	0.810	1.235
2（常量）		13.450	0.000		
企业规模	0.123	1.493	0.138	0.853	1.173
年龄	0.097	1.178	0.241	0.839	1.192
创新投入	0.223**	2.644	0.009	0.805	1.242
行业	0.006	0.067	0.946	0.810	1.235
渐进性	0.261**	3.374	0.001	0.961	1.041
3（常量）		5.417	0.000		
企业规模	0.026	0.336	0.737	0.802	1.247
年龄	0.074	0.962	0.338	0.830	1.204
创新投入	0.156	1.966	0.051	0.773	1.294
行业	−0.094	−1.145	0.254	0.723	1.382
渐进性	0.280***	3.874	0.000	0.938	1.066
环境不确定性	0.293***	3.665	0.000	0.764	1.308
$Z_{渐进性} \times Z_{环境不确定性}$	0.305***	4.173	0.000	0.914	1.094

注：*表示P＜0.05，**表示P＜0.01，***表示P＜0.001。

资料来源：笔者整理。

（3）创新绩效、低初始承诺与环境不确定性的关系。

表5.7是单因素方差分析的结果，表中模型1代表仅有控制变量的模

型，模型2代表低初始承诺与创新绩效的相关关系，模型3是加入调节效应的模型。根据方差分析结果，R^2与调整后R^2都表明自变量能够较大程度地解释因变量，模型1、模型2、模型3的F值显著（$P \leqslant 0.001$），表明模型总体效果理想，自变量与因变量之间可以建立线性模型。接下来，分别对多重共线性、序列相关和异方差三大问题进行判断。本例中，各回归模型中的VIF值都大于1且小于10，说明模型不存在多重共线性问题。表5.7中的德宾—沃森值（即DW值）为1.777，比较接近2，说明模型不存在序列相关的问题。所绘制加入调节变量前后低初始承诺与创新绩效线性回归分析的残差散点图中散点间呈现出均匀、无序的分布（见附图5.5和附图5.6），说明模型也不存在异方差的问题。

表5.7　创新绩效、低初始承诺与环境不确定性关系的单因素方差分析结果

模型	R^2	调整后R^2	F	显著性	德宾—沃森
1	0.130	0.106	5.280**	0.001[b]	
2	0.372	0.350	16.595***	0.000[c]	
3	0.452	0.425	16.288***	0.000[d]	1.777

a. 因变量：创新绩效

b. 预测变量：（常量），行业，企业规模，年龄，创新投入

c. 预测变量：（常量），行业，企业规模，年龄，创新投入，低初始承诺

d. 预测变量：（常量），行业，企业规模，年龄，创新投入，低初始承诺，环境不确定性，$Z_{低初始承诺} \times Z_{环境不确定性}$

注：*表示$P<0.05$，**表示$P<0.01$，***表示$P<0.001$。

资料来源：笔者自行整理。

表5.8展示了创新绩效、低初始承诺与环境不确定性关系回归系数及显著性的情况，根据表中模型2的回归结果，低初始承诺对创新绩效的影响显著且为正（$b=0.540$，$P<0.001$）。根据模型3的回归结果，即在加入调节项后，所得$Z_{低初始承诺} \times Z_{环境不确定性}$的系数显著且大于0（$b=0.278$，$P<0.001$），说明调节效用存在，即环境不确定性正向调节低初始承诺对创新绩效的影响。假设H1c“低初始承诺对企业的产品创新绩效有显著正向影响，且这种影响随着环境不确定性的增加而变强”成立。

表5.8　　创新绩效、低初始承诺与环境不确定性关系的回归系数结果

模型	标准化系数	t	显著性	共线性统计	
	Beta			容差	VIF
1（常量）		16.478	0.000		
企业规模	0.142	1.679	0.095	0.857	1.167
年龄	0.106	1.238	0.218	0.840	1.190
创新投入	0.264**	3.049	0.003	0.822	1.216
行业	0.007	0.080	0.936	0.810	1.235
2（常量）		5.644	0.000		
企业规模	0.050	0.679	0.498	0.832	1.202
年龄	0.107	1.461	0.146	0.840	1.190
创新投入	0.092	1.186	0.237	0.747	1.339
行业	–0.025	–0.336	0.737	0.807	1.239
低初始承诺	0.540***	7.344	0.000	0.829	1.206
3（常量）		3.973	0.000		
企业规模	–0.030	–0.427	0.670	0.779	1.284
年龄	0.107	1.547	0.124	0.830	1.204
创新投入	0.093	1.269	0.207	0.732	1.366
行业	–0.049	–0.667	0.506	0.726	1.378
低初始承诺	0.468***	6.591	0.000	0.786	1.272
环境不确定性	0.113	1.596	0.113	0.792	1.262
$Z_{低初始承诺} \times Z_{环境不确定性}$	0.278***	4.127	0.000	0.877	1.140

注：*表示P＜0.05，**表示P＜0.01，***表示P＜0.001。

资料来源：笔者整理。

（4）创新绩效、资源再分配与环境不确定性的关系。

表5.9是单因素方差分析的结果，表中模型1代表仅有控制变量的模型，模型2代表资源再分配与创新绩效的相关关系，模型3是加入调节效应的模型。根据方差分析结果，R^2与调整后R^2都表明自变量能在一定程度上解释因变量，模型1、模型2、模型3的F值显著（P≤0.001），表明模型总体效果理想，自变量与因变量之间可以建立线性模型。接下来，分别对多重共线性、序列相关和异方差三大问题进行判断。本例中，各回

归模型中的VIF值都大于1且小于10，说明模型不存在多重共线性问题。表5.9中的德宾—沃森值（即DW值）为1.804，比较接近2，说明模型也不存在序列相关的问题。所绘制加入调节变量前后资源再分配与创新绩效线性回归分析的残差散点图中散点间呈现出均匀、无序的分布（见附图5.7和附图5.8），说明模型也不存在异方差的问题。

表5.9　创新绩效、资源再分配与环境不确定性关系的单因素方差分析结果

模型	R^2	调整后R^2	F	显著性	德宾—沃森
1	0.130	0.106	5.280**	0.001[b]	
2	0.166	0.136	5.565***	0.000[c]	
3	0.276	0.240	7.527***	0.000[d]	1.804

a. 因变量：创新绩效

b. 预测变量：（常量），行业，企业规模，年龄，创新投入

c. 预测变量：（常量），行业，企业规模，年龄，创新投入，资源再分配

d. 预测变量：（常量），行业，企业规模，年龄，创新投入，资源再分配，环境不确定性，$Z_{资源再分配} \times Z_{环境不确定性}$

注：*表示P＜0.05，**表示P＜0.01，***表示P＜0.001。

资料来源：笔者整理。

表5.10展示了创新绩效、资源再分配与环境不确定性关系回归系数及显著性的情况，根据模型2的回归结果，资源再分配对创新绩效的影响显著且为正（b=0.194，P＜0.05）。根据模型3的回归结果，即在加入调节项后，所得$Z_{资源再分配} \times Z_{环境不确定性}$的系数显著且大于0（b=0.292，P＜0.001），说明调节效用存在，即环境不确定性正向调节资源再分配对创新绩效的影响。假设H1d“资源再分配对企业的产品创新绩效有显著正向影响，且这种影响随着环境不确定性的增加而变强”成立。

表5.10　创新绩效、资源再分配与环境不确定性关系的回归系数结果

模型	标准化系数	t	显著性	共线性统计	
	Beta			容差	VIF
1（常量）		16.478	0.000		
企业规模	0.142	1.679	0.095	0.857	1.167
年龄	0.106	1.238	0.218	0.840	1.190

续表

模型	标准化系数	t	显著性	共线性统计	
	Beta			容差	VIF
创新投入	0.264**	3.049	0.003	0.822	1.216
行业	0.007	0.080	0.936	0.810	1.235
2（常量）		15.728	0.000		
企业规模	0.105	1.244	0.215	0.830	1.205
年龄	0.115	1.361	0.176	0.839	1.193
创新投入	0.241**	2.818	0.006	0.813	1.231
行业	0.015	0.173	0.863	0.809	1.237
资源再分配	0.194*	2.442	0.016	0.946	1.057
3（常量）		7.698	0.000		
企业规模	0.054	0.673	0.502	0.813	1.230
年龄	0.103	1.291	0.199	0.830	1.204
创新投入	0.182*	2.228	0.027	0.784	1.276
行业	−0.026	−0.307	0.759	0.724	1.381
资源再分配	0.208**	2.791	0.006	0.944	1.059
环境不确定性	0.154	1.898	0.060	0.795	1.258
$Z_{资源再分配} \times Z_{环境不确定性}$	0.292***	3.942	0.000	0.957	1.045

注：*表示P＜0.05，**表示P＜0.01，***表示P＜0.001。

资料来源：笔者整理。

（5）创新绩效、选择性机制与环境不确定性的关系。

表5.11是单因素方差分析的结果，表中模型1代表仅有控制变量的模型，模型2代表选择性机制与创新绩效的相关关系，模型3是加入调节效应的模型。根据方差分析结果，R^2与调整后R^2都表明自变量能够在相当程度上解释因变量，模型1、模型2、模型3的F值显著（P≤0.001），表明模型总体效果理想，自变量与因变量之间可以建立线性模型（薛薇，2014）。接下来，分别对多重共线性、序列相关和异方差三大问题进行判断。本例中各回归模型中的VIF值都大于1且小于10，说明模型不存在多重共线性问题。表5.11中的德宾—沃森值（即DW值）为1.767，比较接近2，说明模型也不存在序列相关的问题。所绘制加入调节变量前后选择

性机制与创新绩效线性回归分析的残差散点图中散点间呈现出均匀、无序的分布（见附图5.9和附图5.10），说明模型也不存在异方差的问题。

表5.11 创新绩效、选择性机制与环境不确定性关系的单因素方差分析结果

模型	R^2	调整后R^2	F	显著性	德宾—沃森
1	0.130	0.106	5.280**	0.001[b]	
2	0.256	0.229	9.637***	0.000[c]	
3	0.336	0.303	9.986***	0.000[d]	1.767

a. 因变量：创新绩效

b. 预测变量：（常量），行业，企业规模，年龄，创新投入

c. 预测变量：（常量），行业，企业规模，年龄，创新投入，选择性机制

d. 预测变量：（常量），行业，企业规模，年龄，创新投入，选择性机制，环境不确定性

注：*表示P＜0.05，**表示P＜0.01，***表示P＜0.001。

资料来源：笔者整理。

表5.12展示了创新绩效、选择性机制与环境不确定性关系回归系数及显著性的情况，根据模型2的回归结果，选择性机制对创新绩效的影响显著且为正（b=0.368，P＜0.001）。根据模型3的回归结果，即在加入调节项后，所得$Z_{选择性机制} \times Z_{环境不确定性}$的系数显著且大于0（b=0.256，P＜0.001），说明调节效用存在，即环境不确定性正向调节选择性机制对创新绩效的影响。假设H1e“选择性机制对企业的产品创新绩效有显著正向影响，且这种影响随着环境不确定性的增加而变强”成立。

表5.12 创新绩效、选择性机制与环境不确定性关系的回归系数结果

模型	标准化系数	t	显著性	共线性统计	
	Beta			容差	VIF
1（常量）		16.478	0.000		
企业规模	0.142	1.679	0.095	0.857	1.167
年龄	0.106	1.238	0.218	0.840	1.190
创新投入	0.264**	3.049	0.003	0.822	1.216
行业	0.007	0.080	0.936	0.810	1.235
2（常量）		17.167	0.000		
企业规模	0.071	0.891	0.375	0.829	1.207

续表

模型	标准化系数	t	显著性	共线性统计	
	Beta			容差	VIF
年龄	0.111	1.390	0.167	0.840	1.191
创新投入	0.214**	2.638	0.009	0.809	1.236
行业	-0.006	-0.077	0.938	0.809	1.236
选择性机制	0.368***	4.865	0.000	0.929	1.076
3（常量）		8.557	0.000		
企业规模	0.036	0.474	0.637	0.818	1.223
年龄	0.105	1.384	0.169	0.831	1.204
创新投入	0.174**	2.221	0.028	0.786	1.272
行业	-0.023	-0.277	0.782	0.719	1.391
选择性机制	0.346***	4.776	0.000	0.919	1.089
环境不确定性	0.108	1.372	0.172	0.779	1.284
$Z_{选择性机制} \times Z_{环境不确定性}$	0.256***	3.596	0.000	0.950	1.053

注：*表示P＜0.05，**表示P＜0.01，***表示P＜0.001。

资料来源：笔者整理。

（6）创新绩效、期权型资源配置与环境不确定性的关系。

表5.13是单因素方差分析的结果，表中模型1代表仅有控制变量的模型，模型2代表期权型资源配置与创新绩效的相关关系，模型3是加入调节效应的模型。根据方差分析结果，R^2与调整后R^2都表明自变量能够较大程度地解释因变量，模型1、模型2、模型3的F值显著（$P \leqslant 0.001$），表明模型总体效果理想，自变量与因变量之间可以建立线性模型。接下来，分别对多重共线性、序列相关和异方差三大问题进行判断。本例中各回归模型中的VIF值都大于1且小于10，说明模型不存在多重共线性问题。表5.13中的德宾—沃森值（即DW值）为1.657，比较接近2，说明模型也不存在序列相关的问题。所绘制加入调节变量前后期权型资源配置与创新绩效线性回归分析的残差散点图中散点间呈现出无序且比较均匀的分布（见附图5.11和附图5.12），说明模型也不存在异方差的问题。

表5.13　创新绩效、期权型资源配置与环境不确定性关系的单因素方差分析结果

模型	R^2	调整后R^2	F	显著性	德宾—沃森
1	0.130	0.106	5.280**	0.001[b]	
2	0.345	0.321	14.737***	0.000[c]	
3	0.382	0.351	12.188***	0.000[d]	1.657

a. 因变量：创新绩效

b. 预测变量：（常量），行业，企业规模，年龄，创新投入

c. 预测变量：（常量），行业，企业规模，年龄，创新投入，期权型资源配置

d. 预测变量：（常量），行业，企业规模，年龄，创新投入，期权型资源配置，环境不确定性，$Z_{期权型资源配置} \times Z_{环境不确定性}$

注：*表示P＜0.05，**表示P＜0.01，***表示P＜0.001。

资料来源：笔者整理。

表5.14展示了创新绩效、期权型资源配置与环境不确定性关系回归系数及显著性的情况，根据模型2的回归结果，期权型资源配置对创新绩效的影响显著且为正（b=0.496，P＜0.001）。根据模型3的回归结果，即在加入调节项后，所得$Z_{期权型资源配置} \times Z_{环境不确定性}$的系数显著且大于0（b=0.174，P＜0.05），说明调节效用存在，即环境不确定性正向调节期权型资源配置对创新绩效的影响。假设H1“期权型资源配置方式可以提升企业的产品创新绩效，期权型资源配置对产品创新绩效的促进作用随着环境不确定性的增加而变强”成立。

表5.14　创新绩效、期权型资源配置与环境不确定性关系的回归系数结果

模型	标准化系数	t	显著性	共线性统计	
	Beta			容差	VIF
1（常量）		16.478	0.000		
企业规模	0.142	1.679	0.095	0.857	1.167
年龄	0.106	1.238	0.218	0.840	1.190
创新投入	0.264**	3.049	0.003	0.822	1.216
行业	0.007	0.080	0.936	0.810	1.235
2（常量）		19.176	0.000		
企业规模	0.039	0.518	0.605	0.822	1.216

续表

模型	标准化系数	t	显著性	共线性统计	
	Beta			容差	VIF
年龄	0.082	1.101	0.273	0.838	1.193
创新投入	0.170*	2.211	0.029	0.795	1.258
行业	–0.044	–0.578	0.564	0.802	1.247
期权型资源配置	0.496***	6.771	0.000	0.872	1.146
3（常量）		9.319	0.000		
企业规模	0.013	0.170	0.865	0.810	1.235
年龄	0.075	1.016	0.311	0.831	1.203
创新投入	0.150	1.977	0.050	0.779	1.284
行业	–0.061	–0.778	0.438	0.721	1.387
期权型资源配置	0.445***	6.030	0.000	0.821	1.217
环境不确定性	0.097	1.278	0.204	0.781	1.280
$Z_{期权型资源配置} \times Z_{环境不确定性}$	0.174	2.493	0.014*	0.920	1.087

注：*表示P＜0.05，**表示P＜0.01，***表示P＜0.001。

资料来源：笔者整理。

（7）资源配置宽度与探索式创新的关系。

表5.15是单因素方差分析的结果，表中模型1代表仅有控制变量的模型，模型2代表资源配置宽度与探索式创新的相关关系。根据方差分析结果，R^2与调整后R^2都表明自变量能够较大限度地解释因变量，模型1和模型2的F值显著（P＜0.001），表明模型总体效果理想，自变量与因变量之间可以建立线性模型。接下来，分别对多重共线性、序列相关和异方差三大问题进行判断。本例中，回归模型中的VIF值都大于1且小于10，说明模型不存在多重共线性问题。表5.15中的德宾—沃森值（即DW值）为1.891，比较接近2，说明模型也不存在序列相关的问题。所绘制的资源配置宽度与探索式创新线性回归分析的残差散点图中散点间呈现出均匀、无序的分布（见附图5.13），说明模型也不存在异方差的问题。

表5.15　　资源配置宽度与探索式创新的单因素方差分析结果

模型	R^2	调整后R^2	F	显著性	德宾—沃森
1	0.165	0.141	6.951***	0.000[b]	
2	0.463	0.443	24.102***	0.000[c]	1.891

a. 因变量：探索式创新

b. 预测变量：（常量），行业，企业规模，年龄，创新投入

c. 预测变量：（常量），行业，企业规模，年龄，创新投入，资源配置宽度

注：*表示P＜0.05，**表示P＜0.01，***表示P＜0.001。

资料来源：笔者整理。

表5.16展示了探索式创新与资源配置宽度关系回归系数及显著性的情况，根据模型2的回归结果，资源配置宽度对探索式创新的影响显著且为正（b=0.579，P＜0.001）。假设H2a“资源配置宽度对探索式创新有显著正向影响”成立。

表5.16　　探索式创新与资源配置宽度的回归系数结果

模型	标准化系数	t	显著性	共线性统计	
	Beta			容差	VIF
1（常量）		13.827	0.000		
企业规模	0.165	1.988	0.049	0.857	1.167
年龄	–0.018	–0.218	0.828	0.840	1.190
创新投入	0.336***	3.963	0.000	0.822	1.216
行业	0.008	0.091	0.928	0.810	1.235
2（常量）		6.526	0.000		
企业规模	0.109	1.619	0.108	0.849	1.177
年龄	–0.078	–1.148	0.253	0.832	1.202
创新投入	0.189**	2.693	0.008	0.776	1.289
行业	–0.023	–0.337	0.737	0.808	1.238
资源配置宽度	0.579***	8.809	0.000	0.887	1.127

注：*表示P＜0.05，**表示P＜0.01，***表示P＜0.001。

资料来源：笔者整理。

（8）选择性机制与创新类型的关系。

表5.17是单因素方差分析的结果，表中模型1代表仅有控制变量的模

型，模型2代表选择性机制与探索式创新的相关关系。根据方差分析结果，R^2与调整后R^2都表明自变量能够在一定程度上解释因变量，模型1和模型2的F值显著（$P<0.001$），表明模型总体效果理想，自变量与因变量之间可以建立线性模型。接下来，分别对多重共线性、序列相关和异方差三大问题进行判断。根据表5.17，各回归模型中的VIF值都大于1且小于10，说明模型不存在多重共线性问题。表5.17中的德宾—沃森值（即DW值）为1.979，十分接近2，说明模型并不存在序列相关的问题。所绘制的选择性机制与探索式创新回归分析的残差散点图中散点间呈现出均匀、无序的分布（见附图5.14），说明模型也不存在异方差的问题。

表5.17　探索式创新与选择性机制的单因素方差分析结果

模型	R^2	调整后R^2	F	显著性	德宾—沃森
1	0.165	0.141	6.951	0.000[b]***	
2	0.241	0.214	8.903	0.000[c]***	1.979

a. 因变量：探索式创新

b. 预测变量：（常量），行业，企业规模，年龄，创新投入

c. 预测变量：（常量），行业，企业规模，年龄，创新投入，选择性机制

注：*表示$P<0.05$，**表示$P<0.01$，***表示$P<0.001$。

资料来源：笔者整理。

表5.18展示了探索式创新与选择性机制关系的回归系数及显著性的情况，根据模型2的回归结果，选择性机制对探索式创新的影响显著且为正（$b=0.287$，$P<0.001$）。假设H2b“选择性机制对探索式创新有显著正向影响”成立。

表5.18　探索式创新与选择性机制关系的回归系数结果

模型	标准化系数	t	显著性	共线性统计	
	Beta			容差	VIF
1（常量）		13.827	0.000		
企业规模	0.165	1.988	0.049	0.857	1.167
年龄	–0.018	–0.218	0.828	0.840	1.190
创新投入	0.336	3.963	0.000***	0.822	1.216
行业	0.008	0.091	0.928	0.810	1.235

续表

模型	标准化系数	t	显著性	共线性统计	
	Beta			容差	VIF
2（常量）		13.999	0.000		
企业规模	0.110	1.358	0.177	0.829	1.207
年龄	–0.015	–0.184	0.854	0.840	1.191
创新投入	0.297	3.630	0.000***	0.809	1.236
行业	–0.003	–0.031	0.975	0.809	1.236
选择性机制	0.287	3.758	0.000***	0.929	1.076

注：*表示P＜0.05，**表示P＜0.01，***表示P＜0.001。

资料来源：笔者整理。

（9）期权型资源配置与创新类型的关系。

表5.19是单因素方差分析的结果，表中模型1代表仅有控制变量的模型，模型2代表期权型资源配置与探索式创新的相关关系。根据方差分析结果，R^2与调整后R^2都表明自变量能够较大限度地解释因变量，模型1和模型2的F值显著（P≤0.001），表明模型总体效果理想，自变量与因变量之间可以建立线性模型。接下来，分别对多重共线性、序列相关和异方差三大问题进行判断。本例中，各回归模型中的VIF值都大于1且小于10，说明模型不存在多重共线性问题。表5.19中的德宾—沃森值（即DW值）为1.889，十分接近2，说明模型也不存在序列相关的问题。所绘制期权型资源配置与探索式创新回归分析的残差散点图中散点间呈现出均匀、无序的分布（见附图5.15），说明模型也不存在异方差的问题。

表5.19　探索式创新与期权型资源配置的单因素方差分析结果

模型	R^2	调整后R^2	F	显著性	德宾—沃森
1	0.165	0.141	6.951***	0.000b	
2	0.291	0.266	11.496***	0.000c	1.889

a. 因变量：探索式创新

b. 预测变量：（常量），行业，企业规模，年龄，创新投入

c. 预测变量：（常量），行业，企业规模，年龄，创新投入，期权型资源配置

注：*表示P＜0.05，**表示P＜0.01，***表示P＜0.001。

资料来源：笔者整理。

表5.20展示了探索式创新与期权型资源配置关系回归系数及显著性的情况，根据模型2的回归结果，期权型资源配置对探索式创新的影响显著且为正（b=0.381，P＜0.001）。假设H2“期权型资源配置方式促进了企业的探索式创新”成立。

表5.20　　探索式创新与期权型资源配置关系的回归系数结果

模型	标准化系数	t	显著性	共线性统计	
	Beta			容差	VIF
1（常量）		13.827	0.000		
企业规模	0.165	1.988	0.049	0.857	1.167
年龄	−0.018	−0.218	0.828	0.840	1.190
创新投入	0.336***	3.963	0.000	0.822	1.216
行业	0.008	0.091	0.928	0.810	1.235
2（常量）		15.144	0.000		
企业规模	0.086	1.096	0.275	0.822	1.216
年龄	−0.037	−0.470	0.639	0.838	1.193
创新投入	0.264**	3.307	0.001	0.795	1.258
行业	−0.031	−0.396	0.693	0.802	1.247
期权型资源配置	0.381***	4.995	0.000	0.872	1.146

注：*表示P＜0.05，**表示P＜0.01，***表示P＜0.001。

资料来源：笔者整理。

第五节　异质性分析

前述章节验证了期权型资源配置及其各维度对于企业创新绩效和探索式创新的促进作用，这一作用是否因企业规模、年龄、所在行业等不同而有所差异？为了回答这一问题，本节分别围绕企业规模、年龄、所在行业三个背景因素开展异质性分析。对上述因素的测量均采取“0，1”变量。对于企业规模，依据工业和信息化部、国家统计局、国家发展和改革委员会、财政部《关于印发中小企业划型标准规定的通知》中所提出的企业规模划分标准将企业划分为大型企业和中小型企业，具体来说，从业人员1000人以下或营业收入4亿元以下的为“中小型企业”（规模取值0），规模在此之上的则为大型企业（规模取值1）。参考Guclu等（2017）的研究，以10年为标准对企业年龄进行划分，成立时间10年以内的企业为初创和成长类企业（年龄取值0），成立时间10年以上的企业为成熟企业（年龄取值为1）。将企业所属行业划分为计算机行业及非计算机行业，对于所属行业为计算机行业的样本企业，行业变量取值为1，其他样本企业行业变量取值为0。

本节采取构建乘积项的方式进行异质性分析，分别构建期权型资源配置与规模（大型或中小型企业）、年龄（是否为成熟企业）、行业（计算机或其他行业）的乘积交互项：Scale × ORA、Age × ORA、Industry × ORA，并验证乘积项对企业创新绩效和探索式创新的影响是否显著，检验结果如表5.21所示。表5.21中，ORA即期权型资源配置，Scale、Age、Industry代表企业规模、年龄、行业。六个模型仅有模型（4）交互项的作用显著，说明期权型资源配置对探索式创新的影响因企业规模而不同，具体而言，大型企业若采取期权型资源配置会比中小型企业更能推动探索式创新。

表5.21　　异质性分析结果

变量	IP			ER		
	模型（1）	模型（2）	模型（3）	模型（4）	模型（5）	模型（6）
ORA	0.451***	0.573***	0.564***	0.295**	0.524***	0.471***
Scale	0.043			0.01		
Age		0.144			0.143	
Industry			−0.014			0.069
Scale × ORA	0.151			0.260*		
Age × ORA		−0.011			−0.067	
Industry × ORA			−0.001			−0.025
R^2	0.336	0.335	0.315	0.259	0.234	0.222
调整 R^2	0.322	0.321	0.301	0.244	0.218	0.205
F值	23.927***	23.831***	21.808***	16.586***	14.457***	13.479***

资料来源：笔者整理。

第六节　本章总结

本章基于146家分布在我国多个省区市与行业制造业企业的调查问卷和统计数据，采用多元线性回归分析法对本书所提出的研究假设进行了实证性检验。首先，检验期权型资源配置方式与创新绩效间关系以及环境不确定性的调节作用。回归分析的结果表明，期权型资源配置方式正向促进创新绩效，且环境不确定性起调节作用。具体来说，期权型资源配置方式的各个维度（资源配置宽度、渐进性、低初始承诺和资源再分配）都对创新绩效有显著正向影响，且环境不确定性的调节效应显著；由渐进性、低初始承诺和资源再分配组成的选择性机制对创新绩效也有显著正向影响，且环境不确定性的调节作用明显；由宽度和选择性机制构成的期权型资源配置对创新绩效亦有显著正向影响，环境不确定性的调节效应为显著。其次，检验了期权型资源配置方式与探索式创新间的关系。回归分析的结果表明，期权型资源配置促进了企业的探索式创新，具体来说，资源配置宽度对探索式创新有显著正向影响；选择性机制对探索式创新有显著的正向影响。本研究实证检验结果如表5.22所示。

表5.22　研究假设检验结果

编号	假设内容	结果
第一组	期权型资源配置与企业创新绩效	
H1	期权型资源配置方式可以提升企业的产品创新绩效，且环境不确定性正向调节上述关系	支持
H1a	资源配置宽度对企业的产品创新绩效有显著正向影响，且这种影响随着环境不确定性的增加而变强	支持
H1b	渐进性对企业的产品创新绩效有显著正向影响，且这种影响随着环境不确定性的增加而变强	支持
H1c	低初始承诺对企业的产品创新绩效有显著正向影响，且这种影响随着环境不确定性的增加而变强	支持

续表

编号	假设内容	结果
H1d	资源再分配对企业的产品创新绩效有显著正向影响，且这种影响随着环境不确定性的增加而变强	支持
H1e	选择性机制对企业的产品创新绩效有显著正向影响，且这种影响随着环境不确定性的增加而变强	支持
第二组	期权型资源配置与探索式创新	
H2	期权型资源配置方式促进了企业的探索式创新	支持
H2a	资源配置宽度对探索式创新有显著正向影响	支持
H2b	选择性机制对探索式创新有显著正向影响	支持

资料来源：笔者自行整理。

第六章 期权型资源配置影响创新绩效的机理探究

第五章证明期权型资源配置对创新绩效具有积极作用，本章进一步探究这一积极作用背后的机理问题，为此，需要寻找合适的视角。如第二、第三章所述，不确定性是战略期权及期权型资源配置适用情境的典型特征。创业同样面临不确定性，与一般管理活动相比，创业活动所面临的情境在无先例可循性、高度资源约束性等方面表现出独特性，因此，不确定性成为创业情境的本质特征（王朝云和章华林，2017）。创业过程中的高度不确定性是由多方面因素共同作用的结果，从客观上看，消费者的需求、竞争对手的策略、政策法规的变动等都会对创业产生影响，加之以大数据、区块链、工业互联网和人工智能为代表的数字技术不断颠覆传统商业模式、改变传统成长路径，创业者面临的不确定性日益凸显；从主观方面以及创业过程上看，创业团队管理过程中存在许多不确定性，如团队成员的变动、团队内部冲突等，创业者在创业初期往往面临资源匮乏的问题，而资源的获取过程充满不确定性。强调不确定性情境，这是战略期权与创业活动的共同点（Klingebiel，2012）。

除此以外，战略期权在企业中的应用能够促进内部创业活动，其原因主要有以下几点：第一，实施战略期权的企业将资源做分散化处理，基层成员及团队的探索活动或自发式创新项目都更有可能获得资源支持（Klingebiel and Rammer，2014）；第二，由于低初始承诺，战略期权给企业带来选择上的灵活性，这种灵活性有助于激发企业内的创业行为（Klingebiel，2012）；第三，秉持战略期权的企业具有资源再分配的特点，能在组织内部营造一种近似于风险投资的选择性机制（Klingebiel and

Adner，2015），也能促进公司创业活动。因此，本书从创业视角探究期权型资源配置提升创新绩效的机理。

创业研究一直主张通过不断识别和开发新机会来创造企业新价值，正如我国知名创业专家张玉利教授与其团队编著的《创业管理》一书中指出的，创业因机会而存在。因此，机会识别与机会开发是创业活动的核心（杜小民等，2015），机会识别指组织采用多种手段识别市场所涌现的新机会，其活动通常涵盖搜集和分析信息以及探索等，机会开发是组织通过组织内外部资源来开发新产品、服务以满足市场需求的过程（Phillips and Tracey，2007；葛法权等，2017）。基于上述分析，本章选取机会识别与机会开发作为剖析期权型资源配置提升企业创新绩效内在机理的关键因素，为此，构建“期权型资源配置→机会识别→创新绩效”和“期权型资源配置→机会开发→创新绩效”两条中介路径。

第一节　期权型资源配置对创新绩效影响机理的理论分析

由于本书第三章对期权型资源配置促进创新绩效的原理进行了分析，在此不再赘述，本节重点剖析期权型资源配置与机会识别、机会开发的逻辑关系以及机会识别与机会开发行为对创新绩效的影响进而提出机会识别与机会开发对期权型资源配置和创新绩效关系的中介作用。

一、期权型资源配置与企业机会识别的关系

企业识别创业机会是要敏锐地洞察对自身有利的情况、深刻理解市场需求（张玉利等，2021）。由于对资源做分散化处理，实施期权型资源配置的企业会追求更多的创新项目，相当于企业进行多处探索，加之低初始承诺和资源再分配机制的作用，这些探索的成本较低，根据斯坦福大学战略与组织学教授凯瑟琳·艾森哈特的观点，这样的探索活动能增强

企业对未知机遇的感知（Brown and Eisenhardt，1997）。另外，在不确定的环境下，机会呈现高度动态特性，增加了机会识别的难度，这一动态性体现在：首先，机会识别是一个从模糊到逐渐精准的过程。其次，机会本身存在演化特性，即会随市场顾客需求改变、技术发展等而发生变化。期权型资源配置的选择性机制强调市场反馈，驱动创新团队与用户展开交互活动、利用原型验证创意效果，并基于反馈对用户的需求形成判断、更新认知，从而保证企业能把握机会的动态性。最后，秉持期权型资源配置的企业对创新失败的容忍度更高，从而鼓励基层成员、项目团队积极开展失败学习，成员或团队通过失败学习能够更好地积累知识和经验，在纠正失败的过程中，会提高搜寻新知识的意愿，拓宽提升产品创新性的知识搜寻路径，有利于识别全新产品、全新市场的机会，尤其是有利于其在不确定环境中更好地识别机会（于晓宇等，2019）。基于上述分析，提出以下研究命题：

期权型资源配置能促进企业的机会识别（H3a）。

二、期权型资源配置与企业机会开发的关系

创业机会的目标是满足顾客需求，解决顾客意识到和没有意识到的实际问题（张玉利等，2021），机会开发活动的本质即满足顾客需求、为顾客创造价值。在期权型资源配置下，企业做出是否在下一时期继续进行资源投入的重要依据是项目的市场反馈，只有在满足顾客需求、为顾客创造价值的条件下，创新项目才能收到良好的市场反馈，因而，期权型资源配置为企业构造了一种要求项目团队必须重视顾客或用户价值的制度。在期权型资源配置下，项目管理者、创新团队根据项目的市场反馈及进展情况进行快速持续的调整，这种调整过程伴随验证、学习、迭代，使得产品在技术性能、设计元素等方面不断逼近用户真实需求，使产品方案匹配市场需求并创造价值。此外，期权型资源配置给企业带来创新竞赛机制，在选择性配置模式下，资源投入具有渐进性特点，即企业对某一新产品项目的资源投入是阶段式的，

意味着任何创新团队都无法在项目初始阶段便获取所需全部资源，加之资源再分配的压力，创新团队唯有不断改进、优化产品设计并持续为用户创造价值，才会在创新竞赛中脱颖而出。基于上述分析，提出以下研究命题：

期权型资源配置能促进企业的机会开发（H3b）。

三、机会识别与企业创新绩效

事实证明，对机会的敏锐感知乃至提前预判是企业取得成功创新的关键。乔布斯前瞻性地意识到消费者渴望一款优质时髦、具有超棒体验感的手机，而当看到市场上的产品无一能满足消费者的内心潜在需求后，便决定自行开发全新手机iPhone。雷军敏锐地觉察到大量消费者由于售价过高而买不起苹果手机但又渴望拥有一部具有同样功能及体验感的智能手机之后，开创了小米公司，而又凭借与用户的积极交互以及对用户痛点的深入挖掘，小米公司不断推出爆款产品。如果说前者识别的是消费者说不出但又存在的深层次潜在需求以及一种创造性机会的话，那么后者识别的就是消费者说得出但又无法得到满足的需求机会。如今，华为、拼多多、大疆、特斯拉等企业能相继成功推出重大创新性产品的关键也在于对机会的识别。应该说，对机会的有效识别是企业创新的前提，只有及时、准确地识别出市场、技术、政策等方面的机会，企业才能有针对性地开展创新活动，开发出满足市场需求的新产品或服务。此外，通过机会识别，企业可以发现市场空白或潜在需求，从而开发出具有差异化和竞争优势的产品，而机会识别的准确性越高，新产品就越容易在激烈的市场竞争中脱颖而出。基于上述分析，提出以下研究命题：

机会识别水平越高，企业创新绩效越好（H3c）。

四、机会开发与企业创新绩效

从过程上看，机会开发是描述个体或者公司如何将感知到的方法转化为“目标—结果”的框架（陈海涛和于晓宇，2011），具体而言，一旦确定了有价值的机会，就需要整合所需的资源，采取行动来抓住或利用这些机会。因此，机会开发水平高的企业普遍具有较强的资源整合能力。一方面，这种能力保证了企业创新必要的物质基础和条件如人力资源、技术资源、资金资源、市场信息等；另一方面，可以让企业获取更广泛的知识和信息，推动跨界合作，通过与高校、研究机构或其他企业建立合作伙伴关系，共享研发资源和知识，还可以加速技术研发和产品上市进程。机会开发代表从产生创意到形成方案再到方案落地乃至形成商业模式的一系列活动，机会开发水平高意味着企业能更有效地推进上述活动的开展，而这些活动能否顺利实施与新产品的成功密切相关。海尔的转型成效即体现出机会开发水平提升对于创新绩效的作用，海尔将组织进行平台化转型，小微企业作为机会开发的主体与用户开展交互、为用户创造价值，过去的行政组织部门则转化成服务平台为小微企业提供支持。此外，海尔构建HOPE平台为小微企业的机会开发活动提供技术支持和知识援助，由此海尔平台孵化出许多创新成果。因此，本书提出以下研究命题：

机会开发水平越高，企业创新绩效越好（H3d）。

五、机会识别与机会开发的中介作用

本书前面论证了期权型资源配置对创新绩效的提升作用，期权型资源配置的资源分散投入、选择性机制以及营造的赛马机制，促进企业机会识别与机会开发，后两者均有助于提高企业创新绩效，从逻辑上看，机会识别与机会开发在期权型资源配置与创新绩效之前起到“桥梁”作用，因此，本书提出以下研究假设：

机会识别与机会开发分别在“期权型资源配置→创新绩效”路径中发挥中介作用（H3e和H3f）。

六、环境不确定性的调节效应探讨

根据权变理论，企业在不同环境下应以不同方式推动机会识别和机会开发活动。在稳定的经营环境下，机会可以被清晰地定义和预判，此时企业的计划力与执行力成为实现良好创新绩效的关键，而资源分散化投入由于带来规模经济损失、发展方向模糊以及管理成本上升等问题反而不利于企业推动创新。在不确定的环境下，机会表现出较高的模糊性和动态性，难以被清晰认知，更难被有效捕捉，期权型资源配置由于激发更多创新项目从而增加创新宽度，意味着企业成功识别并开发机会的概率得到大幅提升。另外，选择性机制能使项目团队通过不断的试验、学习和迭代逼近消费者或用户的真实需求（见图5.2），并使得新产品或新技术能与用户需求实现最优匹配。由此可见，期权型资源配置对于机会识别和机会开发的积极作用会随着环境不确定性的提升而得到强化，因此，提出以下研究假设：

环境不确定性对期权型资源配置与机会识别的关系起正向调节作用（H3g），对期权型资源配置与机会开发的关系起正向调节作用（H3h）。

第二节　模型构建

根据本章第一节的理论分析，构建回归方程模型。本书使用构建乘积项（即环境不确定性分别与期权型资源配置交互项）的方式来检验环境不确定性的调节效应，采取Baron和Kenny提出的因果逐步回归法检验机会识别与机会开发在“期权型资源配置→创新绩效”路径上的中介效应。根据该方法，在自变量对因变量和中介变量影响显著以及中介变量对因变量影响显著的条件下，当将自变量和中介变量同时放入回归方程时，若中介变量的效应显著而自变量作用不再显著则为完全中介效应，若中介变量作用显著而自变量影响虽显著但变弱则为部分中介效应。

一、回归模型构建与说明

（一）期权型资源配置、企业机会识别与环境不确定性

构建模型如下，其中，模型1表示期权型资源配置对机会识别的影响，对应假设H3a，模型2代表环境不确定性对期权型资源配置与机会识别关系起的调节作用，对应假设H3g。

模型1：$OI=\alpha_0+\beta_{11}Scale+\beta_{12}Age+\beta_{13}Input+\beta_{14}Industry+\beta_{15}ORA+\varepsilon$；

模型2：$OI=\alpha_0+\beta_{21}Scale+\beta_{22}Age+\beta_{23}Input+\beta_{24}Industry+\beta_{25}ORA+\beta_{26}Uncertainty+\beta_{27}Z_{ORA}\times Z_{Uncertainty}+\varepsilon$。

在上述模型中，β_{ki}代表第k个模型第i个变量的回归系数（适用于本章所有模型），OI即机会识别（Opportunity Identification），ORA代表期权型资源配置（Option Resource Allocation），Uncertainty代表环境不确定性，IP即创新绩效（Innovative Performance）。控制变量包括：Scale为企业规模、Age为企业年龄、Input为创新投入、Industry为企业所属行业。模型2中乘积项及系数β_{27}是检验环境不确定性调节作用的关键，若该系数显著则证明环境不确定性对期权型资源配置与机会识别间关系具有调节作用，Z_{ORA}和$Z_{Uncertainty}$分别代表期权型资源配置和环境不确定性的标准化取值。

（二）期权型资源配置、企业机会开发与环境不确定性

模型3表示期权型资源配置对机会开发的影响，对应假设H3b，模型4代表环境不确定性对期权型资源配置与机会开发关系的调节作用，对应假设H3h。

模型3：$OE=\alpha_0+\beta_{31}Scale+\beta_{32}Age+\beta_{33}Input+\beta_{34}Industry+\beta_{35}ORA+\varepsilon$；

模型4：$OE=\alpha_0+\beta_{41}Scale+\beta_{42}Age+\beta_{43}Input+\beta_{44}Industry+\beta_{45}ORA+\beta_{46}Uncertainty+\beta_{47}Z_{ORA}\times Z_{Uncertainty}+\varepsilon$。

上述模型中，OE为机会开发（Opportunity Exploitation），其余变量与模型1、模型2相同。

（三）机会识别、机会开发与企业创新绩效

模型5表示机会识别（OI）对创新绩效（IP）的影响，对应假设H3c，模型6代表机会开发（OE）对于创新绩效（IP）的影响，对应假设H3d。

模型5：$IP=\alpha_0+\beta_{41}Scale+\beta_{42}Age+\beta_{43}Input+\beta_{44}Industry+\beta_{45}\ OI+\varepsilon$；

模型6：$IP=\alpha_0+\beta_{51}Scale+\beta_{52}Age+\beta_{53}Input+\beta_{54}Industry+\beta_{55}\ OE+\varepsilon$。

（四）机会识别与机会开发的中介效应

模型7，衡量机会识别在“期权型资源配置→创新绩效”路径中的中介作用，对应假设H3e。模型8代表机会开发分别在“期权型资源配置→创新绩效”路径中发挥中介作用，对应假设H3f。

模型7：$IP=\alpha_0+\beta_{41}Scale+\beta_{42}Age+\beta_{43}Input+\beta_{44}Industry+\beta_{45}\ ORA+\beta_{46}\ OI+\varepsilon$；

模型8：$IP=\alpha_0+\beta_{51}Scale+\beta_{52}Age+\beta_{53}Input+\beta_{54}Industry+\beta_{55}\ ORA+\beta_{56}\ OE+\varepsilon$。

以上模型分别检验本章所提出的命题/假设，具体对应关系如表6.1所示。

表6.1　模型与所检验假设的对应关系

模型	假设
模型1	H3a
模型2	H3g
模型3	H3b
模型4	H3h
模型5	H3c
模型6	H3d
模型7	H3e
模型8	H3f

资料来源：笔者整理。

第三节　实证检验与结果分析

由于本章采取多元线性回归分析，需要对多重共线性问题、序列相关性问题和异方差三大问题进行检验，这三类问题会降低估计的准确性甚至造成模型无效，只有在三类问题都通过检验的条件下所得出的分析结果才具有可信性。首先，各回归模型中的VIF（方差膨胀因子）值都大于1且小于10（此处不再逐一显示），说明模型不存在多重共线性问题；其次，德宾—沃森值（即DW值）都接近于2，说明模型也不存在序列相关的问题；最后，在每次进行回归分析时所绘制的残差散点图中散点呈现出均匀、无序的分布（本章不再逐一展示），说明模型也不存在异方差的问题。

表6.2是本章所有回归分析的结果，根据对模型1的量化分析结果，期权型资源配置对机会识别的影响显著且为正（$\beta=0.503$，$P<0.001$），假设H3a得到验证；模型3的结果显示，期权型资源配置对机会开发的影响也显著且为正（$\beta=0.417$，$P<0.001$），假设H3b得到验证。接下来分别根据模型5和模型6判断机会识别与机会开发对创新绩效的作用，结果显示，机会识别对企业创新绩效有十分显著的积极作用（$\beta=0.966$，$P<0.001$），假设H3c得到支持；机会开发也对企业创新绩效具有十分显著的积极作用（$\beta=0.737$，$P<0.001$），假设H3d得到支持。然后，我们依据模型2和模型4判断环境不确定性对期权型资源配置与机会识别、机会开发关系的调节效应是否成立，结果显示，环境不确定性与期权型资源配置的交互项$Z_{ORA}\times Z_{Uncertainty}$在模型2中显著为正（$\beta=0.140$，$P<0.05$），但在模型4中的作用不显著，假设H3g得到验证，但H3h未得到支持，说明环境不确定性主要是对期权型资源配置与机会识别的关系起正向调节作用。

表6.2 回归分析结果

变量	机会识别(OI)		机会开发(OE)		创新绩效(IP)			
	模型1	模型2	模型3	模型4	模型5	模型6	模型7	模型8
Scale	0.075	0.042	0.098	0.080	−0.009	0.033	−0.011	−0.002
Age	0.088	0.079	0.002	−0.007	0.000	0.091	0.000	0.083
Input	0.199**	0.178*	0.143	0.126	−0.021	0.098	−0.021	0.077
Industry	−0.047	−0.078	0.013	−0.022	0.006	−0.030	0.004	−0.049
ORA	0.503***	0.457***	0.417***	0.390***			0.014	0.227***
OI					0.966***		0.959***	
OE						0.737***		0.644***
Uncertainty		0.126		0.121				
$Z_{ORA} \times Z_{Uncertainty}$		0.140*		0.049				
R^2	0.393	0.425	0.284	0.425	0.916	0.623	0.916	0.660
调整后 R^2	0.371	0.396	0.248	0.408	0.913	0.610	0.912	0.646
F	10.353***	14.595***	7.822***	24.509***	304.16***	46.352***	252.04***	45.053***

资料来源：笔者根据数据分析自行整理而成。

表6.2中模型7和模型8分别代表机会识别、机会开发在“期权型资源配置→创新绩效”路径上中介效应的量化分析结果。相比模型1的结果，期权型资源配置在模型7中对创新绩效的影响不再显著（$P < 0.05$），说明机会识别在期权型资源配置与创新绩效关系间起到完全中介作用，假设H3e得到验证。而相比模型2的结果，期权型资源配置在模型8中对创新绩效的影响变弱，其具体表现为标准化系数从0.496降至0.227，但显著性水平未发生改变，为了进一步验证机会开发在“期权型资源配置→创新绩效”作用路径上的中介效应进而保证研究结论可靠性，使用Bootstrap法进一步验证网络效应的中介作用，该方法近几年颇受学界欢迎，其在原理上采取有放回的随机重复抽样，并构建效应的置信区间（95%），若被检验效应的置信区间不含0，说明该效应显著成立。本章使用Bootstrap法

对机会识别、机会开发的中介效应进行了再检验，根据检验结果（见表6.3），间接效应1代表机会识别对“期权型资源配置→创新绩效”路径的中介作用，该效应95%水平上的置信区间均不包含0，说明机会识别中介效应成立；间接效应2代表机会开发对“期权型资源配置→创新绩效”路径的中介作用，该效应95%水平上的置信区间均不包含0，说明机会开发中介效应成立。

表6.3　Bootstrap检验结果

作用	路径	Estimate	Boot SE	95%置信区间	
				Lower5%	Upper5%
机会识别中介作用	间接效应1	0.5199	0.0942	0.3485	0.7104
机会开发中介作用	间接效应2	0.8949	0.1042	0.6933	1.101

资料来源：笔者根据数据分析自行整理而成。

第四节　本章总结

本章基于146家分布在我国多个省区市与行业制造业企业的调查问卷和统计数据（数据收集过程详见第四章），采取线性回归分析的方法对相关研究假设进行了实证性检验。除假设H3h未得到验证外，其余假设/命题均得到数据支撑，本章研究实证检验结果如表6.4所示。至于控制变量的影响，回归分析的结果显示，创新投入对于企业机会识别和机会开发具有显著的积极作用，即，随着创新投入加大，企业机会识别和机会开发的水平会提升，而规模、年龄、所在行业（是否为计算机相关行业）对机会识别和机会开发均无显著影响。

表6.4 研究假设检验结果

编号	假设内容	结果
第三组	主题：期权型资源配置影响创新绩效的机理探究	支持/不支持
H3a	期权型资源配置能促进企业的机会识别	支持
H3b	期权型资源配置能促进企业的机会开发	支持
H3c	机会识别水平越高，企业创新绩效越好	支持
H3d	机会开发水平越高，企业创新绩效越好	支持
H3e	机会识别在“期权型资源配置→创新绩效”路径中发挥中介作用	支持
H3f	机会开发在“期权型资源配置→创新绩效”路径中发挥中介作用	支持
H3g	环境不确定性对期权型资源配置与机会识别的关系起正向调节作用	支持
H3h	环境不确定性对期权型资源配置与机会开发的关系起正向调节作用	不支持

资料来源：笔者整理。

第七章　期权型资源配置的竞争优势效应

战略，是用来发展核心竞争力、获得竞争优势的一系列综合的、协调性的约定和行动（迈克尔·希特等，2017）。20世纪60年代以来，以西方学界为主开始了企业战略管理的研究，自著名战略管理学家迈克·波特创立定位学派，提出企业应通过寻求有利定位和构建价值链系统获得竞争优势，战略管理研究的核心便始终围绕一个话题：企业如何获取并保持竞争优势（Porter，1980；谢广营和徐二明，2019）。20世纪70年代，定位理论近乎统治整个战略管理学界，自80年代起，一些学者将目光投向企业内部，Wernerfelt和Barney开创并发展了资源基础理论，指出企业获得可持续竞争优势的关键在于是否拥有满足价值性、稀缺性、难模仿性和不可替代性（即VRIN）的资源。资源基础论又衍生出一些很有价值的理论。例如，Prahalad和Hamel（1990）提出核心竞争力理论，Grant（1996）提出了知识基础观（Knowledge-based View）。此后，又有Teece等（1997）考虑动态环境下企业竞争优势的构建而提出动态能力理论，以及D'Aveni的超竞争理论、Eisenhardt的边缘竞争理论等。战略管理研究及理论的发展是学者们随时代发展而不断思考"企业如何获取竞争优势"的产物。战略期权是将期权思想及相关理论应用于战略管理研究的成果，是为了解决企业如何在高度不确定环境中创造竞争优势这一问题。作为战略期权应用于企业资源管理的重要成果，期权型资源配置的研究也应完成与战略管理主流研究的对话，回应其是否有助于企业构建竞争优势的问题。

第一节　期权型资源配置影响企业竞争优势机理的理论分析

随着竞争环境升级，创新对于企业竞争优势的作用日益明显，正如哈默所说，在当前这个组织战略生命周期缩短的年代，创新是公司重生与延续成功的唯一选择，也是在残酷竞争中生存的唯一出路。现如今，可以观察到的一个现实是：越来越多的企业依靠创新尤其是探索式创新确定市场地位、建立竞争优势（张腾和朱晓红，2018）。此外，创新活动只有实现良好成效才真正有助于企业获取和提升竞争优势。本书第五章证明期权型资源配置对创新绩效和探索式创新具有积极作用，因此，促进企业开展探索式创新与帮助企业提升创新绩效可能是期权型资源配置模式塑造竞争优势的两个重要机制。本章在前面研究（第五章和第六章）的基础上探究期权型资源配置的竞争优势效应，由于第五章已经论证了期权型资源配置对于创新绩效和探索式创新的积极作用，本章重点分析期权型资源配置对于竞争优势的直接影响，以及创新绩效和探索式创新在“期权型资源配置→竞争优势”路径中所起的中介作用。

一、期权型资源配置、企业竞争优势与环境不确定性

竞争优势根源于企业为顾客创造的价值，而根据价值创造公式（企业的价值创造=顾客支付意愿-机会成本），企业若要为顾客创造价值并从中捕获足够利润，则需要提升顾客支付意愿，而其关键便是满足顾客真实需求（Garcia and Aguilera，2015）。在期权型资源配置模式下，对某一产品项目的资源投入是阶段式的（由渐进性特征决定），且由于低初始承诺，该产品项目需要为获取下一发展阶段所需资源与其他产品项目展开竞争，只有那些经过市场验证能够满足顾客需求的产品项目才能成为竞争的胜出者。因此，期权型资源配置符合动态调整的特点，使企业能够快速识别并剔除无法创造顾客价值的产品或服务项目，增加了企业面对

快速变化市场的灵活性，提升了成功概率。而资源再分配机制使资源从那些未能通过市场验证即难以满足市场需求的项目转移至其他更能为顾客创造价值的项目，提升了资源利用效率并使企业整体创造出更大价值。正如Luehrman所说，实物期权使企业通过持续地学习优化自身战略及行动。在期权型资源配置下，企业及其产品运营团队将根据市场反馈及进展情况进行快速持续的调整，这就是一个组织及其成员持续学习的过程，而这种学习过程使得产品更能匹配顾客真实需求从而创造更大价值。因此，从价值创造视角看，期权型资源配置有助于企业构筑或提升自身在市场中的竞争优势。基于以上分析，提出如下命题H4a：

期权型资源配置对企业竞争优势有积极作用。

环境不确定性是本书所假设的关键权变因素。战略期权思想本身就诞生于战略研究领域对不确定环境的思考，其应用让企业的资源配置更加灵活，使企业变得敏捷，并催生大量创新和市场开拓行为（丽塔·麦克格兰斯，2018）。当今企业面临的经营环境更加动态、产品更易过时，竞争优势周期大为缩短，企业需要通过不断探索、持续创新等行为不断建立新的竞争优势，期权型资源配置促使企业开展一系列低成本、探索式且更易被市场快速验证的创新活动，有利于把握新机遇从而快速更替自身竞争优势。战略期权的应用固然也有其弊病，如可能带来资源耗散、降低战略聚焦感、削弱成员对于项目的情感投入，但随着环境不确定程度的提升，这些弊端带来的成本将小于战略期权给企业带来的好处。由此，提出命题H4b：

环境不确定性正向调节期权型资源配置对企业竞争优势有积极作用。

二、探索式创新的中介作用

从美国特斯拉公司在全球电动汽车行业优势地位的构建到我国大疆在全球无人机市场竞争优势的获得，再到如今OpenAI在人工智能软件领域的成功，都说明一个现实：在当今时代，探索式创新是企业获取竞争优势的重要手段。首先，探索式创新意味着没有市场先例，若创新成功，则企业能塑造先发优势，这一优势包括技术优势、品牌效应、专利优势、供应链地位等，正如苹果公司率先推出智能手机从而一举确定其在整个智能手机领域的领先地位。因而，探索式创新有助于企业获取竞争优势。其次，探索式创新帮助企业开发全新的产品和服务，形成发明专利，甚至有助于企业塑造新的竞争规则，增加了竞争者模仿的难度，从而使企业在竞争中更易保持竞争优势。长期致力于研究不确定情境下企业战略的美国学者丽塔·麦克格兰斯提出瞬时竞争优势理论，根据该理论，在快经济时代的今天，企业面临的经营环境更加动态，竞争优势周期大幅缩短，企业无法在较长时间内维持原有优势，只有通过不断发展瞬时竞争优势才能创造可持续的优势，而构建瞬时竞争优势的关键在于企业能始终在创新上敢于为先，也就是积极开展探索式创新。此外，与开发式创新相比，脱离了现有产品、服务与顾客群的探索式创新能更有效防止组织陷入老化和核心刚性，尤其在更加动态、竞争周期日益缩短的今天，企业老化速度更快，探索式创新有助于企业不断进行组织更新从而适应环境。基于以上分析，提出命题H4c：

探索式创新能促进企业的竞争优势。

同时结合第五章得出的“期权型资源配置方式促进了企业的探索式创新”的结论，可以判断探索式创新在期权型资源配置影响竞争优势的过程中发挥中介作用（命题H4d）。

三、创新绩效的中介作用

创新绩效是对企业创新成果的综合评价，是企业创新活动所能获得回报的指标。创新活动意味着较高的投入和风险，若一味强调探索式创新而忽视创新绩效，企业发展也会受挫。在追求竞争优势的过程中，企业既要积极推动创新活动，又要关注创新活动所能带来的经济价值。从经济学角度看，这种经济价值代表了熊彼特租金，它是对企业为了创新而承担风险的一种补偿和奖励，这种租金使得企业在一段时间内获得的收益超出许多竞争对手。熊彼特租金的存在为企业创新带来正反馈机制，即创新绩效好的企业将会获得更多资源投入下一阶段的创新中，这就给企业发展带来良性循环，促进企业竞争优势的获取。故提出命题H4e：

企业创新绩效越好，竞争优势越强。

根据有关学者就创新绩效对竞争优势影响的实证研究（Jing et al., 2023）以及前面对期权型资源配置与创新绩效、竞争优势间关系的分析，可以得出推断：期权型资源配置有助于企业提升竞争优势的一个重要原因是提高了创新绩效。结合第五章得出的“期权型资源配置方式促进了企业的探索式创新”的结论，提出假设H4f：

创新绩效在期权型资源配置与竞争优势关系间起中介作用。

第二节　模型构建

一、回归模型构建与说明

（一）期权型资源配置、企业竞争优势及环境不确定性的关系

构建模型如下，其中，模型1表示期权型资源配置对企业竞争优势的影响，对应假设H4a，模型2代表环境不确定性对期权型资源配置与竞争优势关系起的调节作用，对应假设H4b。

模型1：$CA=\alpha_0+\beta_{11}Scale+\beta_{12}Age+\beta_{13}Input+\beta_{14}Industry+\beta_{15}ORA+\varepsilon$；

模型2：$CA=\alpha_0+\beta_{21}Scale+\beta_{22}Age+\beta_{23}Input+\beta_{24}Industry+\beta_{25}ORA+\beta_{26}Uncertainty+\beta_{27}Z_{ORA}\times Z_{Uncertainty}+\varepsilon$。

在上述模型中，β_{ki}代表第k个模型第i个变量的回归系数（适用于本章所有模型），CA为企业竞争优势（Competitive Advantage），ORA代表期权型资源配置（Option Resource Allocation），Uncertainty代表环境不确定性，控制变量包括：Scale为企业规模、Age为企业年龄、Input为创新投入、Industry为企业所属行业。模型2中乘积项及系数β_{27}是检验环境不确

定性调节作用的关键，若该系数显著则证明环境不确定性对期权型资源配置与竞争优势间的关系具有调节作用，Z_{ORA}和$Z_{Uncertainty}$分别代表期权型资源配置和环境不确定性的标准化取值。

（二）探索式创新的中介作用

模型3衡量探索式创新对企业竞争优势的作用，对应假设H4c。模型4代表探索式创新在“期权型资源配置→企业竞争优势”路径中的中介作用，对应假设H4d。

模型3：$CA=\alpha_0+\beta_{31}Scale+\beta_{32}Age+\beta_{33}Input+\beta_{34}Industry+\beta_{35}\ ER+\varepsilon$；

模型4：$CA=\alpha_0+\beta_{41}Scale+\beta_{42}Age+\beta_{43}Input+\beta_{44}Industry+\beta_{45}\ ORA+\beta_{46}\ ER+\varepsilon$。

（三）创新绩效的中介作用

模型5衡量创新绩效对企业竞争优势的作用，对应假设H4e。模型6代表创新绩效在“期权型资源配置→企业竞争优势”路径上的中介作用，对应假设H4f。

模型5：$CA=\alpha_0+\beta_{51}Scale+\beta_{52}Age+\beta_{53}Input+\beta_{54}Industry+\beta_{55}\ IP+\varepsilon$；

模型6：$CA=\alpha_0+\beta_{61}Scale+\beta_{62}Age+\beta_{63}Input+\beta_{64}Industry+\beta_{65}\ ORA+\beta_{66}\ IP+\varepsilon$。

以上模型分别检验本章所提出的命题/假设，具体对应关系如表7.1所示。

表7.1　模型与所检验假设的对应关系

模型	假设
模型1	H4a
模型2	H4b
模型3	H4c
模型4	H4d
模型5	H4e
模型6	H4f

资料来源：笔者整理。

第三节　实证检验与结果分析

首先，对多重共线性问题、序列相关性问题和异方差三大问题进行检验，各回归模型中的VIF（方差膨胀因子）值都大于1且小于10，说明模型不存在多重共线性问题；其次，德宾—沃森值（即DW值）都接近2，说明模型也不存在序列相关的问题；最后，在每次进行回归分析时所绘制的残差散点图中散点呈现出均匀、无序的分布（本章不再逐一展示），说明模型也不存在异方差的问题。

表7.2是本章所有回归分析的结果，根据模型1分析结果，期权型资源配置对企业竞争优势的影响显著且为正（$\beta=0.384$，$P<0.001$），假设H4a得到验证；模型2的结果显示，环境不确定性与期权型资源配置的交互项$Z_{ORA}\times Z_{Uncertainty}$在模型2中显著为正（$\beta=0.227$，$P<0.01$），假设H4b得到验证。模型3分析结果表明，探索式创新对企业竞争优势的作用显著为正（$\beta=0.595$，$P<0.001$），假设H4c得以证实，而相比模型1，模型4中期权型资源配置对企业竞争优势的影响明显下降（显著性水平从$P<0.001$降至$P<0.05$），假设H4d得到支持。模型5和模型6分别用于检验创新绩效对竞争优势的影响及其在期权型资源配置与企业竞争优势关系间的中介作用，模型5分析结果表明，创新绩效对企业竞争优势的作用显著为正（$\beta=0.759$，$P<0.001$），假设H4e得以证实。相比模型1，模型6中期权型资源配置对企业竞争优势的影响不再显著，说明创新绩效对于“期权型资源配置→企业竞争优势”关系起完全中介作用，假设H4d得到支持。

表7.2　　　　回归分析结果

变量	因变量：竞争优势					
	模型1	模型2	模型3	模型4	模型5	模型6
Scale	0.196*	0.164*	0.171*	0.141*	0.151**	0.149*
Age	0.053	0.058	0.083	0.073	−0.011	−0.011

续表

变量	因变量：竞争优势					
	模型1	模型2	模型3	模型4	模型5	模型6
Input	0.057	0.056	-0.068	-0.078	-0.069	-0.070
Industry	-0.004	0.023	0.030	0.010	0.028	0.027
ORA	0.384***	0.345***		0.189*		0.010
ER			0.595***	0.521***		
IP					0.759***	0.753***
Uncertainty		-0.035		0.121		
$Z_{ORA} \times Z_{Uncertainty}$		0.227**		0.049		
R^2	0.262	0.309	0.427	0.453	0.626	0.626
调整后 R^2	0.235	0.274	0.406	0.429	0.613	0.610
F	9.916***	20.845***	7.822***	19.192***	46.863***	38.785***

资料来源：笔者根据数据分析自行整理而成。

第四节　本章总结

本章探讨期权型资源配置的竞争优势效应，结合第五章的研究发现，从“期权型资源配置→探索式创新→竞争优势”和“期权型资源配置→创新绩效→竞争优势”两条路径剖析了期权型资源配置能促进企业竞争优势的机理。基于146家分布在我国多个省区市与行业制造业企业的调查问卷和统计数据（数据收集过程详见第四章），采取多元回归分析的方法对相关研究假设进行了实证性检验，所有假设/命题均得到数据支撑，本章研究实证检验结果如表7.3所示。至于控制变量的影响，根据回归分析结果，企业规模对于企业竞争优势具有一定的积极作用，即大企业的竞争优势比中小企业更强，而年龄、创新投入、所在行业（是否为计算机相关行业）无显著影响。

表7.3 研究假设检验结果

编号	假设内容	结果
第四组	主题：期权型资源配置对企业竞争优势的影响	支持/不支持
H4a	期权型资源配置对企业竞争优势有积极作用	支持
H4b	环境不确定性正向调节期权型资源配置对企业竞争优势有积极作用	支持
H4c	探索式创新能促进企业的竞争优势	支持
H4d	探索式创新在期权型资源配置影响竞争优势的过程中发挥中介作用	支持
H4e	企业创新绩效越好，竞争优势越强	支持
H4f	创新绩效在期权型资源配置与竞争优势关系间起中介作用	支持

资料来源：笔者整理。

第八章　相关命题的再验证与数字化转型的作用探讨

2020年年初，一场突如其来的疫情冲乱了春节的喜庆气氛，也打乱了我国经济发展的脚步，使2020年第一季度GDP同比下降6.8%[①]。这场疫情不仅对我国，也对全球经济产生了重大影响。根据国际货币基金组织（IMF）的数据，2020年全年，全球GDP下降3.3%，是自第二次世界大战以来的最大降幅，其中，发达国家的GDP下降3.7%，而发展中国家的GDP下降2.5%。疫情导致全球供应链中断，世界贸易组织（WTO）公布，2020年全球货物贸易量下降了9.1%，制造业的产出下降11%。疫情从营业收入、就业岗位、经营成本、供应链和融资难度等多方面给我国企业尤其是中小企业带来重大影响和挑战。根据国家统计局的数据，2020年第一季度我国中小企业亏损面达到30.1%，同期扩大了5.3个百分点，疫情更导致中小企业的订单量大幅下降，大约有60%的中小企业订单减少，其中近一半的企业订单下降了50%以上。

图8.2反映了2018~2022年我国每季度GDP总量与三产业GDP变化情况。从该折线图不难看出，在2020年第一季度，我国第一次出现经济负增长，究其根源，毫无疑问是当时席卷全国的新冠疫情。我国三大产业在疫情的多方面影响下发生了不同程度的下滑，尤其是第二产业遭到了空前的严重打击。由于工厂被迫关闭和国内外供应链的中断，许多企业无法恢复正常生产，生产线停滞，订单减少，同时，出口市场的萎缩也对制造业产生了不小的压力。为此，我国政府也出台了一系列扶持

① 资料来源：安树伟，黄艳．突发公共卫生事件对区域经济韧性的影响机制与应对：来自中国新冠病毒感染疫情的证据［J］．中国软科学，2024（01）：76-85.

政策来稳定制造业，尤其加大了对企业数字化转型的支持力度。随着疫情得到有效控制和国内市场需求逐步恢复，制造业正在逐渐恢复正常运营。

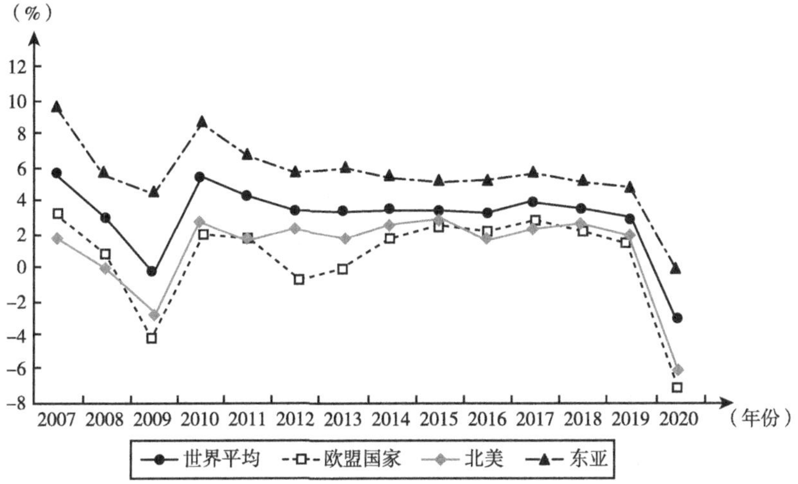

图8.1　疫情爆发年（2020年）与爆发前的全球GDP增长率对比

资料来源：2020年博鳌亚洲论坛报告《疫情与变化的世界》。

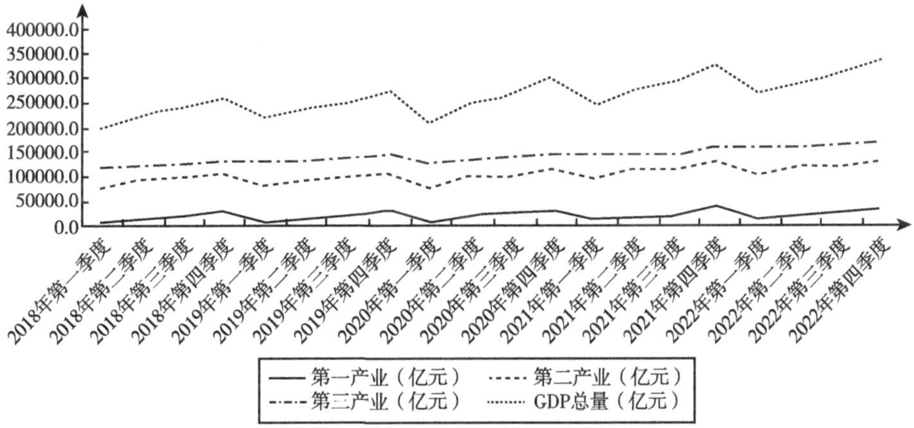

图8.2　2018~2022年我国每季度总GDP与三产业GDP变化情况明细

资料来源：根据国家统计局数据自行绘制。

许多人将新冠疫情视为“黑天鹅”事件以形容其造成的巨大社会、经济影响和高度不确定性，无论如何，其对企业带来的挑战至今犹在，随着全球进入后疫情时代，学者、业界专家开始陆续探讨新的经济机遇、企业发展策略。本书的主要研究结论及相关发现是否在后疫情时代的今天仍然适用？本章即回应这一问题，主要思路是利用最新数据验证先前的主要命题，若相关命题依然通过检验，则意味着本书的研究结论具有可靠性，相关发现对于后疫情时代的企业具有参考价值。

在此次新冠疫情期间，数字经济作为国民经济“稳定器”的作用尤为凸显，根据中国信息通信研究院发布的《中国数字经济发展白皮书》，2020年，在我国GDP增速明显放缓的情况下，数字经济在逆势中加速发展，保持9.7%的高速增长，是同期GDP名义增速的3.2倍多，占GDP比重为38.6%；2021年，我国数字经济发展继续取得突破，数字经济规模达到45.5万亿元，同比名义增长16.2%，高于同期 GDP 名义增速3.4个百分点，占GDP比重达到39.8%，数字经济对国民经济的支撑作用明显，面对疫情表现出强大的韧劲。在疫情期间，数字化成为企业乃至社会应对危机的重要手段，如许多企业利用钉钉、腾讯会议、飞书等远程办公平台有效解决了工作协同问题，更有企业通过“无人工厂”“无人车间”确保生产的正常运行。学界研究表明，数字化转型对于提升企业韧性具有积极作用，可以帮助企业缓冲疫情带来的冲击甚至实现“转危为机”（单宇等，2021）。相比数字化转型程度低的企业，数字化转型程度高的企业所遭受的疫情负面影响更小（张卿和邓石军，2023）。根据相关研究，数字化转型提升企业韧性的原因包括：缓解现金流压力、提升运营效率（张卿和邓石军，2023），增加工作灵活性，打破时间和地理空间对企业经营活动的限制，智能化生产等（胡海峰和宋肖肖，2022）。因此，本章将数字化转型作为一个重要变量纳入研究框架，一是考察数字化转型对期权型资源配置的“加持”作用，二是考察数字化转型对企业创新的影响。

第一节　研究设计与数据收集

一、问卷设计与数据收集

采取问卷调查方式收集研究所需数据，问卷在前一期基础上增加了关于企业数字化转型程度的量表，因为相关事例说明数字化程度高的企业更能抵御疫情的冲击，研究也表明数字化转型能提升企业韧性（张卿和邓石军，2023）。研究团队充分利用依托单位资源及校友资源，借助校友会的桥梁作用联系调研企业。在选取样本企业时我们尽量保证：样本间有一定的行业差异性，样本分布地域有一定的差异性。对便于现场调研的企业，采取线下问卷发放的形式，对距离较远、不便前往的企业采取线上发放形式（通过问卷星制作问卷）。问卷填写对象为企业的中高层管理者，包括CEO、总经理、副总经理等以及了解本企业创新情况的中层管理者，如总工程师、技术部门或产品部门的主管。为提高数据信度，在问卷中设置反向测试题，研究团队对回收问卷进行一一审核，对反向测试题与正向测试题评分相同或相近者和出现缺失项者做无效问卷处理。为降低共同方法偏差以及更严谨地检验因果关系，调研问卷分为两阶段发放：第一批问卷发放时间为2023年3月至4月，共发放235份，要求填写者汇报企业基本情况（规模、经营时间、所在行业、企业性质等），并对企业的资源配置机制、所处环境以及数字化进展作出评价，此阶段共回收178份有效问卷；第二批问卷发放时间为2023年10月至11月，由填写者对企业的创新绩效、探索式创新水平、竞争优势进行评价。研究团队最终收回138份有效问卷，问卷有效回收率为58.7%。无效原因包括填写时间过短、反向题回答矛盾。此外，为保证数据真实性，利用天眼查、企查查核对企业基本信息，对与基本信息有不一致之处的样本予以剔除。

二、变量测量

本章主要验证期权型资源配置对企业创新（创新绩效、探索式创新）的影响，并分析数字化转型在其中所发挥的作用。所涉及变量包括期权型资源配置、创新绩效、探索式创新、环境不确定性、数字化转型。对期权型资源配置、创新绩效、探索式创新、环境不确定性的测量见本书第四章，综合参考卢艳秋等（2021）、余菲菲等（2022）的研究量表，利用以下四个题项测量企业的数字化转型水平：本公司运用数字化技术进行商业运作、本公司通过整合数字化技术改变了业务流程、本公司利用数字化技术改进了产品和服务、本公司利用数字化技术实现价值创造。这四个题项分别从商业运作、业务流程、产品改进、价值创造四个方面衡量企业的数字化转型水平。

选取规模、年龄、创新投入、所在行业等四个企业属性作为控制变量。依照《工业和信息化部、国家统计局、国家发展和改革委员会、财政部关于印发中小企业划型标准规定的通知》中所提出的企业规模划分标准将企业划分为大型企业和中小型企业，大型企业“规模”的取值为1，中小型企业“规模”的取值为0。将是否为成熟企业（0、1变量）作为企业年龄的测量指标，参考Guclu等（2017）的研究，将成立时间在10年以内的样本作为创业企业，此类样本处于新创或成长阶段，将成立时间在10年以上的样本作为成熟企业，一般来说，后者所拥有的资源越充裕，经验越丰富，抗风险性越强。创新投入依然通过“过去三年的产品研发支出占公司总销售收入的比重”进行测量。行业为“0，1”变量，对于所属行业为计算机行业的样本企业，行业变量取值为1，其他样本企业行业变量取值为0。

三、描述性统计

样本企业基本信息如表8.1所示，在被调研企业中，中小企业占比高于大型企业，约71%，样本所在行业主要为制造业，其中，计算机相关行业（包括计算机设备与软件服务业）的企业占据总样本的33%，成熟企业占比超过创业企业约71.7%。从地域分布看，天津和河南两地企业占比较大。

表8.1　　样本基本信息

样本特征变量		数量(家)	百分比(%)	样本特征变量		数量(家)	百分比(%)
规模	大型	40	29.0	年龄	5年以下	18	13.0
	中型	41	29.7		6~10年	21	15.2
	小型	57	41.3		10年以上	99	71.7
行业分布	电气机械、仪表、器材制造业	11	8.0	所在省份	安徽	1	0.7
	纺织、服装	2	1.4		北京	8	5.8
	计算机、通信和其他电子设备制造业	29	21.0		福建	1	0.7
	计算机服务和软件行业	18	13.0		广东	15	10.9
	金属、非金属制品	5	3.6		海南	1	0.7
	设备制造业	28	20.3		河南	30	21.7
	石油、化学与化工	6	4.3		江苏	4	2.9
	食品	14	10.1		山东	7	5.1
	文体和娱乐用品制造	4	2.9		上海	14	10.1
	医药、生物制品	12	8.7		天津	44	31.9
	其他制造业	9	6.5		浙江	6	4.3
					重庆	7	5.1

资料来源：笔者根据调研数据自行整理而成。

对主要变量进行描述性统计，统计结果如表8.2所示。表8.2展示了各变量的最小值、最大值、平均值与标准差，有助于我们对研究变量的情况进行初步的了解和把握。根据表8.2，此次调研企业样本期权型资源配置平均值为0.29，说明有大约29%的样本企业采取了该种资源配置方式。环境不确定性平均值接近3.6，说明样本企业普遍认为自身所处环境具有较高的不确定性，数字化转型水平的平均值为3.58，说明样本企业普遍开展了数字化转型。

表8.2　　本章各主要变量的描述性统计

变量名称	最小值	最大值	平均值	标准差
创新绩效	1.80	5.00	3.50	0.76
探索式创新	1.50	5.00	3.35	0.80
竞争优势	1.20	5.00	3.43	0.81
资源配置宽度	1.00	5.00	3.57	1.03
渐进性	0.00	1.00	0.81	0.39
低初始承诺	1.00	5.00	3.52	0.78
资源再分配	0.00	1.00	0.51	0.50
选择性机制	0.00	1.00	0.38	0.49
期权型资源配置	0.00	1.00	0.29	0.46
环境不确定性	1.86	5.00	3.56	0.70
数字化转型	1.75	5.00	3.58	0.75

资料来源：笔者根据有效问卷的信息自行统计并整理。

四、信度与效度检验

结合研究数据进行信度与效度检验。首先，对所有变量执行Harman单因子检验，未提取出总方差解释率超过50%的因子，表明本章研究不存在严重的共同方法偏差问题。在表8.3中，各变量的Cronbach's α系数和校正的项总计相关性均明显高于要求值，表明本章研究的信度良好。环境不确定性量表中的题项“近三年中行业整体销售额的波动很大”虽然出现删除后的克朗巴哈系数值比量表总体克朗巴哈系数值略小的情况，但考虑两者的差距并不大且标准化因子载荷系数接近0.5，综合考虑，保留该题项。低初始承诺由于量表包含3个题项，因此出现其中一个题项标准化因子载荷为1的情况。从表8.3中的标准化因子载荷来看，绝大多数题项均大于0.5（题项“近三年中行业整体销售额的波动很大”接近0.5），表8.4反映了本章各变量测量模型拟合效果，从各指标看，本章变量测量模型的拟合度达标，因此，综合以上分析，本章研究具有较好的信度和效度。

表8.3　信度检验结果

变量	题项	校正的项总计相关性	删除项后的Cronbach's α值	Cronbach's α值	标准化因子载荷
创新绩效	1. 推出新产品的速度高于行业平均水平	0.834	0.902	0.925	0.877
	2. 推出新产品的数量高于行业平均水平	0.793	0.911		0.840
	3. 与主要竞争对手相比，推出的新产品能获得较高的顾客满意度	0.813	0.907		0.853
	4. 推出的新产品能给企业带来令人满意的销售收入	0.800	0.909		0.833
	5. 推出的新产品对企业整体的销售额与利润额有较大的贡献	0.786	0.911		0.820
探索式创新	1. 与主要竞争对手相比，开发、销售更多超出现有产品范畴的新产品	0.643	0.813	0.841	0.724
	2. 与主要竞争对手相比，更多地尝试开拓尚无营销及服务经验的市场与顾客群	0.751	0.765		0.866
	3. 主动尝试运用尚不成熟的新技术	0.647	0.812		0.693
	4. 能从行业外吸收产品创意或技术解决方案	0.664	0.804		0.740

续表

变量	题项	校正的项总计相关性	删除项后的Cronbach's α值	Cronbach's α值	标准化因子载荷
竞争优势	1.市场份额增长速度高于行业平均水平	0.739	0.929	0.931	0.764
	2.与主要竞争对手相比，顾客满意度更高	0.808	0.917		0.835
	3.总利润高于行业平均水平	0.838	0.911		0.871
	4.销售收入高于主要竞争对手	0.840	0.911		0.886
	5.总体来看，比主要的竞争对手更成功	0.869	0.905		0.915
环境不确定性	1.顾客偏好的变化很快	0.734	0.833	0.865	0.824
	2.顾客需求的变化不易被把握	0.683	0.840		0.773
	3.产品更新速度越来越快	0.710	0.836		0.739
	4.近三年中行业整体销售额的波动很大	0.452	0.870		0.477
	5.技术变革的速度非常快	0.587	0.853		0.636
	6.面临大量来自行业外的竞争者	0.621	0.849		0.660
	7.竞争者的行为很难预测	0.682	0.841		0.731
低初始承诺	1.很少有产品创新项目在一开始就能获得发展所需的全部资源	0.613	0.819	0.823	0.602
	2.各产品创新项目都要为获得资源展开竞争	0.744	0.687		1.000
	3.各产品创新项目在下一阶段获得资源的关键在于现阶段取得良好的市场反馈	0.686	0.749		0.697
数字化转型	1.本公司运用数字化技术进行商业运作	0.739	0.839	0.876	0.792
	2.本公司通过整合数字化技术改变了业务流程	0.769	0.827		0.847
	3.本公司利用数字化技术改进了产品和服务	0.746	0.836		0.824
	4.本公司利用数字化技术实现价值创造	0.684	0.860		0.733

资料来源：笔者根据所得数据自行整理而成。

表8.4　　本章测量模型拟合度情况

测量指标	χ^2/df	RMR	NFI	CFI	IFI	GFI
标准取值	＜5	＜0.05	＞0.90	＞0.90	＞0.90	＞0.90
竞争优势	1.476	0.012	0.987	0.996	0.996	0.978
创新绩效	1.874	0.011	0.986	0.993	0.994	0.979
环境不确定性	1.96	0.032	0.946	0.972	0.957	0.973
低初始承诺	4.583	0.033	0.971	0.977	0.977	0.979
数字化转型	3.67	0.020	0.974	0.981	0.981	0.975

资料来源：使用AMOS软件对所得数据自行分析、整理而成。

第二节　验证性分析

由于本书第五章已详细推导期权型资源配置影响企业创新（创新绩效、探索式创新）的相关命题，本节不再重复，详情可参考第五章[①]。

一、验证性分析的模型构建

（一）期权型资源配置对创新绩效的影响

模型1、模型2分别反映资源配置宽度对企业创新绩效的影响以及创新绩效、资源配置宽度与环境不确定性三者间的关系：

模型1：$IP=\alpha_0+\beta_{11}Scale+\beta_{12}Age+\beta_{13}Input+\beta_{14}Industry+\beta_{15}Breadth+\varepsilon$；

模型2：$IP=\alpha'_0+\beta_{21}Scale+\beta_{22}Age+\beta_{23}Input+\beta_{24}Industry+\beta_{25}Breadth+\beta_{26}Uncertainty+\beta_{27}Z_{Bread}\times Z_{Uncertainty}+\varepsilon$。

在上述模型中，IP为创新绩效，Scale为企业规模，Age为企业年龄，Input为创新投入，Industry为企业所属行业，Breadth代表资源配置宽度，

① 根据本书图3.1所提出的期权型资源配置模型，期权型资源配置由资源配置宽度和选择性机制两个维度组成，因此，本章主要从资源配置宽度和选择性机制两个维度验证期权型资源配置对创新绩效的影响，同时，也为了精简篇幅。

Uncertainty代表环境不确定性。模型2中乘积项$Z_{Bread} \times Z_{Uncertainty}$的系数$\beta'_{17}$揭示环境不确定性的调节作用，$Z_{Bread}$和$Z_{Uncertainty}$分别代表资源配置宽度和环境不确定性的标准化取值。

模型3、模型4分别反映选择性机制对企业创新绩效的影响以及创新绩效、选择性机制与环境不确定性三者间的关系：

模型3：$IP=\alpha_0+\beta_{31}Scale+\beta_{32}Age+\beta_{33}Input+\beta_{34}Industry+\beta_{35}SM+\varepsilon$；

模型4：$IP=\alpha_0+\beta_{41}Scale+\beta_{42}Age+\beta_{43}Input+\beta_{44}Industry+\beta_{45}SM+\beta_{46}Uncertainty+\beta_{47}Z_{SM} \times Z_{Uncertainty}+\varepsilon$。

在上述模型中，SM代表选择性机制（Selective Mechanism），其余控制变量与模型1、模型2相同。模型2中乘积项系数β'_{37}揭示环境不确定性对选择性机制与创新绩效关系的调节作用。

模型5、模型6反映期权型资源配置对企业创新绩效的影响以及创新绩效、期权型资源配置机制与环境不确定性三者间的关系：

模型5：$IP=\alpha_0+\beta_{51}Scale+\beta_{52}Age+\beta_{53}Input+\beta_{54}Industry+\beta_{55}ORA+\varepsilon$；

模型6：$IP=\alpha_0+\beta_{61}Scale+\beta_{62}Age+\beta_{63}Input+\beta_{64}Industry+\beta_{65}ORA+\beta_{66}Uncertainty+\beta_{67}Z_{ORA} \times Z_{Uncertainty}+\varepsilon$。

在上述模型中，ORA代表期权型资源配置（Option Resource Allocation），其余变量与前述模型相同。模型2中乘积项系数β'_{67}揭示环境不确定性对期权型资源配置与创新绩效关系的调节作用。

以上模型分别检验第五章所提出的假设H1a、H1e和H1。

（二）期权型资源配置对探索式创新的影响

模型7、模型8、模型9分别代表资源配置宽度、选择性机制、期权型资源配置与探索式创新的关系：

模型7：$ER=\alpha_0+\beta_{71}Scale+\beta_{72}Age+\beta_{73}Input+\beta_{74}Industry+\beta_{75}Breadth+\varepsilon$；

模型8：$ER=\alpha_0+\beta_{81}Scale+\beta_{82}Age+\beta_{83}Input+\beta_{84}Industry+\beta_{85}SM+\varepsilon$；

模型9：$ER=\alpha_0+\beta_{91}Scale+\beta_{92}Age+\beta_{93}Input+\beta_{94}Industry+\beta_{95}ORA+\varepsilon$。

上述模型分别检验第五章所提出的假设H2a、H2b、H2。

（三）机会识别与机会开发的中介作用

模型10、模型11表示期权型资源配置对机会识别和机会开发的影响：

模型10：$OI=\alpha_0+\beta_{101}Scale+\beta_{102}Age+\beta_{103}Input+\beta_{104}Industry+\beta_{105}ORA+\varepsilon$；

模型11：$OE=\alpha_0+\beta_{111}Scale+\beta_{112}Age+\beta_{113}Input+\beta_{114}Industry+\beta_{115}ORA+\varepsilon$。

OI为机会识别（Opportunity Identification），OE为机会开发（Opportunity Exploitation）。模型10、模型11分别用于检验本书第六章提出的命题H3a、H3b。

模型12、模型13分别用于衡量机会识别、机会开发在“期权型资源配置→创新绩效”路径中的中介作用（对应假设H3e和H3f）：

模型12：$IP=\alpha_0+\beta_{121}Scale+\beta_{122}Age+\beta_{123}Input+\beta_{124}Industry+\beta_{125}ORA+\beta_{126}OI+\varepsilon$；

模型13：$IP=\alpha_0+\beta_{131}Scale+\beta_{132}Age+\beta_{133}Input+\beta_{134}Industry+\beta_{135}ORA+\beta_{136}OE+\varepsilon$。

（四）期权型资源配置对企业竞争优势的影响

模型14衡量期权型资源配置对企业竞争优势的直接影响，模型15反映环境不确定性对上述关系的调节效应：

模型14：$CA=\alpha_0+\beta_{141}Scale+\beta_{142}Age+\beta_{143}Input+\beta_{144}Industry+\beta_{145}ORA+\varepsilon$；

模型15：$CA=\alpha_0+\beta_{151}Scale+\beta_{152}Age+\beta_{153}Input+\beta_{154}Industry+\beta_{155}ORA+\beta_{156}Uncertainty+\beta_{157}Z_{ORA}\times Z_{Uncertainty}+\varepsilon$。

模型16、模型17分别用于衡量探索式创新、创新绩效在“期权型资源配置→企业竞争优势”路径上的中介作用：

模型16：$CA=\alpha_0+\beta_{161}Scale+\beta_{162}Age+\beta_{163}Input+\beta_{164}Industry+\beta_{165}ORA+\beta_{166}ER+\varepsilon$；

模型17：$CA=\alpha_0+\beta_{171}Scale+\beta_{172}Age+\beta_{173}Input+\beta_{174}Industry+\beta_{175}ORA+\beta_{176}IP+\varepsilon$。

二、实证分析与结果汇报

首先，对多重共线性问题、序列相关性问题和异方差等三大问题进行检验，各回归模型中的VIF（方差膨胀因子）值都大于1且小于10，说明模型不存在多重共线性问题；其次，德宾—沃森值（即DW值）都接近2，说明模型也不存在序列相关的问题；最后，在每次进行回归分析时所绘制的残差散点图中散点呈现出均匀、无序的分布（本章不再逐一展示），说明模型也不存在异方差的问题。

（一）期权型资源配置对创新绩效的影响再检验

首先，检验期权型资源配置对创新绩效的影响，对应模型1至模型6，检验结果如表8.5所示，根据模型1分析结果，资源配置宽度对企业创新绩效的影响显著且为正（$\beta=0.742$，$P<0.001$）；模型2的结果显示，环境不确定性与资源配置宽度的交互项$Z_{Bread}\times Z_{Uncertainty}$的系数显著为正（$\beta=0.124$，$P<0.05$），说明环境不确定性对资源配置宽度与企业创新绩效的积极关系起正向调节作用，书中第五章所提假设H1a得到再验证。其次，模型3分析结果表明，选择性机制对企业创新绩效的作用显著且为正（$\beta=0.392$，$P<0.001$）；模型4的分析结果显示，环境不确定性与选择性机制的交互项$Z_{SM}\times Z_{Uncertainty}$的系数显著为正（$\beta=0.264$，$P<0.05$），说明环境不确定性对选择性机制与企业创新绩效的积极关系起正向调节作用，书中第五章所提假设H1e得到再验证。最后，模型5、模型6反映了本书第五章所提命题H1，即期权型资源配置总体水平对创新绩效的影响，所谓“期权型资源配置”是指企业同时具有较高的资源配置宽度和资源分配的选择性机制，为“0、1”型变量，根据模型5的分析结果，期权型资源配置对企业创新绩效的影响显著为正（$\beta=0.548$，$P<0.001$），模型6的分析结果显示，环境不确定性与期权型资源配置交互项$Z_{ORA}\times Z_{Uncertainty}$的系数显著为正（$\beta=0.169$，$P<0.05$），说明环境不确定性对期权型资源配置与企业创新绩效的积极关系起正向调节作用，第五章所提假设H1得到再验证。

表 8.5　　　　　　期权型资源配置对创新绩效的影响检验结果

变量	因变量：创新绩效					
	模型1	模型2	模型3	模型4	模型5	模型6
Scale	0.134*	0.080	0.134	0.067	0.091	0.046
Age	–0.050	–0.041	0.149	0.166*	0.146*	0.145*
Input	0.032	0.015	0.200*	0.157*	0.133	0.124
Industry	–0.040	–0.068	0.029	0.008	–0.008	–0.028
Breadth	0.742***	0.707***				
SM			0.392***	0.370***		
ORA					0.548***	0.492***
Uncertainty		0.124*		0.108		0.084
$Z_{Breadth} \times Z_{Uncertainty}$						
$Z_{SM} \times Z_{Uncertainty}$				0.264***		
$Z_{ORA} \times Z_{Uncertainty}$						0.169*
R^2	0.609	0.641	0.299	0.383	0.417	0.449
调整后 R^2	0.594	0.622	0.273	0.350	0.395	0.420
F	41.048***	33.140***	11.266***	11.550***	18.893***	15.146***

资料来源：使用SPSS软件对所得数据自行分析、整理而成。

（二）期权型资源配置对探索式创新的影响再检验

检验期权型资源配置对探索式创新的影响，对应模型7、模型8、模型9，检验结果如表8.6所示，根据回归分析的结果，资源配置宽度、选择性机制以及期权型资源配置对探索式创新的影响显著且为正（β=0.560，P＜0.001；β=0.288，P＜0.001；β=0.377，P＜0.001），本书第五章所提假设H2a、H2b和H2得到再验证。

（三）机会识别与机会开发中介作用的再验证

根据模型10、模型11的数据分析结果，期权型资源配置对机会识别和机会开发的影响显著为正（β=0.515，P＜0.001；β=0.414，P＜0.001），第六章提出的命题H3a、H3b得到再验证。对比模型5与模型12的分析结果可以判断机会识别是否起中介作用，结果显示，相比模型5，模型12中期权型资源配置对创新绩效的影响明显变弱，不仅标准化系数从0.548降至0.083，显著性水平也从$P<0.001$降至$P<0.05$，同时，模型12中机会识别（OI）对创新绩效的影响显著，说明机会识别在“期权型资源配置→创新绩效”路径上起部分中介作用。同时，相比模型5，模型13中期权型资源配置的标准化回归系数虽然降低，但显著性水平并未改变，这里使用Bootstrap法对机会开发的中介效应进行再检验，根据检验结果，机会开发间接效应95%水平上的置信区间为（0.3328，0.6882），不包含0，说明机会开发对“期权型资源配置→创新绩效”路径的中介作用成立，因此第六章提出的假设H3e和H3f得到再验证。

表8.6 期权型资源配置与探索式创新、机会识别和开发、创新绩效的回归结果

变量	探索式创新			机会识别	机会开发	创新绩效	
	模型7	模型8	模型9	模型10	模型11	模型12	模型13
Scale	0.126	0.127	0.101	0.069	0.084	0.029	0.041
Age	−0.008	0.141	0.137	0.187*	0.098	−0.023	0.088
Input	0.155*	0.282**	0.239**	0.194*	0.143	−0.042	0.048
Industry	0.002	0.054	0.029	−0.013	0.040	0.003	−0.032
Breadth	0.560***						
SM		0.288***					
ORA			0.377***	0.515***	0.414***	0.083*	0.300***
OI						0.903***	
OE							0.598***
R^2	0.450	0.270	0.316	0.418	0.273	0.891	0.677
调整后R^2	0.430	0.243	0.291	0.396	0.245	0.886	0.663
F	21.630***	9.773***	12.220***	18.966***	9.898***	179.298***	45.836***

资料来源：使用SPSS软件对所得数据自行分析、整理而成。

（四）期权型资源配置对企业竞争优势影响的再验证

模型14衡量期权型资源配置对企业竞争优势的直接影响，模型15反映环境不确定性对上述关系的调节效应：

模型14：$CA=\alpha_0+\beta_{141}Scale+\beta_{142}Age+\beta_{143}Input+\beta_{144}Industry+\beta_{145}ORA+\varepsilon$；

模型15：$CA=\alpha_0+\beta_{151}Scale+\beta_{152}Age+\beta_{153}Input+\beta_{154}Industry+\beta_{155}ORA+\beta_{156}Uncertainty+\beta_{157}Z_{ORA}\times Z_{Uncertainty}+\varepsilon$。

模型16、模型17分别用于衡量探索式创新、创新绩效在“期权型资源配置→企业竞争优势”路径上的中介作用：

模型16：$CA=\alpha_0+\beta_{161}Scale+\beta_{162}Age+\beta_{163}Input+\beta_{164}Industry+\beta_{165}ORA+\beta_{166}ER+\varepsilon$；

模型17：$CA=\alpha_0+\beta_{171}Scale+\beta_{172}Age+\beta_{173}Input+\beta_{174}Industry+\beta_{175}ORA+\beta_{176}IP+\varepsilon$。

根据表8.7中模型14、模型15的分析结果，期权型资源配置对企业竞争优势的影响显著为正（$\beta=0.441$，$P<0.001$），环境不确定性在期权型资源配置与竞争优势的积极关系间发挥正向调节作用。另外，与模型14相比，模型16、模型17中期权型资源配置标准化回归系数的显著性水平降低，说明探索式创新、创新绩效在期权型资源配置与竞争优势之间起中介作用。因此，本书第七章所提主要命题H4a、H4b、H4d、H4f得到再验证。

表8.7　　　　期权型资源配置与企业竞争优势的分析结果

变量	因变量：企业竞争优势			
	模型14	模型15	模型16	模型17
Scale	0.176*	0.145	0.125	0.106
Age	0.146	0.139	0.076	0.033
Input	0.038	0.040	−0.083	−0.065
Industry	0.018	0.050	0.003	0.024
ORA	0.441***	0.411***	0.250**	0.018
Uncertainty		−0.088		
$Z_{ORA}\times Z_{Uncertainty}$		0.210**		
ER			0.507***	
IP				0.773***
R^2	0.306	0.349	0.482	0.654
调整后 R^2	0.280	0.314	0.458	0.638
F	11.650***	9.961***	20.308***	41.295***

资料来源：使用SPSS软件对所得数据自行分析、整理而成。

三、再验证结果汇总

本节使用疫情后的新调研数据对本书相关主要命题进行再验证，验证结果总结如表8.8所示。可见，本书提出的主要观点具有稳健性，在后疫情时代，期权型资源配置依然能有效推动企业创新、提升企业竞争优势。

表8.8　再验证结果汇总表

命题编号	命题内容	所在章节	再验证结果
H1a	资源配置宽度对企业的产品创新绩效有显著正向影响，且这种影响随着环境不确定性的增加而变强	第五章	支持
H1e	选择性机制对企业的产品创新绩效有显著正向影响，且这种影响随着环境不确定性的增加而变强	第五章	支持
H1	期权型资源配置方式可以提升企业的产品创新绩效，且环境不确定性正向调节上述关系	第五章	支持
H2a	资源配置宽度对探索式创新有显著正向影响	第五章	支持
H2b	选择性机制对探索式创新有显著正向影响	第五章	支持
H2	期权型资源配置方式促进企业的探索式创新	第五章	支持
H3a	期权型资源配置能促进企业的机会识别	第六章	支持
H3b	期权型资源配置能促进企业的机会开发	第六章	支持
H3e	机会识别在“期权型资源配置→创新绩效”路径中发挥中介作用	第六章	支持
H3f	机会开发在“期权型资源配置→创新绩效”路径中发挥中介作用	第六章	支持
H4a	期权型资源配置对企业竞争优势有积极作用	第七章	支持
H4b	环境不确定性正向调节期权型资源配置对企业竞争优势有积极作用	第七章	支持
H4d	探索式创新在期权型资源配置影响竞争优势的过程中发挥中介作用	第七章	支持
H4f	创新绩效在期权型资源配置与竞争优势关系间起中介作用	第七章	支持

资料来源：使用SPSS软件对所得数据自行分析、整理而成。

第三节　数字化转型的作用探讨

一、理论分析与模型构建

（一）数字化转型的内涵

现有研究学者大多从技术与组织视角解读企业的数字化转型，表8.9总结了国内外代表学者对于数字转型的解释，从技术应用视角来看，数字化转型是企业利用数字技术改进现有业务从而提升组织智能化程度；基于组织变革视角，企业数字化转型是在数字化情境下打破原有组织惯性，在获取数字化转型知识与资源之后重新分配并整合，进行内部的重构和更新并引发结构的变化，从而适应市场并维持数字化持续竞争力。由此可见，学术界对数字化转型的定义及其涵盖范围还缺乏共识。虽然学者们基于不同的研究情境对数字化转型的概念进行了界定，但不外乎是从主体、手段、范围、预期结果等四个方面进行的（Vial，2019）。基于这一思路并结合有关文献，本书认为，数字化转型是数字技术的应用加以战略的转变，数字化转型所涉及的范围包括产品和服务、业务流程、商业运作，其目标是实现价值创造。

表8.9　数字化转型的内涵

视角	作者	数字化转型的内涵	本质
技术应用	Berman（2012）	数字技术从根本上改变组织与顾客互动的方式并带来更高的协作效率	数字技术渗透服务企业的转型目标
	Fitzgerald等（2014）	组织利用移动、分析或嵌入式设备的转换升级来改进重大业务结构，以实现数字化转型，通过新兴技术手段获取终端数据、创建新业务模式并推动技术设施框架转化为竞争优势	
	Ebert and Duarte（2018）	数字化转型是以数字化技术应用为主导减少企业不必要的劳动支出	
	Westerman等（2020）	依靠数字技术应用在生产制造阶段以提升产品的产出效率和质量	

续表

视角	作者	数字化转型的内涵	本质
组织变革	Hess等（2016）	为应对复杂多变的数字环境特征淘汰现阶段不适用的商业模式，更新相应组织设置与组织目标	数字化转型中资源的再利用分配
	Vial（2019）	在数字化情境下突破原有组织惯性，重新分配资源并实现组织“数字化”重构	
	戚聿东和肖旭（2020）	组织在变革过程中不断深化学习成果，将自身结构嵌入到更“扁平化”的框架中，减少沟通冗余、加快协作效率并形成风险控制机制	
	刘洋等（2020）	组织资源的数据化驱动进一步给组织带来转型支撑的相关动力并衍生出产品、模式、业态、组织等一系列创新	

资料来源：根据相关文献整理。

（二）数字化转型对创新影响的理论分析

数字技术对当今竞争激烈的商业环境产生了重大影响（Shen et al.，2021），在数字经济背景下，数字化已经成为企业打造核心竞争力的重要途径（张吉昌等，2022）。这种对竞争力的打造源于数字化对创新的影响，Ferreira等（2019）研究发现企业正在进行的数字化转型程度越高，它们就越能创新。从技术层面看，Lee（2021）认为智能制造信息系统的使用有益于数字化企业创新；王梦菲和张昕蔚（2020）指出，数字化技术使企业更具柔性，从而提升了创新过程异质性程度；Lorenzo等（2021）认为，数字技术的广泛应用能够更好地利用企业的资源，从而提升企业创新绩效。数字技术的嵌入有助于缩短研发周期，促进企业内部研发效率与研发能力的提升（郭海等，2019），实现企业高质量、高效率的创新发展（陈凯华等，2020）。数字化转型和创新在各个层面都有紧密的关联（Appio et al.，2021），影响企业创新的每个阶段（Barrett et al.，2015），并且改变了企业创新能力和创新活动的性质（Sabine et al.，2018）。例如，数字化转型显著改变企业和消费者之间以及企业之间互动的方式（Yadav and Pavlou，2014），并且引发资源的重新配置（王永贵等，2021）。

关于数字化转型促进企业创新的机制和条件，一些学者也进行了研究，如企业数字化转型通过降低企业交易成本、缓解融资约束，促进人力资本升级和获取政府政策扶持，进而提高了企业创新能力和创新效率（范红忠等，2022；周红星等，2023；宋加山等，2023），政府补贴有助于强化企业数字化转型对创新的促进作用（范德成等，2022）。戚聿东等（2020）指出，数字化战略变革通过学习、创新、整合、协作等机制有效提升企业的技术创新能力。杨洁等（2022）认为，数字化转型对企业创新的促进作用主要通过提高管理效率、信息透明度、风险承担水平和优化人力资本结构来实现。企业只有通过建立与数字技术与要素相适应的组织架构与流程，避免原有模式的惯性阻碍，才能实现创新价值（Baesens et al.，2016）。总体来看，学者们开始越来越关注数字化转型和企业创新之间的关系（Hanelt et al.，2020），并且大多认可数字化转型对企业创新所发挥的积极作用。

除了对期权型资源配置具有加持作用外，数字化转型还会直接影响企业创新绩效，其原因有以下几点：其一，数字化转型使企业能够收集、存储和分析大量的数据。通过深入了解客户、市场和业务运营等方面的数据，企业可以更准确地理解市场需求，从而推动创新方案与市场需求的匹配度。其二，数字化转型使得产品开发的周期缩短。使用数字技术，企业可以更迅速地进行原型设计、模拟测试和产品优化，这有助于更快地将新产品或服务推向市场，提高企业创新的速度和效率，而通过数字模拟和测试，企业还可以更早地发现问题、优化方案，降低实际创新过程中的风险和成本。其三，数字化转型有助于改善客户体验。通过数字渠道与客户互动，企业可以更好地了解客户需求，提供个性化的服务和产品。其四，数字化平台促进了内外部的协同创新。借助数字化平台，员工可以更容易地共享信息、想法和资源，同时企业也能更便利地与合作伙伴、供应商和客户合作，这种协同作用有助于集聚资源，推动创新。其五，借助于数字平台，企业可以将新产品推向更为广阔的市场从而提升新产品销量。因此，提出本章第一个研究命题：

数字化转型对创新绩效具有积极的影响（H5a）。

目前，数字化转型对探索式创新的促进作用得到一些研究支持。例如，姜英兵等（2022）的实证研究就发现，数字化转型能够显著提高企业探索式创新和开发式创新的投入水平，但对探索式创新投入的提升作用更大。数字化转型之所以能促进企业探索式创新，原因主要有以下几点：首先，数字化转型通常需要企业调整组织架构、流程和管理方式，以适应新的数字技术和业务模式，这种组织变革可以打破传统思维定式，推动企业探索式创新。蒋峦等（2022）的研究就表明，企业使用数字化技术融入生产经营中，长期来看会打破旧的商业逻辑，导致现有业务、结构、模式的变革和重塑，从而促进探索式创新（蒋峦等，2022）。其次，从知识层面看，数字化转型打破了组织认知惯性，引发新的思维逻辑，还拓展了企业的知识边界，通过引入更多外部知识促进新颖想法的重组、异质性知识的动态协同，这些也都有助于探索式创新的产生（董瑶等，2023）。基于上述分析，此处提出本章第二个研究命题：

数字化转型能促进企业探索式创新（H5b）。

（三）数字化转型对期权型资源配置的加持作用

根据本次调研数据，实施期权型资源配置企业（简称“期权组”）的数字化转型水平高于未实施期权型资源配置的企业（简称“非期权组”），前者数字化转型均值为4.0，后者为3.4，两者对比如图8.3所示。对两组企业的数字化转型得分进行独立双样本t检验，结果表明，两组样本企业的数字化转型水平存在显著差异，且期权组显著高于非期权组（$t=4.648$，$P<0.001$）。

期权型资源配置与数字化转型水平高度相关，其重要原因在于数字化为企业实施期权型资源配置提供了有利条件。首先，期权型资源配置的实施效果离不开充分的市场信息，只有项目团队掌握充足的市场信息才能有效把握顾客需求，数字化转型使企业能够实时获取并分析大量数据，包括市场趋势、客户行为、供应链情况等，这些实时数据为企业提

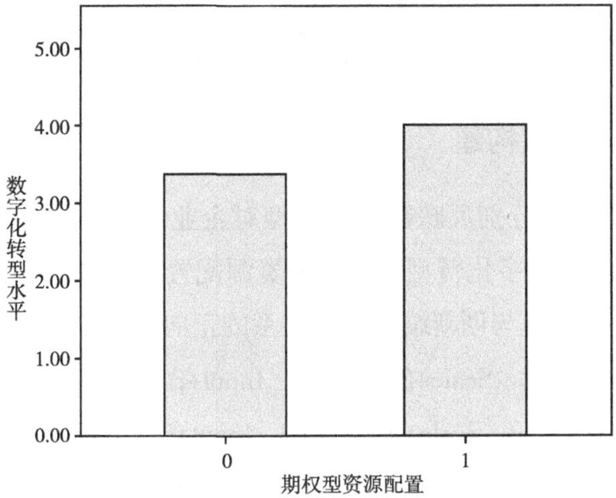

图8.3　期权型资源配置与数字化转型水平

资料来源：根据调研数据自行整理。

供了信息基础。此外，数字化转型可以改善客户与企业之间的互动和体验，通过数字渠道，企业可以为客户提供个性化服务，并根据实时反馈进行调整。其次，期权型资源配置需要企业在内部构建协同和沟通机制以快速组建项目团队，通过数字协作工具、团队协同平台等数字化手段，企业能够更迅速地协调和整合不同部门、团队之间的资源，提高整体的灵活性。最后，数字化转型缩短决策环节、提高项目团队的决策自主权，人工智能、机器学习等数字技术的应用使得企业能够更好地预测未来趋势，并自动进行决策，可以减少管理层的决策干预。此外，有研究表明，数字化转型显著降低了企业决策权配置集中程度，带来决策权下移（胥文帅等，2024），且数字化建设会让企业的组织结构趋向扁平化，企业会趋向于采用分权决策模式（聂爱云等，2023），企业实施期权型资源配置的前提是减少人为因素对资源配置的干预。提升基层项目团队的决策权，因此数字化转型为期权型资源配置提供了保障条件。以上分析也意味着，数字化转型对期权型资源配置能起到加持作用，故此处提出本章第三个研究命题：

数字化转型能强化期权型资源配置对企业创新绩效的积极作用，即数字化转型对期权型资源配置与创新绩效的关系发挥积极的调节作用（H5c）。

（四）相关模型构建

模型1、模型2分别反映数字化转型对企业创新绩效、探索式创新的作用。模型3表示数字化转型对期权型资源配置的加持作用，即数字化转型对期权型资源配置与创新绩效积极关系的正向调节作用。

模型1：$IP=\alpha_0+\beta_{101}Scale+\beta_{102}Age+\beta_{103}Input+\beta_{104}Industry+\beta_{105}DT+\varepsilon$；

模型2：$ER=\alpha_0+\beta_{111}Scale+\beta_{112}Age+\beta_{113}Input+\beta_{114}Industry+\beta_{115}DT+\varepsilon$；

模型3：$IP=\alpha_0+\beta_{121}Scale+\beta_{122}Age+\beta_{123}Input+\beta_{124}Industry+\beta_{125}ORA+\beta_{126}DT+\beta_{127}Z_{ORA}\times Z_{DT}+\varepsilon$。

在上述模型中，DT代表数字化转型（Digital Transformation），其余变量与前述模型一致。交互项$Z_{ORA}\times Z_{DT}$系数β_{127}用于衡量数字化转型对期权型资源配置与创新绩效关系的调节作用。

二、实证检验与结果

各回归模型VIF（方差膨胀因子）值均大于1且小于10，德宾—沃森值（即DW值）都接近2，残差散点图中散点呈现出均匀、无序的分布（本章不再逐一展示），表明本章研究不存在多重共线性、序列相关性和异方差问题。实证分析结果如表8.10 所示，根据模型1、模型2的回归分析结果，企业数字化转型对创新绩效、探索式创新的影响均显著为正（$\beta=0.406$，$P<0.001$；$\beta=0.485$，$P<0.001$），所提命题H5a和H5b得到验证。根据模型3，数字化转型与期权型资源配置交互项$Z_{ORA}\times Z_{DT}$的影响显著为正（$\beta=0.181$，$P<0.05$），表明数字化转型正向调节期权型资源配置和企业创新绩效间积极关系，意味着数字化转型能够强化期权型资源配置的创新效应，即对期权型资源配置的作用起到加持作用，本章所提命题H5c得到数据支持。

表8.10 企业数字化转型与创新绩效与探索式创新的回归分析结果

变量	创新绩效	探索式创新	创新绩效
	模型1	模型2	模型3
Scale	0.104	0.059	0.005
Age	0.108	0.108	0.141
Input	0.195*	0.250**	0.120
Industry	–0.103	–0.106	–0.070
DT	0.406***	0.485***	0.435***
ORA			0.237**
$Z_{DT} \times Z_{ORA}$			0.181*
R^2	0.282	0.372	0.496
调整后 R^2	0.255	0.348	0.469
F	10.385***	15.623***	18.300***

资料来源：使用SPSS软件对所得数据自行分析、整理而成。

本节关于数字化转型作用探讨的结果如表8.11所示。

表8.11 研究假设检验结果

编号	假设内容	结果
H5a	数字化转型对创新绩效具有积极的影响	支持
H5b	数字化转型能促进企业探索式创新	支持
H5c	数字化转型对期权型资源配置与创新绩效的关系发挥积极的调节作用	支持

资料来源：笔者整理。

第九章　研究结论、贡献、启示与展望

本书围绕“面临不确定性环境的诸多挑战与威胁，企业应采取什么样的资源配置方式才能有效推动创新、提升创新绩效从而获取竞争优势”这一话题展开研究，通过文献梳理和吸收国外学者研究成果、从期权视角出发寻找有助于解决问题的方法即“期权型资源配置”，利用量化分析验证了期权型资源配置对于企业创新的促进作用。本章在以上研究基础上归纳全书主要研究结论，总结理论贡献和启示，指出与分析研究存在的不足，最后提出未来研究的几个主要方向。

第一节　研究结论与探讨

本节研究结论包括文献综述所得结论、实证研究所得结论以及对研究结论的探讨三个部分。

一、文献综述结论

结论1：在资源论框架下，学者普遍关注资源本身对创新的直接影响，对资源配置与创新绩效间关系的关注却相对不足。

自资源基础观被提出以来，众多学者便开始在资源论框架及其启发下研究企业创新问题，并将目光投向什么才是企业创新最重要的资源这一问题。从文献梳理来看，学者们关注的创新资源有知识，包括技术知识、市场知识、诀窍、专利等知识性资源，知识的载体——人力资本，以及关键性的互补性资产、组织冗余，而后两者又表现为知识、人力资本、有形资产等其他形式的资源。根据学者研究，这些资源主要从三个方面影响创新：创新绩效、创新能力和创新类型。受资源基础论启发，资源被诸多学者视为影响企业创新最重要的因素。但对于资源的大量关注也引发了研究中存在的一个问题：忽视了资源配置这一资源转化为创新成果的关键环节，造成了资源论框架下创新研究的组织“黑箱”问题。

结论2：资源配置是战略管理研究的重要话题，但对企业资源配置的具体机制或模式还缺乏比较深入的探究。

著名的企业史学家、战略学家艾尔弗雷德·钱德勒（2002）指出，战略是为满足预期需要而配置资源的一种计划。Mintzberg（1979）认为战略就是资源配置的模式。Mirabeau和Maguire（2014）将战略视为资源配置的迭代过程。由此可见，资源配置对于战略的重要性且在现实中，企业一旦做出对某项活动进行资源投入的决策之后，就必须进行合理的资源配置，只有这样才能使资源投入某项活动进而使之转化为产出。对企业资源配置较早进行研究的是RAP（资源配置过程）学派，其代表人物有 Joseph L. Bower、Yves L. Doz、Clark G. Gilbert、Robert A. Burgelman、Clayton M. Christensen等著名学者。该学派比资源论诞生得更早，将企业中人的政治、行为因素融入资源配置过程中，强调资源配置过程对战略的塑造作用。但在RAP学派研究中，资源配置更多地被视为一个结果变量，即认为资源配置是不同层级的管理者及其行为相互影响下的一种结果。综合RAP学派以及目前关于资源配置的研究，可以发现，对企业资源配置的具体机制或模式的研究成果还较为缺乏，而在关注此问题的学者中，Klingebiel 、Rammer和Adner的研究最具代表性。

结论3：战略期权为应对不确定环境下的创新挑战提供了新的视角，期权型资源配置是战略期权与资源基础观融合下的产物。

战略管理学者利用类比的方法将期权引入战略研究领域，由此产生了战略期权理论，为研究组织战略提供了一个独特且有价值的视角。不确定性是战略期权的基本适用情境。战略期权使企业以较小的投入便获得在未来开发某些机会的权利，有助于推动企业的长期发展，提升企业的成功概率，还有助于企业形成灵活的战略并使企业通过持续的学习优化自身战略从而适应不确定的市场环境。因此，战略期权为企业如何在不确定环境中提升创业绩效提供了一种方法。已有学者在战略期权视角下研究创新问题，综合学者们的研究，战略期权引导下的创新表现出以下特点：（1）企业通常拥有范围较广、包含多个项目的创新组合；（2）创新过程具有迭代化的特征；（3）创新伴随对外部机会的大量探索和学习行为。

如果说资源基础论是从企业内部资源视角分析竞争优势的来源，那么战略期权理论就是从外部机会视角探究竞争优势，两种理论视角的融合可以使学者和企业更全面地认识不确定的环境下企业竞争优势的来源。期权型资源配置正是这两种视角融合的产物。一方面，将资源基础观研究视角拓展到资源配置；另一方面符合期权的特征，是将战略期权思想应用于企业资源配置的产物。

二、实证研究结论

结论1：期权型资源配置能够帮助企业提升创新绩效，且期权型资源配置在不确定程度较高的环境或行业中对企业创新绩效的促进作用更加明显。

基于对146家制造业企业的调查问卷，在保证数据与量表信度和效度的前提下，对关于期权型资源配置与创新绩效间关系的研究假设进行回归分析。量化分析结果表明，期权型资源配置对企业创新绩效起正向促进作用，且环境不确定性在这一关系中起调节作用。从各维度表现来看，资源配置宽度、资源分配的渐进性特征、低初始承诺和资源再分配以及由后三者形成的选择性机制均能提升企业创新绩效，且环境不确定性在这些过程中均起调节作用。其背后的理论原因在于期权型资源配置降低了创新的失败风险和创新成本，给企业创新活动带来一种竞争性机制，只有通过市场验证、能够满足市场需求并创造价值的项目才能得到资源，而这些因素在不确定性程度较高的环境中尤为重要。结论1为面临环境不确定性较高的企业如何提升创新绩效提供了一个重要参考。此外，期权型资源配置对创新绩效的直接效应（即未加入调节项）也较为显著，说明在一般环境中，期权型资源配置也可帮助企业提高创新绩效。这一发现说明，与传统的计划型资源配置方式相比，期权型资源配置可能更有优势。

结论2：期权型资源配置能够推动企业的探索式创新活动。

从理论上讲，资源配置方式对创新类型的影响不受环境不确定性的影响，因此，本书在检验期权型资源配置与探索式创新关系时未加入调节变量。在保证数据与量表信度和效度的前提下对大样本数据进行量化分析，结果表明，期权型资源配置的宽度与选择性机制两个维度均促进企业的探索式创新。其理论依据在于期权型资源配置拓展了企业的知识源广度，增加内部知识的异质性，增加了企业产生更多内部变异的可能性，且期权型资源配置带来的竞争性机制取代了传统计划型配置方式依赖的NPV决策法，避免创新项目受到来自高管的命令和权威的干扰以及主流业务的挤压，保护了探索式创新项目不被过早地“扼杀”。根据异质性分析结果，期权型资源配置对探索式创新的影响因企业规模而不同。具体而言，大型企业若采取期权型资源配置会比中小企业更能推动探索式创新。

结论3：机会识别与机会开发是期权型资源配置促进企业创新的关键。

本书从不确定性这一共通情境出发将创业视角引入期权型资源配置创新效应的研究，由于战略期权在企业中的应用能够促进内部创业活动，而机会识别与机会开发又是创业活动的核心，因此选取机会识别与机会开发作为剖析期权型资源配置提升企业创新绩效内在机理的关键因素，并构建“期权型资源配置→机会识别→创新绩效”和“期权型资源配置→机会开发→创新绩效”两条中介路径，使用传统三步法和Bootstrap法均成功验证了机会识别与机会开发在“期权型资源配置→创新绩效”路径上的中介作用。此外，本书还证实环境不确定性对期权型资源配置与机会识别、机会开发的关系起到强化作用。

结论4：期权型资源配置能有效促进企业竞争优势。

为了与战略管理主流研究进行对话，本书回应了期权型资源配置是否有助于企业构建竞争优势的问题。本书第七章详细考察了期权型资源配置的竞争优势效应，通过理论分析和实证检验说明期权型资源配置对企业竞争优势有积极作用，且环境不确定性正向调节上述积极作用。同时，结合第五章的研究发现，从“期权型资源配置→探索式创新→竞争优势”和“期权型资源配置→创新绩效→竞争优势”两条路径剖析、验证期权型资源配置促进企业竞争优势的内在机理。并且根据回归分析结果，企业规模对于企业竞争优势具有一定的积极作用，即大企业的竞争优势比中小企业更强。

结论5：数字化转型对于企业创新具有积极作用。

对138家调研企业的分析发现，实施期权型资源配置企业的数字化转型水平高于未实施期权型资源配置的企业，说明期权型资源配置与数字化转型水平相关，进而引发了本书对两者关系的深入探讨。本书利用理论分析和实证检验探究数字化转型对创新的积极作用，研究表明，这种积极作用体现在两个方面：一是数字化转型能促进企业探索式创新、提升企业创新绩效；二是数字化转型能强化期权型资源配置对企业创新绩效的积极作用。对于第二种作用的验证采取构建调节效应模型的办法，结果表明数字化转型对期权型资源配置与创新绩效的关系发挥积极的调节作用。

除上述主要结论，研究还有以下发现：

（1）与对创新的资源投入相比，资源配置对创新的影响更大。

对大样本数据做回归分析时发现，在模型仅包含企业规模、年龄、行业和创新投入等控制变量的情况下，创新投入对创新绩效的影响为显著。将期权型资源配置这一变量及资源配置宽度、低初始承诺分别放入模型后，创新资源投入对创新绩效的影响均下降，表现为显著性水平的下降甚至由显著变为不显著。此外，选择性机制对企业创新绩效影响系数的显著性高于创新投入，说明与资源配置相比，资源投入对创新的影响更小。这一结论印证了Klingebiel和Rammer（2014）的研究发现，即资源配置方式比资源投入量对创新绩效的影响更大。另外，与创新投入对探索式创新的影响相比，期权型资源配置对探索式创新的影响也更大，将资源配置宽度和期权型资源配置变量放入仅包含企业规模、年龄、行业和创新投入等控制变量的模型后，创新投入对创新绩效影响系数的显著性下降，其显著性水平均从 $P<0.001$ 下降到 $P<0.01$。

（2）与企业规模、年龄和行业相比，资源配置对创新的影响更大。

在对大样本数据进行回归分析时发现，企业规模和年龄对创新绩效与探索式创新的影响几乎不显著，说明大企业的创新绩效并不一定比小企业好。许多优秀的中小企业甚至创业公司都表现出了较好的创新绩效，如雷神科技就是一家成立于2014年的初创型企业，也是在海尔创业平台上成功孵化的小微型企业，其主营业务游戏笔记本的每一款新产品都获得了成功。如今，雷神科技在国内游戏笔记本这一细分领域的市场份额已位居第一。应该说，在当今时代，企业年龄变得越来越不重要，我们可以发现许多初创企业依靠新商业模式、新技术等在短时间内就在领域内构筑起竞争优势。行业因素对创新绩效的影响也不显著，其背后原因可能在于无论哪种行业，既有创新绩效优者，也有创新绩效差者，说明仅仅选择好行业哪怕是如今火热的计算机服务与软件行业也无助于提升企业创新绩效，更难以提升其竞争优势。

三、研究结论探讨

本书的主要结论彰显了战略期权理论的研究与应用价值。战略期权理论为管理学者和企业探索应对环境不确定性问题提供了一种理论依据，将其应用于企业创新过程中的资源配置即为期权型资源配置。资源配置作为一项重要的战略活动，与企业内各个活动系统密切相关，期权型资源配置的成功应用及其对创新绩效的提升效果取决于企业是否能建立起与之匹配的组织要素，如组织结构、组织文化、管理体制等。以海尔为例，海尔集团目前采取的资源配置模式即为期权型资源配置，其在海尔的成功应用依赖于以下因素的支撑：平台化的组织结构、团队化的运作方式、鼓励创新和为用户创造价值的组织文化。平台化的组织结构促进了资源在组织内部的自由流动、减少了企业内部某些权威部门或业务对创新性活动的干扰或阻碍；团队化的运作方式体现为组织成员自由结合为某一创新团队（这些团队在海尔内部被称为“小微”），由此拓展了海尔创新过程中资源配置的宽度；鼓励创新和为用户创造价值的组织文化促使创新团队围绕用户需求开展创新活动，在该文化的引导下，只有那些为用户创造价值的项目才能获取资源投入。

尽管本书通过实证研究发现期权型资源配置能够提升企业创新绩效，但企业在应用主要结论时应注意其适应范围。在样本数据收集过程中，笔者发现在一些行业，如医药行业、化工行业，一些企业虽未采用期权型资源配置但也能取得行业领先的创新绩效，这提醒我们期权型资源配置并非企业提升创新绩效和创造竞争优势的唯一途径。企业在应用期权型资源配置及本书主要结论时应结合所处行业特点（如动态性、环境不确定性）、自身组织因素（组织结构、文化、管理方式）等条件，洞悉竞争优势来源，明确企业内外部环境是否具备开展期权型资源配置的基础。且一旦决定推行期权型资源配置而使之替代旧有资源配置模式，企业须认识到这将是一场组织变革，只有建立起与之匹配的组织体系包括组织结构、文化和管理体系等，才能发挥期权型资源配置的作用。

第二节　理论贡献与启示

一、理论贡献

贡献1：完善并更新了Klingebiel和Adner的期权型资源配置概念模型，进一步明确期权型资源配置的概念，并依据宽度与选择性机制两维

度划分出四种资源配置方式。

Klingebiel和Adner（2015）的期权型资源配置模型涵盖渐进性、低初始承诺和资源再分配三个维度，但忽略了资源配置的宽度。战略期权逻辑指导下的企业会将投资做分散化处理，这意味着更宽泛的资源分配范围是期权型资源配置方式的重要特征。因此，本书在Klingebiel和Adner的模型上加入资源配置宽度这一维度，渐进性、低初始承诺和资源再分配构成了“选择性机制”。对于选择性机制，低初始承诺是原因，渐进性是其表现，资源再分配是结果。它使企业具有了一种类似于自然选择的机制，在选择性机制下，只有“适者”才能生存。根据该模型，只有同时具备资源配置宽度与选择性机制两个维度才是期权型资源配置。

基于宽度和选择性两个维度可划分出四种资源配置方式：传统计划型、冒险型、矛盾型和期权型。对资源进行集中化配置且无选择性机制的方式是传统计划型的资源配置方式，其代表性方法有NPV法；虽对资源进行分散化配置但缺乏选择性机制的方式是冒险型的资源配置方式，这种资源配置方式可能导致资源浪费、沉没成本和较高的失败风险；资源集中化配置和选择性机制则为相互矛盾，现实中没有企业可以同时将这两种互相矛盾的特征结合起来；既对资源进行分散化配置，又具有选择性机制的方式是期权型资源配置方式。

贡献2：检验了期权型资源配置的适用情境。

Klingebiel和Adner（2015）在其研究中虽指出期权型资源配置能帮助企业应对当今愈加动荡多变的经营环境，但并未正式提出和系统性分析期权型资源配置的适用情境问题。本书在权变理论和文献分析的基础上，结合期权型资源配置的概念与特征，提出并系统分析了期权型资源配置的适用情境——环境不确定性。根据相关学者的环境模型及描述，环境不确定性的内容包括环境的复杂性、动荡性等特征，但核心内涵则是难预测性。本书通过量化分析检验了环境不确定性的调节作用，分析调节作用正是为现有理论划出限制条件和适用范围，研究结果表明，环境不确定性在期权型资源配置和创新绩效关系间发挥正向调节效应，由此验证了环境不确定是期权型资源配置的重要适用情境。

贡献3：开发出测量期权型资源配置的量表。

本书对Klingebiel和Adner关于期权型资源配置的测量方式进行了改进，开发出一个可被推广使用、具有信度和效度的新量表。开发过程包括：首先，翻译整理Klingebiel和Adner（2015）的量表，尽量使其语言符合中国情境；其次，展开首轮预调研，根据反馈结果进行修正和调整；最后，进行小样本预测试，检验初始量表的信度与效度，删除不合理题项。因此，本书开发期权型资源配置的量表具有较高的信度和效度，具备推广的基础。

量表包括以下几个部分：首先，对资源配置宽度进行测量，由问卷填写者对“与主要竞争对手相比，过去三年中我们公司推动了更多的产品创新项目”的评估进行测量。其次，对选择性机制三个维度进行测量。渐进性是一个“0，1”变量，其测量问题是“贵公司对于产品创新项目的资源投入是一次性的还是分批次进行的？”。当回答为“一次性”时，变量取值为0；当回答为“分批次”时，变量取值为1。低初始承诺通过以下题项测量：（1）很少有产品创新项目在一开始就能获得发展所需的全部资源；（2）各产品创新项目都要为获得资源展开竞争；（3）各产品创新项目在下一阶段获得资源的关键在于现阶段取得良好的市场反馈。资源再分配也为“0，1”变量，当对以下两个问题的回答都为“是”时，该变量取值为1，否则取值为0：（1）过去三年中，贵公司推动的产品创新项目中是否有被中断的？（2）被中断项目的资源是否被转移到其他项目中？选择性机制为“0，1”变量，只有那些同时具备渐进性、低初始承诺和资源再分配的样本才拥有选择性机制，即在该变量上的取值为1，具体的测量方法如下：首先，对低初始承诺取平均值，对于那些该变量取值小于平均值的样本，在低初始承诺上取值为0，对于该变量取值大于平均值的样本，在低初始承诺上取值为1；其次，对那些在渐进性、低初始承诺和资源再分配三个维度上取值都为1的样本，在选择性机制这一变量的取值为1，否则为0。

期权型资源配置也为“0，1”变量，测量方法如下：首先，对资源配置宽度的样本数据取平均值，对于那些该变量取值小于平均值的样本，在宽度一项上的取值为0，对于该变量取值大于平均值的样本，在宽度一项上取值为1；其次，结合前面对选择性机制的取值，对那些在宽度和选择性机制两项上取值都为1的样本，将它们在期权型资源配置这一变量上的取值设为1，即说明样本企业为期权型资源配置。

贡献4：拓展资源基础观框架下的研究视野，丰富了资源配置的研究成果。

本书关注资源配置这一在传统资源基础观框架下未引起足够重视的话题，通过分析探讨资源配置对创新的影响丰富了资源基础观框架下的研究，有助于将学者的视野从资源本身拓展至资源配置这一从投入到产出的关键环节。本书丰富了资源配置的研究成果。首先，提出了期权型资源配置的概念模型，并按照资源配置宽度与选择性机制两个维度将资源配置划分出四种模式，本书对于资源配置具体模式的探索是资源配置研究领域一个小的进步；其次，检验了期权型资源配置对企业创新的影响及其适用情境——环境不确定性的作用，丰富了资源配置的研究成果。

贡献5：深化数字化转型研究的同时拓展了战略期权理论的应用情境。

目前有关数字化转型的研究鲜有对企业资源配置的探讨，本书将数字化转型与期权型资源配置进行了融合。数据分析表明，期权型资源配置与企业数字化转型水平高度相关，进一步分析发现数字化转型为企业实施期权型资源配置提供了有利条件，表现为数字化转型能强化期权型资源配置对企业创新绩效的作用，即数字化转型对期权型资源配置与创新绩效的关系发挥积极的调节作用。同时，本书拓展了战略期权理论的应用情境，数字化转型过程充满不确定性，正好匹配战略期权的适用情境，也为研究数字化转型提供了新的研究视角。

二、启示

本书对学者们未来研究有以下启示：对于资源基础观框架下从事研究的学者，应摆脱重资源轻分配的现状，将视野拓展至资源本身之外的资源配置环节，这是解决资源观下组织“黑箱”问题的关键；在重视吸收国外最新研究成果的同时，应对其改进，避免简单的“拿来主义”，根据我国情境对国外新理论及新概念的测量方式进行改进和完善，可以更好地指导我国的研究与企业实践；期权及相关理论为研究企业如何面临不确定性问题提供了有价值的理论视角。

本书研究问题的提出正是源于对现实的一个重要观察：随着环境不确定性越来越高，企业创新比以往面临更多挑战，如计划失效、失败风险加大、技术变革加剧、竞争优势难以为继等。本书通过较为严谨、科学和系统的研究工作试图解决“在环境不确定下，企业如何推动创新、提高创新绩效”这一问题，因此，研究发现对企业及其实践活动具有一定的参考价值。

启示1：在创新过程中应重视对资源的配置。

在现实中，我们会发现许多拥有丰富资源的大企业在面临来自掌握更少资源的中小企业、后发式企业或创业型公司的破坏性创新时迅速失去其长期建立起的市场份额或产品竞争优势，就像诺基亚在短时期内失去原有手机市场的份额、柯达在数码时代来临之时宣告破产。过于重视资源，反而不利于企业的持续性发展。正如克里斯滕森在《创新者窘境》一书中所说：“我们可以为两个不同的机构配置相同的资源，最后这两个机构可能会利用这些资源创造出截然不同的成果”。他在分析美国诸多在位大企业面临破坏性创新时表现出的困境后找出了其中一项关键原因：大企业以现存优势业务为核心的资源配置方式阻碍了对其破坏性创新的商业化应用和推广。本书通过实证分析发现，与对创新的资源投入相比，资源配置对创新的影响更大。因此，企业在创新过程中应对资源配置给予足够重视，选择更能提高创新绩效的资源配置方式才可充分发挥资源的作用。

启示2：企业通过建立期权型资源配置提升创新绩效进而获取竞争优势。

实证研究结果表明，期权型资源配置能够提升企业创新绩效。因此，企业可以建立期权型资源配置模式以更好地促进创新从而获取竞争优势。以海尔集团为例，如今海尔采用的资源配置方式就符合期权型资源配置特征。从资源配置宽度来看，在海尔创业平台上开展的创新项目已远超其他竞争者。当前，已支持内外部创业人员成立小微公司超过200家，涉及家电、智能可穿戴设备以及物流、商务、文化服务等领域，这些小微公司均是创新性产品的设计者、开发者与提供者，而活跃在海尔的创业团队更是超过1000个。从选择性机制来看，海尔的资源配置过程表现出渐进性、低初始承诺和资源再分配特征。在海尔，创业团队从诞生至成功孵化为小微公司历经多个阶段，资源投入分多轮进行，只有不断通过市场验证、为用户创造价值，创新项目才可能获得持续性的资源投入。低初始承诺则表现为海尔集团本身不对某一项目做出明确承诺，市场与用户是创新项目的"试金石"。资源再分配通过官兵互选、资源无障碍流动等途径得以实现。海尔如今的资源分配模式始于2014年网络化战略推动下的新一轮组织变革，通过建立起期权型资源配置模式，海尔成功孵化出一批具有行业颠覆效应的创业公司和创新性产品，取得了新的发展动力。此外，本书利用最新数据对核心假设进行再验证，结果表明，在后疫情时代，期权型资源配置依然能有效推动企业创新、提升企业竞争优势。

启示3：企业可以利用期权型资源配置推动探索式创新。

在许多行业，开发式创新曾经是主导企业的创新模式，尤其在较为稳定的行业中，企业依靠某种产品可以在长时期内维持竞争优势。但随着技术变革加速、互联网对传统商业模式的快速颠覆、依靠互联网思维和新技术的创业公司越来越多地对现有企业形成冲击、行业边界日益模糊，企业在短时间内就可能丧失已建立的竞争优势，如诺基亚、柯达等曾经的行业巨头在面临设计范式与技术的变革时轰然倒下。在如今日益动荡的经营环境中，企业必须适度开展探索式创新活动以推动持续性发展。探索式创新驱动企业开发新的顾客群体、脱离现有产品与技术路线研发新产品，从而在未来抓住更多机遇。探索式创新增加企业在未来成功的概率，海尔近两年的实践也表明探索式创新对于企业建立新的竞争优势至关重要。本书通过实证研究验证了期权型资源配置对探索式创新的促进作用，因此，企业可以通过建立期权型资源配置推动探索式创新活动。

启示4：企业可以利用期权型资源配置更好地应对环境不确定性的威胁。

管理学者与企业管理者一直努力寻找应对环境不确定性的方法，如环境扫描技术、情景规划（张腾、张玉利、田莉，2015）。但这些方法仍是基于一种计划式的思维逻辑，无法帮助企业系统性地应对不确定性，也难以提升企业在不确定环境中的机会识别与机会开发能力。期权型资源配置采取与计划思维截然不同的一种逻辑，促使企业通过大量低成本、带有快速试错性质的探索活动识别并开发环境中蕴含的各种机会。在推行期权型资源配置的企业中，市场的反馈取代了严密的计划，选择性机制及其带来的适者生存法则取代了管理者的个人权威和主流业务对新业务的“扼杀”。而本书通过实证研究也证实了期权型资源配置在不确定的环境下更能促进企业创新绩效。由于资源配置是投入转化为产出的关键环节，也是管理的一个核心环节，贯穿于创新与管理活动的方方面面，因此，期权型资源配置是企业有效应对环境不确定性的一种系统性方法。

启发5：企业推动数字化转型能提升期权型资源配置的积极效果。

数字化为企业实施期权型资源配置提供了有利条件，如通过市场数据分析可以为创新项目团队提供充足的市场信息使其有效把握顾客需求，数字技术和手段能促进组织内部协作、提高资源配置灵活性。此外，数字化转型降低企业决策权配置集中程度，带来决策权下移。本书针对海尔创业平台资源配置模式的案例研究表明，海尔期权型资源配置的建立和效果就得益于数字化转型。实证检验结果也表明数字化转型能够强化期权型资源配置的效果。

第三节　研究不足与展望

一、研究不足

本书的研究虽有一些理论贡献和实践启发，但还存在一些不足之处，主要包括以下内容。

不足之处1：期权型资源配置成功应用所依赖的组织情境，如组织结构、组织文化等问题在本书中并未得到较充分探讨。

如果说环境不确定性构成了期权型资源配置的外部情境，那么结构、文化等组织方面的因素就构成了期权型资源配置的内部情境。成功应用期权型资源配置需建立与之匹配的组织情境。实行期权型资源配置方式的企业在组织结构与组织文化上必然与使用传统计划型资源配置的企业不同，计划型资源配置建立在传统管理原则的基础上，实行该种资源配置方式的企业注重计划、自上而下的管理和精密的预算等，而期权型资源配置则与上述这些管理方式相矛盾。例如，海尔在变革资源配置方式即在网络化战略指导下推行期权型资源配置的同时，也对组织结构和组织文化进行了改造，主要表现为组织的平台化和大力培育互联网与创业文化，其管理方式甚至也演变为一种自组织的模式。某种资源配置方式必然要求有相应的组织结构、组织文化和管理方式与之匹配。研究与期权型资源配置匹配的组织因素，即期权型资源配置的内部情境不仅是本书的空白，也是期权型资源配置研究领域的一大空白。

不足之处2：本书仅研究了期权型资源配置对探索式创新的影响，对于其他创新形式却未涉及。

期权型资源配置是否还会促进其他形式的创新，如利用式创新、开放式创新或新兴的迭代式创新。从本书实证结果来看，期权型资源配置促进了企业的探索式创新，但对于利用式创新，期权型资源配置也可能起促进作用，原因在于期权型资源配置推动了创新团队对产品的持续性改善。此外，期权型资源配置促进企业重视用户参与，这种用户参与也会推动开放式创新（Enkel et al.，2005）。对于迭代式创新，期权型资源配置可能对其起促进作用的原因在于：它使企业以一种快速试错的方式进行创新，快速推出产品原型并在取得市场反馈的基础上进行改进或调整，这与迭代式创新的核心理念一致。

不足之处3：缺少对企业构建期权型资源配置过程的研究。

本书侧重于量化分析，尽管也采取了案例研究方法，但主要是为了寻找期权型资源配置的现实模板，而对于企业构建期权型资源配置的过程缺乏探究，资源配置模式的改变意味着组织发生变革，那么，这种变革的驱动因素是什么？保障条件有哪些？这期间的发展过程如何？能否归纳出一套可供企业参考的流程？要想回答以上问题，需要开展多案例过程性研究。

二、研究展望

针对以上不足，未来研究方向包括如下内容。

研究方向1：系统性研究期权型资源配置的组织情境问题。

分析与期权型资源配置匹配的组织结构和组织文化等组织情境因素是未来的一个重要研究方向。首先，寻找合适的企业案例如海尔集团，对其开展高质量的案例研究，剖析其资源配置方式与组织结构的演化史与协同性，归纳期权型资源配置型企业的组织结构特点和组织文化特征。其次，开展基于大样本数据的量化研究，包括研究何种组织结构或组织结构中哪些维度更有利于期权型资源配置的运行，什么样的组织文化能够对期权型资源配置起到促进或保障作用等问题。通过对期权型资源配置的组织情境问题开展深入、系统的研究可以为企业提供更具体有效的指导。

研究方向2：分析与验证期权型资源配置对其他创新类型的影响。

关于期权型资源配置对利用式创新影响的研究将产生两个有趣的研究方向：一是期权型资源配置对利用式创新有何影响，是促进还是抑制？

二是期权型资源配置是更有利于促进探索式创新还是更可能促进利用式创新？如果对于两种创新模式，期权型资源配置均起到推动作用，那么它是否能促进企业在两种创新模式间取得二元平衡。对上述问题，首先需要进行系统严谨的理论分析，其次要建立相关的理论模型、推导研究假设并基于大样本数据开展实证性研究。

期权型资源配置与迭代式创新可能存在天然的联系，前者十分贴合后者的内涵，如迭代式创新的要素包括：用户参与、快速试错和调整、持续迭代等，这些要素都符合期权型资源配置下企业创新活动的特点。因此，从理论上讲，期权型资源配置能够促进迭代式创新，对此可以在今后开展量化研究进行验证。

研究方向3：对企业构建期权型资源配置过程开展纵向多案例研究。

通过开展多案例、过程性研究，并以组织变革视角考察期权型资源配置模式如何在企业得以构建和推行，未来研究的关注点包括：变革的驱动因素，尤其是企业家作为组织变革的发动者，其认知风格、能力素养对于资源配置模式的改变有何影响；变革的动态过程，如为了实施期权型资源配置，组织内部如何开展一系列试错、改进、调整、迭代活动？通过回答上述问题为企业归纳出一套可供参照的指南。

参考文献

中文文献

[1] [美]艾尔·巴比. 社会研究方法[M]. 邱泽奇译注. 北京：华夏出版社，2005.

[2] [美]艾尔弗雷德·D. 钱德勒. 战略与结构：美国工商企业成长的若干篇章[M]. 北京天则经济研究所等译注. 昆明：云南人民出版社，2002.

[3] [美]杰伊·埃利奥特，威廉·L·西蒙·爱乔布斯. 改变世界的方法[M]. 刘世卿，刘世东译. 北京：中信出版社，2011.

[4] [美]埃里克·施密特. 重新定义公司：谷歌是如何运营的[M]. 靳婷婷等译. 北京：中信出版社，2015.

[5] 安树伟，黄艳. 突发公共卫生事件对区域经济韧性的影响机制与应对：来自中国新冠病毒感染疫情的证据[J]. 中国软科学，2024(1)：76-85.

[6] 曹红军，卢长宝，王以华. 资源管理能力调节效应的检验和分析[J]. 南开管理评论，2011，14(4)：25-31.

[7] 曹亚东. 先进制造技术应用水平对创新能力的作用机制研究：资源基础理论的视角[D]. 南京大学，2011.

[8] 曹仰峰. 海尔转型：人人都是CEO[M]. 北京：中信出版社，2014.

[9] [英]查尔斯·汉迪. 超越确定性——不确定时代的变革与机会[M]. 周旭华译注. 杭州：浙江人民出版社，2012.

[10] 陈海涛，于晓宇. 机会开发模式、战略导向与高科技新创企业绩效

[J]. 科研管理，2011，32(12)：61-67，73.

[11] 陈剑，黄朔，刘运辉. 从赋能到使能——数字化环境下的企业运营管理[J]. 管理世界，2020(2)：117-128.

[12] 陈劲，郑刚. 创新管理——赢得持续竞争优势[M]. 北京：北京大学出版社，2016.

[13] 陈君达，邬爱其. 国外创新搜寻研究综述[J]. 外国经济与管理，2011，33(2)：58-64.

[14] 陈凯华，冯泽，孙茜. 创新大数据、创新治理效能和数字化转型[J]. 研究与发展管理，2020，32(6)：1-12.

[15] 陈昭全，张志学. 管理研究中的理论建构[A]. 陈晓萍. 组织与管理研究的实证方法[C]. 北京：北京大学出版社，2012.

[16] 杜小民，高洋，刘国亮等. 战略与创业融合新视角下的动态能力研究[J]. 外国经济与管理，2015，37(2)：18-28.

[17] 党建兵. 跨组织联结、资源管理与企业创新绩效[D]. 南京大学，2013.

[18] 董瑶，张樨樨，易涛. 数字化转型、合作伙伴动态性与企业双元创新[J]. 山西财经大学学报，2023，45(2)：102-115.

[19] 范德成，王娅. 传统企业数字化转型对其创新的影响研究——以汽车制造企业为例[J]. 软科学，2022，36(6)：63-70.

[20] 范红忠，王子悦，陶爽. 数字化转型与企业创新——基于文本分析方法的经验证据[J]. 技术经济，2022，41(10)：34-44.

[21] 葛法权，张玉利，张腾. 组织相互依赖关系对公司创业能力的影响机制——基于海尔集团的案例研究[J]. 管理学报，2017，14(4)：475-484.

[22] 顾弘. 从资源优化配置的角度探究企业组织创新[D]. 复旦大学，2003.

[23] 郭海，韩佳平. 数字化情境下开放式创新对新创企业成长的影响：商业模式创新的中介作用[J]. 管理评论，2019(6)：186-198.

［24］何帆，刘红霞．数字经济视角下实体企业数字化变革的业绩提升效应评估［J］．改革，2019(4)：137-148.

［25］贺正楚，潘为华，潘红玉，等．制造企业数字化转型与创新效率：制造过程与商业模式的异质性分析［J］．中国软科学，2023(3)：162-177.

［26］胡海峰，宋肖肖，窦斌．数字化在危机期间的价值：来自企业韧性的证据［J］．财贸经济，2022，43(7)：134-148.

［27］黄先海，王芳，杨高举．企业数字化转型与创新：基于网络溢出的视角［J］．经济理论与经济管理，2023，43(11)：56-69.

［28］［美］加里·哈默，比尔·布林．管理大未来［M］．陈劲译注．北京：中信出版社，2008.

［29］简兆权，王晨，陈键宏．战略导向、动态能力与技术创新：环境不确定性的调节作用［J］．研究与发展管理，2015，27(2)：65-76.

［30］姜英兵，徐传鑫，班旭．数字化转型与企业双元创新［J］．经济体制改革，2022(3)：187-193.

［31］蒋峦，凌宇鹏，张吉昌等．数字化转型如何影响企业韧性？——基于双元创新视角［J］．技术经济，2022，41(1)：1-11.

［32］金昕，陈松．知识源战略、动态能力对探索式创新绩效的影响——基于知识密集型服务企业的实证［J］．科研管理，2015，36(2)：32-40.

［33］［美］克里斯坦森．创新者的窘境（第二版）［M］．胡建桥译注．北京：中信出版社，2014.

［34］李大元，项保华，陈应龙．企业动态能力及其功效：环境不确定性的影响［J］．南开管理评论，2009，12(6)：60-68.

［35］李怀祖．管理研究方法论［M］．西安：西安交通大学出版社，2004.

［36］李林生．网络组织下人力资源配置对中小企业创新绩效的影响研究［D］．江苏大学，2012.

［37］李妹，高山行．环境不确定性、组织冗余与原始性创新的关系研究

[J]. 管理评论，2014，26(1)：47–56.

[38] 李晓翔，刘春林.中小企业资源配置与创新成长关系研究：行为策略的调节作用[J].研究与发展管理，2018，30(05)：70–80.

[39] 李文贵，余明桂.民营化企业的股权结构与企业创新[J].管理世界，2015(4)：112–125.

[40] 李雪灵，姚一玮，王利军.新企业创业导向与创新绩效关系研究：积极型市场导向的中介作用[J].中国工业经济，2010(6)：116–125.

[41] [英]丽塔·麦克格兰斯.瞬时竞争力：快经济时代的6大制胜战略[M].姚虹译.成都：四川人民出版社，2018.

[42] 梁靓.开放式创新中合作伙伴异质性对创新绩效的影响机制研究[D].浙江大学，2014.

[43] 林汉川，夏敏仁.中小企业发展中所面临的问题——北京、辽宁、江苏、浙江、湖北、广东、云南问卷调查报告[J].中国社会科学，2003(2)：84–94.

[44] 林亚清，赵曙明.构建高层管理团队社会网络的人力资源实践、战略柔性与企业绩效——环境不确定性的调节作用[J].南开管理评论，2013，16(2)：4–15.

[45] 刘东，张震，汪默.被调节的中介和被中介的调节：理论构建与模型检验[A].陈晓萍.组织与管理研究的实证方法[C].北京：北京大学出版社，2012.

[46] 刘光宗.环境不确定性、CEO经验与个性对公司动态能力的影响研究[D].大连理工大学，2014.

[47] 刘学元，丁雯婧，赵先德.企业创新网络中关系强度、吸收能力与创新绩效的关系研究[J].南开管理评论，2016(1)：30–42.

[48] 卢艳秋，赵彬，宋昶.决策逻辑、失败学习与企业数字化转型绩效[J].外国经济与管理，2021，43(9)：68–82.

[49] 罗瑾琏，王象路，耿新.数字化转型对企业创新产出的非线性影响研究[J].科研管理，2023，44(8)：1–10.

[50] 罗胜强，姜嬿. 调节变量和中介变量 [A]. 北京：北京大学出版社，2012.

[51] 罗仲伟，任国良，焦豪，蔡宏波，许扬帆. 动态能力、技术范式转变与创新战略——基于腾讯微信“整合”与“迭代”微创新的纵向案例分析 [J]. 管理世界，2014(8)：152-168.

[52] 马鸿佳，董保宝，葛宝山. 创业能力、动态能力与企业竞争优势的关系研究 [J]. 科学学研究，2014，32(3)：431-440.

[53] [美]迈克尔·波特. 竞争战略 [M]. 陈小悦译注. 北京：华夏出版社，2006.

[54] [美]迈克尔·希特，R. 杜安·爱尔兰等. 战略管理：概念与案例 [M]. 刘刚等译. 北京：中国人民大学出版社，2017.

[55] [美]迈克尔·卡茨，哈维·罗森. 微观经济学 [M]. 李宝伟，武立东译. 北京：机械工业出版社，2010.

[56] [美]迈克尔·雷纳. 战略的悖论 [M]. 耿帅等译注. 北京：机械工业出版社，2009.

[57] [美]迈克尔·希特. 战略管理——竞争与全球化 [M]. 吕巍等译注. 北京：机械工业出版社，2002.

[58] [美]纳西姆·尼古拉斯·塔勒布. 反脆弱 [M]. 雨珂译注. 北京：中信出版社，2014.

[59] 牛建波，赵静. 信息成本、环境不确定性与独立董事溢价 [J]. 南开管理评论，2012，15(2)：70-80.

[60] 聂爱云，王善骝，何小钢. 企业数字化、协调成本与决策模式转型 [J]. 产经评论，2023，14(1)：25-47.

[61] 戚聿东，肖旭. 数字经济时代的企业管理变革 [J]. 管理世界，2020，36(6)：135-152，250.

[62] 钱锡红，徐万里，杨永福. 企业网络位置、间接联系与创新绩效 [J]. 中国工业经济，2010(2)：78-88.

[63] 秦剑. 跨国公司在华资源配置对突破性创新绩效的影响机理研究

[D]. 南开大学，2009.

[64] 曲然. 区域创新系统内创新资源配置研究 [D]. 吉林大学，2005.

[65] [美]理查德·M. 西尔特，詹姆斯·G. 马奇. 企业行为理论 [M]. 李强译注. 北京：中国人民大学出版社，2008.

[66] 单宇，许晖，周连喜等. 数智赋能：危机情境下组织韧性如何形成？——基于林清轩转危为机的探索性案例研究 [J]. 管理世界，2021，37(3)：84-104，7.

[67] 宋加山，涂瀚匀，赵锐锃. 数字化转型如何促进企业创新效率提升——来自金融资产配置视角的再审视 [J/OL]. 科技进步与对策，2024(1)：1-10.

[68] 孙黎，杨晓明. 迭代创新：网络时代的创新捷径 [J]. 清华管理评论，2014(6)：28-38.

[69] 唐靖，姜彦福. 创业能力的概念发展及实证检验 [J]. 经济管理，2008(9)：51-55.

[70] 王朝云，章华林. 创业情境的不确定性及其应对研究 [J]. 上海经济，2017(2)：67-75.

[71] 王福胜，郑茜月，张东超. 数字化转型、国际化战略与企业创新 [J/OL]. 运筹与管理，2024(1)：1-9.

[72] 王梦菲，张昕蔚. 数字经济时代技术变革对生产过程的影响机制研究 [J]. 经济学家，2020(1)：52-58.

[73] 王永贵，汪淋淋. 传统企业数字化转型战略的类型识别与转型模式选择研究 [J]. 管理评论，2021，33(11)：84-93.

[74] 魏谷，孙启新. 组织资源、战略先动性与中小企业绩效关系研究——基于资源基础观的视角 [J]. 中国软科学，2014(9)：117-126.

[75] 文东华，潘飞，陈世敏. 环境不确定性、二元管理控制系统与企业业绩实证研究——基于权变理论的视角 [J]. 管理世界，2009(10)：102-114.

[76] 吴航. 企业国际化、动态能力与创新绩效关系研究 [D]. 浙江大学，2014.

[77] 吴明隆. 结构方差模型——AMOS的操作与应用 [M]. 重庆：重庆大学出版社，2010.

[78] 吴晓云，孙轻宇. 银行创新资源配置战略的形成及对创新绩效影响的实证研究 [J]. 研究与发展管理，2012，24(6)：53-63.

[79] 武松，潘发明. SPSS统计分析大全 [M]. 北京：清华大学出版社，2014.

[80] 席酉民. 经济管理基础（第二版）[M]. 北京：高等教育出版社，2007.

[81] 谢广营，徐二明. 21世纪战略管理研究将走向何方——兼与国际比较 [J]. 北京交通大学学报（社会科学版），2019，18(3)：85-103.

[82] 谢家琳. 实地研究中的问卷调查法 [A]. 陈晓萍. 组织与管理研究的实证方法 [C]. 北京：北京大学出版社，2012.

[83] 肖丁丁，朱桂龙. 跨界搜寻对组织双元能力影响的实证研究——基于创新能力结构视角 [J]. 科学学研究，2016，34(7)：1076-1085.

[84] 胥文帅，彭剑飞，吴云朗. 数字化转型与决策权配置——基于企业集团的经验证据 [J/OL]. 当代财经，2024(1)：1-15.

[85] 薛薇. SPSS统计分析方法及应用 [M]. 北京：电子工业出版社，2014.

[86] 严子淳，李欣，王伟楠. 数字化转型研究：演化和未来展望 [J]. 科研管理，2021，42(4)：21-34.

[87] 杨卓尔，高山行，曾楠. 战略柔性对探索性创新与应用性创新的影响——环境不确定性的调节作用 [J]. 科研管理，2016，37(1)：1-10.

[88] 杨洁，马从文，刘运材. 数字化转型对企业创新的影响 [J]. 统计与决策，2022，38(23)：180-184.

[89] [英]约翰·伊特韦尔，默里·米尔盖特，彼得·纽曼. 新帕尔格雷夫经济学大辞典 [M]. 北京：经济科学出版社，1996.

[90] 姚瑞. 基于资源的创新网络与知识获取关系研究［D］. 吉林大学，2011.

[91] 余菲菲，曹佳玉，杜红艳. 数字化悖论：企业数字化对创新绩效的双刃剑效应［J］. 研究与发展管理，2022，34(2)：1-12.

[92] 于晓宇，陶向明，李雅洁. 见微知著？失败学习、机会识别与新产品开发绩效［J］. 管理工程学报，2019，33(1)：51-59.

[93]［美］詹姆斯·厄特巴克. 把握创新［M］. 高建等译注. 北京：清华大学出版社，1999.

[94] 张吉昌，龙静. 数字化转型，动态能力与企业创新绩效——来自高新技术上市企业的经验证据［J］. 经济与管理，2022，36(3)：74-83.

[95] 张卿，邓石军. 数字化转型对企业韧性的影响——来自COVID-19的证据［J］. 经济与管理，2023，37(1)：38-48.

[96] 张腾，张玉利，田莉. 经典环境模型及其演化分析［J］. 管理学报，2015，12(8)：1210-1216.

[97] 张腾，王迎军. 迭代式创新的研究与实践发展［J］. 现代管理科学，2016(10)：100-102.

[98] 张腾，朱晓红. 期权型资源配置对企业竞争优势的影响——探索式创新的中介作用［J］. 科技进步与对策，2018，35(16)：97-106.

[99] 张伟雄，王畅. 因果关系理论的建立——结构方程模型［A］. 北京：北京大学出版社，2012：290-311.

[100] 张玉利，薛红志，陈寒松，李华晶. 创业管理（第5版）［M］. 北京：机械工业出版社，2021.

[101] 钟和平. 基于企业冗余资源的技术创新激励机制研究［D］. 重庆大学，2009.

[102] 周长辉. 二手数据在组织管理学研究中的使用［A］. 陈晓萍. 组织与管理研究的实证方法［C］. 北京：北京大学出版社，2012：178-198.

[103] 周红星，黄送钦. 数字化能为创新“赋能”吗——数字化转型对民营企业创新的影响［J］. 经济学动态，2023(7)：69-90.

[104] 周鸿祎. 我的互联网方法论［M］. 北京：中信出版社，2014.

[105] 朱晓红. 迭代过程中的企业——用户互动形成和演化机制研究［D］. 南开大学，2015.

[106] Jason Zheng.Google是全球最创新的科技公司吗？［EB/OL］. http：//36kr.com/p/151668.html，2012-09-09.

外文文献

[1] Adner R. Real options and resource reallocation processes [J]. Advances in Strategic Management，2007，24(1)：363-372.

[2] Adner R，Levinthal D. What is not a real option：Considering boundaries for the application of real options to business strategy [J]. The Academy of Management Review，2004，29(1)：74-85.

[3] Agle B，Nagarajan N，Sonnenfeld J，Srinivasan D. Does CEO charisma matter? An empirical analysis of the relationships among organizational performance，environmental uncertainty，and top management team perceptions of CEO charisma [J]. Academy of Management Journal，2006，49(1)：161-174.

[4] Ahuja G. Collaboration networks，structural holes，and innovation：A longitudinal study [J]. Administrative Science Quarterly，2000，45(3)：425-455.

[5] Alvarez-Garrido E，Dushnitsky G. Are entrepreneurial venture's innovation rates sensitive to investor complementary assets? Comparing biotech ventures backed by corporate and independent VCs [J]. Strategic Management Journal，2016，37(5)：819-834.

[6] Argyres N S，Silverman B S. R&D，organization structure，and the development of corporate technological knowledge [J]. Strategic

Management Journal，2004，10（25）：929–958.

［7］Arora A，Belenzon S，Rios L A. Make，buy，organize：The interplay between research，external knowledge，and firm structure［J］. Strategic Management Journal，2014，35（3）：317–337.

［8］Barney J B. Organizational culture：Can it be a source of sustained competitive advantage?［J］Academy of Management Review，1986，11（3）：656–665.

［9］Barney J B. Firm resources and sustained competitive advantage［J］. Journal of Management，1991，17（1）：99–120.

［10］Baum R J，Wally S. Strategic decision speed and firm performance［J］. Strategic Management Journal，2003，24（11）：1107–1129.

［11］Baumann O，Stieglitz N. Rewarding value–creating ideas in organizations：The power of low–powered incentives［J］. Strategic Management Journal，2014，35（3）：358–375.

［12］Belenzon S，Schankerman M. Motivation and sorting of human capital in open innovation［J］. Strategic Management Journal，2015（36）：795–820.

［13］Bell G. Clusters，Networks，and firm innovativeness［J］. Strategic Management Journal，2005，26（3）：287–295.

［14］Bennett N，Lemoine J. What VUCA really means for you［J］. Harvard Business Review，2014（1）：27.

［15］Bergh D D，Lawless M W. Portfolio restructuring and limits to hierarchical governance：The effects of environmental uncertainty and diversification strategy［J］. Organization Science，1998，9（1）：87–102.

［16］Bingham C B，Eisenhardt K M. Position，leverage and opportunity：a typology of strategic logics linking resources with competitive advantage［J］. Managerial & Decision Economics，2008，29（2/3）：241–256.

[17] Black J A，Kimberly B. Strategic resources：Traits，configurations and paths to sustainable competitive advantage [J]. Strategic Management Journal，1994，15(2)：131–148.

[18] Bouee C E. Light footprint management：Leadership in times of change [M]. London：A & C Black Publishers Ltd，2013.

[19] Bower J L. Managing the resource allocation process：A study of corporate planning and investment [M]. Boston：Harvard Business School Press，1970.

[20] Bower J L，Gilbert C G. From resource allocation to strategy [M]. Oxford University Press，2005.

[21] Bowman E H，Hurry D. Strategy through the options lens：An integrated view of resource investment and the incremental choice process [J]. Academy of Management Review，1993，18(4)：760–782.

[22] Boyd B K，Dess G G，Rasheed A M. Divergence between archival and perceptual measures of the environment：Causes and consequences [J]. The Academy of Management Review，1993，19(2)：204–226.

[23] Bromiley P，Rau D. Towards a practice-based view of strategy [J]. Strategic Management Journal，2014，35(8)：1249–1256.

[24] Buchko A. Conceptualization and measurement of environmental uncertainty：An assessment of the miles and snow perceived environmental uncertainty scale [J]. Academy of Management Journal，1994，37(2)：410–425.

[25] Burgelman R. A proeess model of internal corporate venturing in the diversified major firm [J]. Administrative Science Quarterly，1983，28(2)：223–244.

[26] Burgelman R A. Managing the new venture division：Research findings and implications for strategic management [J]. Strategic Management Journal，1985，6(1)：39–54.

[27] Burgelman R A. Designs for corporate entrepreneurship in established

firms [J]. California Management Review, 1984, 26(3): 154–166.

[28] Burgelman R A. Fading memories : A process theory of strategic business exit in dynamic environments [J]. Administrative Science Quarterly, 1994, 39(1): 24–56.

[29] Brown S L, Eisenhardt K M. The art of continuous change : Linking complexity theory and time-paced evolution in relentlessly shifting organizations [J]. Administrative Science Quarterly, 1997, 42(1): 1–34.

[30] Carpenter M A, Fredrickson J W. Top management teams, global strategic posture, and the moderating role of uncertainty [J]. Academy of Management Journal, 2001, 44(3): 533–545.

[31] Cannella J R, Albert A, Jong-Hun Park, and Ho-Uk Lee. Top management team functional background diversity and firm performance : Examining the roles of team member colocation and environmental uncertainty [J]. Academy of Management Journal, 2008, 51(4): 768–784.

[32] Cassiman B, Valentini G. Open innovation : Are inbound and outbound knowledge flows really complementary? [J]. Strategic Management Journal, 2016, 37(6): 1034–1046.

[33] Chatterji A K, Fabrizio K R. Using users : When does external knowledge enhance corporate product innovation? [J]. Strategic Management Journal, 2014, 35(10): 1427–1445.

[34] Christensen C M. The innovator's dilemma [M]. Boston : Harvard Business School Press, 1997.

[35] Cooper R G, Kleinschmidt E J. Resource allocation in the new product process [J]. Industrial Marketing Management, 1988, 17(3): 249–262.

[36] Costa L, Cool K, Dierickx I. The competitive implications of the deployment of unique resources [J]. Strategic Management Journal,

2013，34(4)：445–463.

[37] Crépon B，Duguet E，Mairesse J. Research investment，innovation and productivity：an econometric analysis [J]. Economics of Innovation and New Technology，1998，7(2)：115–158.

[38] Cui A，O'Connor G. Alliance portfolio resource diversity and firm innovation [J]. Journal of Marketing，2012，76(4)：24–43.

[39] Cyert R M，March J G. A behavioral theory of the firm(1 ed) [M]. Prentice–Hall，New Jersey，1963.

[40] Cyert R M，March J G. A behavioral theory of the firm(2 ed) [M]. Blackwell Publishing Ltd，Oxford，1992.

[41] Daft R，Sormunen J，Parks D. Chief executive scanning，environmental characteristics，and company performance：An empirical study [J]. Strategic Management Journal，1988，9(2)：123–139.

[42] Dahlander L，O'Mahony S，Gann D M. One foot in，one foot out：how does individuals' external search breadth affect innovation outcomes? [J]. Strategic Management Journal，2016，37(2)：280–302.

[43] Dahlin K B，Behrens D M. When is an invention really radical? Defining and measuring technological radicalness [J]. Research Policy，2005，34(5)：717–737.

[44] Das T K，Bing–Sheng，T. A resource–based theory of strategic alliances [J]. Journal of Management，2000，26(1)：31–62.

[45] De Luca LM，Atuahene–Gima K. Market knowledge dimensions and cross–functional collaboration：examining the different routes to product innovation performance [J]. Journal of Marketing，2007，71(1)：95–112.

[46] Desarbo W，Benedetto C，Song M，Sinha I. Revisiting the miles and snow strategic framework：Uncovering interrelationships between strategic types，capabilities，environmental uncertainty，and firm performance [J]. Strategic Management Journal，2005，26(1)：

47–74.

[47] Dess G G，Beard D W. Dimensions of organizational task environments [J]. Administrative Science Quarterly，1984，(29)：52–73.

[48] Dill R. Environment as an influence on managerial autonomy [J]. Administrative Science Quarterly，1958，(2)：409–443.

[49] Ding M，Eliashberg J. Structuring the new product development pipeline [J]. Management Science，2002，48 (3)：1343–1363.

[50] Dixit A，Pindyck R. The options approach to capital investment [J]. Harvard Business Review，1995，73 (3)：105–115.

[51] Duncan R B. Characteristics of organizational environments and perceived environmental uncertainty [J]. Administrative Science Quarterly，1972，(17)：313–327.

[52] Eddleston K，Kellermanns F，Sarathy R. Resource configuration in family firms：Linking resources，strategic planning and technological opportunities to performance [J]. Journal of Management Studies，2008，45 (1)：26–50.

[53] Eisenhardt K，Schoonhoven C. Resource–based view of strategic alliance formation：Strategic and social effects in entrepreneurial firms [J]. Organization Science March，1996，7 (2)：136–150.

[54] Eisenhardt K M，Brown S L. Competing on the edge：Strategy as structured chaos [J]. Long Range Planning，1998，31 (5)：786–789.

[55] Eisenhardt K M，Martin J A. Dynamic capabilities：What are they [J]. Strategic Management Journal，2000，21 (10)：1105–1121.

[56] Enkel E，Kausch C，Gassmann O. Managing the risk of customer integration [J]. European Management Journal，2005，23 (2)：203–213.

[57] Fang E，Lee J，Palmatier，Shunping H. If it takes a village to foster innovation，success depends on the neighbors：The effects of global

and ego networks on new product launches [J]. Journal of Marketing Research, 2016, 53 (3): 319–10.

[58] Garcia–Castro R, Aguilera R V. Incremental value creation and appropriation in a world with multiple stakeholders [J]. Strategic Management Journal, 2015, 36 (1): 137–147.

[59] Garriga H, von Krogh G, Spaeth S. How constraints and knowledge impact open innovation [J]. Strategic Management Journal, 2013, 34 (10): 1134–1144.

[60] Geiger S W, Makri M. Exploration and exploitation innovation processes : The role of organizational slack in R&D intensive firms [J]. Journal of High Technology Management Research, 2006, 17 (1): 97–108.

[61] Grant R. The resource–based theory of competitive advantage : implication for strategy formulation [J]. California Management Review, 1991, 33 (3): 114–135.

[62] Grant R. Toward a knowledge–based theory of the firm [J]. Strategic Management Journal, 1996, 17 (2): 109–122.

[63] Grant R. The knowledge–based view of the firm : Implications for management practice [J]. Long Range Planning, 1997, 30 (3), 450–454.

[64] Gruber M, Heinemann F, Brettel M, Hungeling S. Configurations of resources and capabilities and their performance implications : an exploratory study on technology ventures [J]. Strategic Management Journal, 2010, 31 (12): 1337–1356.

[65] Gulati R, Nohria N, Zaheer A. Strategic networks [J]. Strategic Management Journal, 2000, 21 (3): 203.

[66] Hamel G. Bringing silicon valley inside [J]. Harvard Business Review, 1999, 77 (5): 70–84.

[67] He Z L, Wong P K. Exploration vs. Exploitation: An Empirical Test of the Ambidexterity Hypothesis [J]. Organization Science, 2004, 15(4): 481–494.

[68] Helfat C E. Dynamic capabilities: Understanding strategic change in organizations [M]. Wiley–Blackwell: New York, 2007.

[69] Hess A M, Rothaermel F T. When are assets complementary? Star scientists, strategic alliances, and innovation in the pharmaceutical industry [J]. Strategic Management Journal, 2011, 32(8): 895–909.

[70] Hodgson G M. Evolution and institutions: On evolutionary economics and the evolution of economics [M]. London: Edward Elgar Pub, 2000.

[71] Huchzermeier A, Loch C. Project management under risk: using the real options approach to evaluate flexibility in R&D [J]. Management Science, 2001, 47(1): 85–101.

[72] Huggins R, Johnston A. Knowledge alliances and innovation performance: an empirical perspective on the role of network resources [J]. International Journal of Technology Management, 2012, 57(4): 245–265.

[73] Ireland R D, Hitt M A, Bettis R A, de Porras, D. A. Strategy formulation processes: Differences in perceptions of strength and weakness indicators and environmental uncertainty by managerial level [J]. Strategic Management Journal, 1987, 8(5): 469–485.

[74] Jan E, Lars F, Andrea P. The front end of innovation: Organizing search for ideas [J]. Journal of Product Innovation Management, 2014 (32): 482–487.

[75] Jansen JJP, Van Den Bosch FAJ, Volberda HW. Exploratory innovation, exploitative innovation, and performance: Effects of organizational antecedents and environmental moderators [J]. Management Science, 2006, 52(11): 1661–1674.

[76] Jensen M C, Meckling W H. Theory of the firm : Managerial behavior, agency costs, and ownership structure [M]. Springer Netherlands, 1976.

[77] Jap S D. Pie-expansion efforts : Collaboration processes in buyer-supplier relationships [J]. Journal of Marketing Research, 1999, 36 (4): 461-475.

[78] Jurkovich R. A core typology of organizational environments [J]. Administrative Science Quarterly, 1974, 19(3): 380-394.

[79] Katila R, Ahuja G. Something old, something new : A longitudinal study of search behavior and new product introduction [J]. Academy of Management Journal, 2012, 45(6): 1183-1194.

[80] Kato M, Okamuro H, Honjo Y. Does founders' human capital matter for innovation? Evidence from Japanese start-ups [J]. Journal of Small Business Management, 2015, 53(1): 114-128.

[81] Kehoe R R, Tzabbar D. Lighting the way or stealing the shine? An examination of the duality in star scientists' effects on firm innovative performance [J]. Strategic Management Journal, 2015, 36(5): 709-727.

[82] Kim S K, Arthurs J D, Sahaym A, Cullen J B. Search behavior of the diversified firm : The impact of fit on innovation [J]. Strategic Management Journal, 2013, 34(10): 999-1009.

[83] Klingebiel R. Options in the implementation plan of entrepreneurial initiatives : Examining firms' attainment of flexibility benefit [J]. Strategic Entrepreneurship Journal, 2012, 10(6): 307-334.

[84] Klingebiel R, Rammer C. Resource allocation strategy for innovation portfolio management [J]. Strategic Management Journal, 2014, 35 (2): 246-268.

[85] Klingebiel R, Adner R. Real options logic revisited : The performance effects of alternative resource allocation regimes [J]. Academy of

Management Journal, 2015, 58(1): 221–241.

[86] Kollmann T, Stöckmann C. Filling the entrepreneurial orientation–performance Gap: The mediating effects of exploratory and exploitative Innovations [J]. Entrepreneurship: Theory & Practice, 2014, 38(5): 1001–1026.

[87] Krychowski C, Quélin B. Real options and strategic investment decisions: Can they be of use to scholars? [J]. Academy of Management Perspectives, 2010, 24(2): 65–78.

[88] Larrañeta B, Zahra S, Galán González J. Strategic repertoire variety and new venture growth: The moderating effects of origin and industry dynamism [J]. Strategic Management Journal, 2014, 35(5): 761–772.

[89] Lawrence P, Lorsch J. Organization and environment: Managing differentiation and integration [M]. Boston: Harvard University, 1967.

[90] Le Breton–Miller I, Miller D. The paradox of resource vulnerability: Considerations for organizational curatorship [J]. Strategic Management Journal, 2015, 36(3): 397–415.

[91] Leiponen A. Skills and innovation. International Journal of Industrial Organization, 2005, 23(5–6): 303–323.

[92] Leiponen A, Helfat C. Innovation objectives, knowledge sources, and the benefits of breadth [J]. Strategic Management Journal, 2010, 31(2): 224–236.

[93] Luo X, Kanuri V K, Andrews M. How does CEO tenure matter? The mediating role of firm–employee and firm–customer relationships [J]. Strategic Management Journal, 2014, 35(4): 492–511.

[94] Love J H, Roper S, Vahter P. Learning from openness: The dynamics of breadth in external innovation linkages [J]. Strategic Management Journal, 2014, 35(11): 1703–1716.

[95] Lubatkin M H, Simsek Z, Yan L, et al. Ambidexterity and performance

in small-to medium-sized firms: The pivotal role of top management team behavioral integration [J]. Journal of Management, 2006, 32(5): 646-672.

[96] Luehrman T. Strategy as a portfolio of real options [J]. Harvard Business Review, 1998, 76(5): 89-99.

[97] March J G. Exploration and exploitation in organizational learning [J]. Organization Science, 1991, 2(1): 71-87.

[98] Martin G, Gözübüyük R, Becerra M. Interlocks and firm performance: The role of uncertainty in the directorate interlock-performance relationship [J]. Strategic Management Journal, 2015, 36(10): 235-253.

[99] Marvel M, Lumpkin G. Technology entrepreneurs' human Capital and its effects on innovation radicalness [J]. Entrepreneurship: Theory & Practice, 2007, 31(6): 807-828.

[100] McGrath R G, Nerkar A. Real options reasoning and a new look at the R&D investment strategies of pharmaceutical firms [J]. Strategic Management Journal, 2004, 25(1): 1-21.

[101] Miller D, Wright M, Le Breton-Miller I, Scholes L. Resources and innovation in family businesses: The Janus-face of socioemotional preferences [J]. California Management Review, 2015, 58(1): 20-40.

[102] Miller D, Michael J, Laura B. The use of knowledge for technological innovation within diversified firms [J]. Academy of Management Journal, 2007, 50(2): 307-326.

[103] Milliken F J. Three types of perceived uncertainty about the environment: state, effect, and response uncertainty [J]. Academy Of Management Review, 1987, 12(1): 133-143.

[104] Mintzberg H. Patterns in strategy formation [J]. Management Science, 1979, 24(9): 934-948.

[105] Mirabeau L, Maguire S. From autonomous strategic behavior to emergent

strategy [J]. Strategic Management Journal，2014，35(8)：1202–1229.

[106] Mitchell G R，William F H. Managing R&D as a strategic option [J]. Research Management，1987，31 : 15–22.

[107] Nerkar A，Roberts P W. Technological and product–market experience and the success of new product introductions in the pharmaceutical industry [J]. Strategic Management Journal，2004，25(8/9)：779–799.

[108] Noman B. The allocation of strategic funds in a large diversified industrial company [M]. Harvard Business School，1963.

[109] Noda T，Bower J. Strategy making as iterated processes of resource allocation [J]. Strategic Management Journal，1996，17(1)：159–192.

[110] Ozer M，Zhang W. The effects of geographic and network ties on exploitative and exploratory product innovation [J]. Strategic Management Journal，2015，36(7)：1105–1114.

[111] Patel P C，Fernhaber S A，McDougall–Covin P P，van der Have R P. Beating competitors to international markets : The value of geographically balanced networks for innovation [J]. Strategic Management Journal，2014，35(5)：691–711.

[112] Peteraf M. The cornerstones of competitive advantage : A resource–based view [J]. Strategic Management Joumal，1993，14 : 171–191.

[113] Phelps C. A longitudinal study of the influence of alliance network structure and composition on firm exploratory innovation [J]. The Academy of Management Journal，2010，53(4)：890–913.

[114] Qian C，Cao Q，Takeuchi R. Top management team functional diversity and organizational innovation in China : The moderating effects of environment [J]. Strategic Management Journal，2013，34(1)：110–120.

[115] Quirin G D. Managing the resource allocation process: A study of corporate planning and investment [J]. Journal of Finance, 1971, 26 (1): 208-209.

[116] Ritter T, Gemünden H. The impact of a company's business strategy on its technological competence, network competence and innovation success [J]. Journal of Business Research, 2004, 57(5): 548.

[117] Rong M A, Huang Y C, Shenkar O. Social networks and opportunity recognition: A cultural comparison between Taiwan and the United States [J]. Strategic Management Journal, 2011, 32(11): 1183-1205.

[118] Rothaermel F T, Hess A M. Building dynamic capabilities: Innovation driven by individual-level effects, firm-level effects, and network-level effects [J]. Organization Science, 2007, 10(6): 898-921.

[119] Rumelt R P. How much does industry matter? [J]. Strategic Management Journal, 1991, 12(3): 167-185.

[120] Sawyerr O. Environmental uncertainty and environmental scanning activities of nigerian manufacturing executives: A comparative analysis [J]. Strategic Management Journal, 1993, 14(4): 287-299.

[121] Schilke O. On the contingent value of dynamic capabilities for competitive advantage: The nonlinear moderating effect of environmental dynamism [J]. Strategic Management Journal, 2014, 35(2): 179-203.

[122] Schmidt J B, Calantone R J. Escalation of commitment during new product development [J]. Journal of the Academy of Marketing Science, 2012, 30(2): 103-118.

[123] Simester D, Zhang J. Why are bad products so hard to kill? [J]. Management Science, 2010, 56(7): 1161-1179.

[124] Sirmon D G, Michael A H, Ireland D. Managing firm resources in dynamic environments to create value: Looking inside the black box

[J]. Academy of Management Review, 2007, 32(1): 273–292.

[125] Sirmon D G, Gove S, Hitt M A. Resource management in dyadic competitive rivalry : the effects of resource bundling and deployment [J]. Academy of Management Journal, 2008, 51(5): 919–935.

[126] Sirmon D G, Hitt M A, Ireland R D, Gilbert B A. Resource orchestration to create competitive advantage [J]. Journal of Management, 2011, 37(5): 1390–1412.

[127] Sørensen J B, Stuart T E. Aging, Obsolescence, and organizational innovation [J]. Administrative Science Quarterly, 2000, 45(1): 81–112.

[128] Subramaniam M, Youndt M A. The influence of intellectual capital on the types of innovative capabilities [J]. Academy of Management Journal, 2005, 48(3): 450–463.

[129] Teece D J, Pisano G, Shuen A. Dynamic capabilities and strategic management [J]. Strategic Management Journal, 1997, 18(7): 509–533.

[130] Teng B. Corporate Entrepreneurship activities through strategic alliances : A resource–based approach toward competitive advantage [J]. Journal of Management Studies, 2007, 44(1): 119–142.

[131] Thompson J D. Organizations in action [M]. New York : McGraw–Hill Book Co., 1967.

[132] Tortoriello M. The social underpinnings of absorptive capacity : The moderating effects of structural holes on innovation generation based on external knowledge [J]. Strategic Management Journal, 2015, 36 (4): 586–597.

[133] Utterback, J. M. Mastering the dynamics of innovation [M]. Boston, MA : Harvard Business Press, 1994.

[134] Van de Vrande V. Balancing your technology–sourcing portfolio : How

sourcing mode diversity enhances innovative performance [J]. Strategic Management Journal, 2013, 34 (10): 610–621.

[135] Voss G B, Sirdeshmukh D, Voss Z G. The Effects of slack resources and environmental threat on product exploration and exploitation [J]. Academy of Management Journal, 2008, 51 (1): 147–164.

[136] Weerawardena J. The role of marketing capability in innovation–based competitive strategy [J]. Journal of Strategic Marketing, 2003, 11 (1): 15–35.

[137] Wernerfelt B. Resource–based view of the Firm [J]. Strategic Management Joumal, 1984, 5 (2): 171–180.

[138] Westphal J. The Resource characteristics of strategic alliances [J]. Academy of Management Review. 2008, 33 (2): 553–557.

[139] Yanadori Y, Cui V. Creating incentives for innovation? The relationship between pay dispersion in R&D groups and firm innovation performance [J]. Strategic Management Journal, 2013, 34 (10): 1502–1511.

[140] Yayavaram S, Chen W R. Changes in firm knowledge couplings and firm innovation performance : The moderating role of technological complexity [J]. Strategic Management Journal, 2015, 36 (4): 377–396.

[141] Zhang Y, Li H. Innovation search of new ventures in a technology cluster : the role of ties with service intermediaries [J]. Strategic Management Journal, 2010, 31 (1): 88–109.

[142] Zhang Y, Rajagopalan N. Once an outsider, always an outsider? CEO origin, strategic change, and firm performance [J]. Strategic Management Journal, 2010, 31 (3): 334–346.

[143] Zhao Z, Chadwick C. What we will do versus what we can do : The relative effects of unit–level NPD motivation and capability [J]. Strategic Management Journal, 2014, 35 (12): 1867–1880.

[144] Zhou K, LI C. How knowledge affects radical innovation : Knowledge base, market knowledge acquisition, and internal knowledge sharing [J]. Strategic Management Journal, 2012, 33 (9): 1090–1102.

附　录

附录1　本书涉及变量

本书第五、第六、第七、第八章各模型所涉及变量如下。

附表1　　本书涉及变量一览表

模型中变量	含义	出现章节	备注
Breadth	资源配置宽度	第五章、第八章	
Sequencing	资源分配渐进性	第五章	
LIC	低初始承诺	第五章	Low Initial Commitment
RA	资源再分配	第五章	Resource Reallocation
SM	资源配置的选择性机制	第五章、第六章、第八章	Selective Mechanism
ORA	期权型资源配置	第五章、第六章、第七章、第八章	Option Resource Allocation
IP	创新绩效	第五章、第六章、第七章、第八章	Innovative Performance
Uncertainty	环境不确定性	第五章、第六章、第七章、第八章	
ER	探索式创新	第五章、第七章、第八章	Explorative Innovation
OI	机会识别	第六章、第八章	Opportunity Identification
OE	机会开发	第六章、第八章	Opportunity Exploitation
CA	竞争优势	第七章、第八章	Competitive Advantage
DT	数字化转型	第八章	Digital Transformation
Scale	企业规模	第五章、第六章、第七章、第八章	
Age	企业年龄	第五章、第六章、第七章、第八章	
Input	创新投入	第五章、第六章、第七章、第八章	
Industry	所在行业	第五章、第六章、第七章、第八章	

附录2 调查问卷

尊敬的先生/女士：

您好！非常感谢您在百忙之中填写这份问卷。问卷中每个问题对我们都很重要，答案无对错，请您根据公司的实际情况做出选择。本问卷旨在为学术研究提供数据支持，希望产生的研究成果能更好推动新形势下企业的创新活动并为政府相关部门提供政策支持。我们郑重承诺对于您提供的信息完全保密，不会将您及企业信息透露给任何第三方，更不会将所获信息用于任何商业用途，否则我们将承担一切法律后果。

第一部分 企业基本情况

1.贵公司的名称是：________________

2.贵公司成立于哪一年？________________

3.贵公司所属行业为：

A.食品（含烟酒、饮料）；B.纺织、服装（含皮革制品、鞋帽）；C.木材加工、家具制造；D.造纸和纸制品；E.文体和娱乐用品制造；F.石油、化学与化工；G.医药、生物制品（医疗仪器设备属于设备制造业）；H.橡胶和塑料制品；I.金属、非金属制品（包括建材、玻璃陶瓷制品）；J.设备制造业；K.交通运输设备制造业；L.电气机械、仪表、器材制造业；M.计算机、通信和其他电子设备制造业；N.计算机服务和软件行业；O.其他（请在此填写）________________

4.贵公司属于________

A.国有独资或控股企业；B.集体企业；C.民营企业；D.港澳台资企业；E.外资企业

5.贵公司目前全职员工人数为________

（1）100人以下；（2）100~300人；（3）300~1000人；（4）1000人以上

6.贵公司在上一年的营业收入是________元（人民币）

（1）小于1000万；（2）1000万~2000万；（3）2000万~1亿；（4）1亿~4亿；（5）4亿及以上

7.贵公司是否拥有自己的产品研发部门？

（1）是；　　　（2）否

8.过去三年，贵公司是否存在产品研发支出？

（1）是；　　　（2）否

9.过去三年，贵公司的产品研发支出占销售收入的比重为：

（**若第8题的回答为"否"，则本题无须回答**）

（1）小于1%；　（2）1%~5%；（3）5%~10%；（4）大于10%

10.贵公司产品研发人员的数量为：

（1）无；（2）1~10人；（3）11~20人；（4）21~50人；（5）51人及以上

11.在过去三年，贵公司新产品（包含全新型产品和改进型产品）的销售收入占公司总销售收入的比重为多少？

（1）0~10%；（2）10%~30%；（3）30%~50%；（4）50%~70%；（5）70%以上

12.您所在的部门是______________________

13.您在公司的职位属于：

A.董事长、CEO、总经理；

B.除A以外的其他高层管理人员；

C.中层管理人员、部门主管；

D.专业技术人士；E其他（**请说明**）________

14.您在上述职位的工作时间为________年

第二部分　环境评估

本部分是对贵公司经营环境的评估，请将贵公司所处环境的真实情况与表中的文字描述项进行对比并做出选择，1表示描述的条目与贵公司所处环境真实情况完全不符合，5表示完全符合，请在对应的数字上画"√"。

我们公司所处的行业	完全不符合	较不符合	一般	较符合	完全符合
1.顾客需求的变化很快	1	2	3	4	5
2.顾客需求的变化不易被把握	1	2	3	4	5
3.产品更新速度越来越快	1	2	3	4	5
4.近三年中行业整体销售额的波动很大	1	2	3	4	5
5.技术变革的速度非常快	1	2	3	4	5
6.市场需求的变化容易预测（反向题）	1	2	3	4	5
7.行业内竞争激烈	1	2	3	4	5
8.面临大量来自行业外的竞争者	1	2	3	4	5
9.竞争者的行为很难预测（常不按套路出牌）	1	2	3	4	5

第三部分　企业创新状况

本部分是对贵公司产品创新现状的评估，请您将公司真实情况与表中文字描述项进行对比，1表示描述的条目与真实情况完全不符合，5表示完全符合，请在对应的数字上画“√”。

过去三年中，我们公司	完全不符合	较不符合	一般	较符合	完全符合
1.推出新产品的速度高于行业平均水平	1	2	3	4	5
2.推出新产品的数量高于行业平均水平	1	2	3	4	5
3.与主要竞争对手相比，新产品能获得较高的顾客满意度	1	2	3	4	5
4.推出的新产品能给企业带来令人满意的销售收入	1	2	3	4	5
5.推出的新产品对企业整体的销售额与利润额有较大的贡献	1	2	3	4	5

在产品创新方面，我们公司	完全不符合	较不符合	一般	较符合	完全符合
1.与主要竞争对手相比，开发、销售更多超出现有产品范畴的新产品	1	2	3	4	5
2.与主要竞争对手相比，更多地尝试开拓尚无营销及服务经验的市场与顾客群	1	2	3	4	5

续表

在产品创新方面，我们公司	完全不符合	较不符合	一般	较符合	完全符合
3.主动尝试运用尚不成熟的新技术	1	2	3	4	5
4.能够从行业外吸收产品创意或技术解决方案	1	2	3	4	5
5.持续不断地对现有产品进行改进	1	2	3	4	5
6.十分重视现有客户，积极为其拓展产品与服务	1	2	3	4	5
7.一直努力提高现有产品的市场份额	1	2	3	4	5
8.持续地提高生产效率与降低成本是我们公司的一个重要目标	1	2	3	4	5
9.经常利用已经掌握的技术来增加产品的功能和种类	1	2	3	4	5

第四部分 资源配置机制

本部分旨在描述贵公司在产品创新过程中的资源配置机制。首先，请您回答以下问题：

1.贵公司在过去三年中推动了多少产品创新项目？

（1）5个以下；（2）6~10个；（3）11~20个；（4）21个及以上

2.贵公司对于产品创新项目的资源投入是一次性的还是分批次进行的？

（注：分批次又分三种情况，分别对应答案中的B、C、D）

A.一次性投入资源； B.分批次递增式投入资源；

C.分批次递减式投入资源； D.分批次但无规律式投入资源

3.过去三年中，贵公司推动的产品创新项目中是否有被中断的？

A.是（有被中断的项目）； B.否（无被中断的项目）

4.在所有产品创新项目中，被中断的项目占的比例有多少？

（若3题的回答为“否”，则本题无须回答）

（1）10%以下；（2）10%~30%；（3）30%~50%；（4）50%及以上

5.这些被中断项目的人、财、物等资源是否被转移到其他项目中？

（若3题的回答为“否”，则本题无须回答）

A.是（被转移）；　　　　　　　B.否（未被转移）

接下来，请您将公司对产品创新项目进行资源配置的真实情况与表中文字描述项进行对比，做出最符合实际情况的选择，在对应的数字上画“√”。

	完全不符合	较不符合	一般	较符合	完全符合
1.与主要竞争对手相比，过去三年中我们公司推动了更多的产品创新项目（含新产品开发和产品改进）	1	2	3	4	5
2.很少有产品创新项目在一开始就能获得发展所需的全部资源	1	2	3	4	5
3.各产品创新项目都要为获得资源展开竞争	1	2	3	4	5
4.在对各产品创新项目进行资源配置时，我们不做详细的预算和规划	1	2	3	4	5
5.各产品创新项目在下一阶段获得资源的关键在于现阶段取得良好的市场反馈	1	2	3	4	5

请回答以下问题：

6. 贵公司的资源配置方式在过去是否做出过重大调整？

（1）是；（2）否

7. 如果上题答案为“是”，则自上一次重大调整距今时间为多久？

（若上题答案为“否”，则本题无需作答）

（1）1年以内；（2）1~3年；（3）3年以上

第五部分　产品创新中的合作

1. 过去三年，贵公司的新产品开发过程是否有外部其他人或组织的参与？

A. 是（即有外部参与方）；　　B. 否（无外部参与方）

2. 这些参与者包括（**如上题答案为“否”，则该题不填**）：

（1）顾客；（2）供应商；（3）行业内竞争对手；（4）行业外企业；（5）咨询公司；（6）高校及科研院所；（7）政府部门；（8）行业协会；（9）其他

3. 过去三年，贵公司在新产品开发过程中是否引入了外部资源？

A. 是；　　　　　　　　　　B. 否

4. 这些外部资源有哪些？（**如上题答案为“否”，则该题不填**）

（1）资金；（2）人才；（3）技术；（4）专利；（5）市场信息；（6）生产设备；（7）研发设施；（8）销售渠道；（9）其他________

第六部分　机会识别与机会开发评价

请您将公司真实情况与表中的文字描述项进行对比，在对应的数字上画“√”。

在识别市场机遇方面，我们公司	完全不符合	较不符合	一般	较符合	完全符合
1. 能准确感知到未被满足的顾客需求	1	2	3	4	5
2. 会投入大量的时间和精力去寻找或开发能为顾客带来价值的产品或服务	1	2	3	4	5
3. 不能识别人们想要的产品和服务	1	2	3	4	5
4. 能捕获到高质量的商业机会	1	2	3	4	5

在利用市场机遇方面，我们公司	完全不符合	较不符合	一般	较符合	完全符合
1. 擅长开发新产品和新服务	1	2	3	4	5
2. 擅长开发新的生产、营销和管理方法	1	2	3	4	5
3. 擅长开发新的市场	1	2	3	4	5
4. 能够有效组织和激励员工实现企业目标	1	2	3	4	5

第七部分　竞争优势评价

请您将公司真实情况与表中的文字描述项进行对比，做出最符合实际情况的选择，在对应的数字上画“√”。

近三年中，我们公司	完全不符合	较不符合	一般	较符合	完全符合
1.市场份额增长速度高于行业平均水平	1	2	3	4	5
2.与主要竞争对手相比，顾客满意度更高	1	2	3	4	5
3.总利润高于行业平均水平	1	2	3	4	5
4.销售收入高于主要竞争对手	1	2	3	4	5
5.总体来看，我们比主要的竞争对手更成功	1	2	3	4	5

问卷结束，感谢您的参与和帮助！祝您万事顺意。

如您需要本研究项目的研究报告以及期望未来进行更多的交流与合作，请留下联系方式：

姓名______________ 联系电话______________ 邮箱____________

微信或QQ______________

附　图

本书附图为第五章所用，通过以标准化残差为纵轴、标准化预测值为横轴的散点图判断数据是否存在异方差问题，若散点图呈现出无序状态，则可认为模型不存在异方差问题。

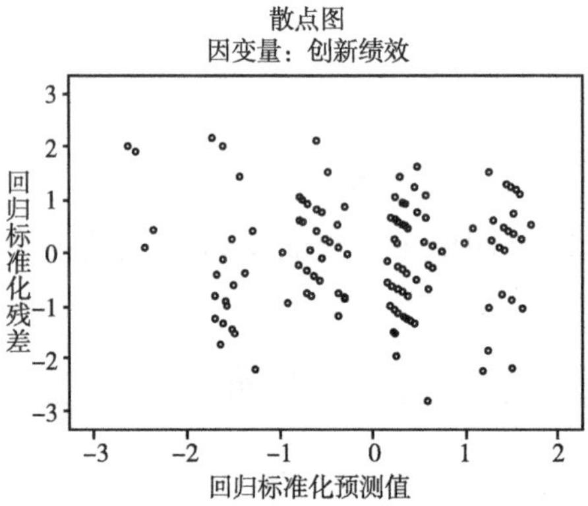

图5.1　资源配置宽度与创新绩效线性回归分析的残差图

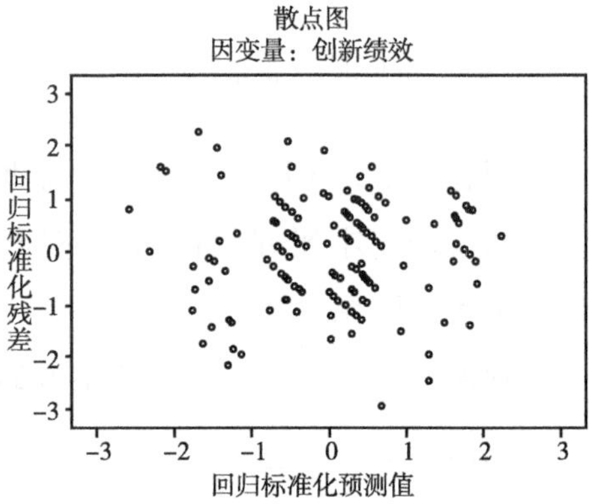

图5.2　加入调节变量后资源配置宽度与创新绩效线性回归分析的残差图

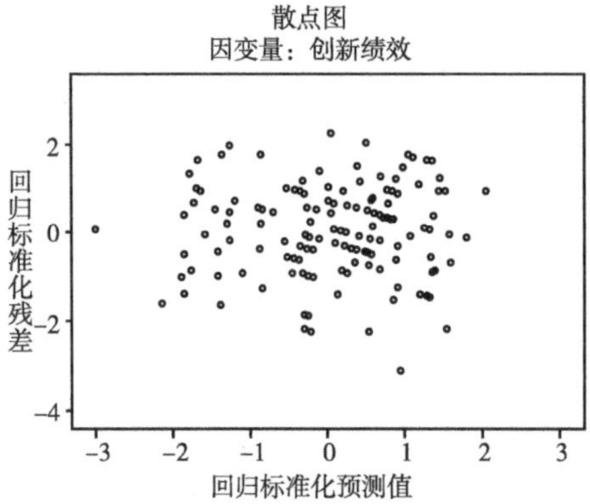

图5.3　渐进性与创新绩效线性回归分析的残差图

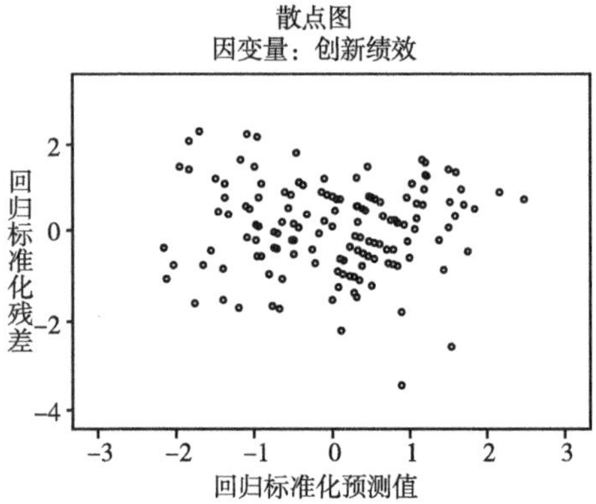

图5.4　加入调节变量后渐进性与创新绩效线性回归分析的残差图

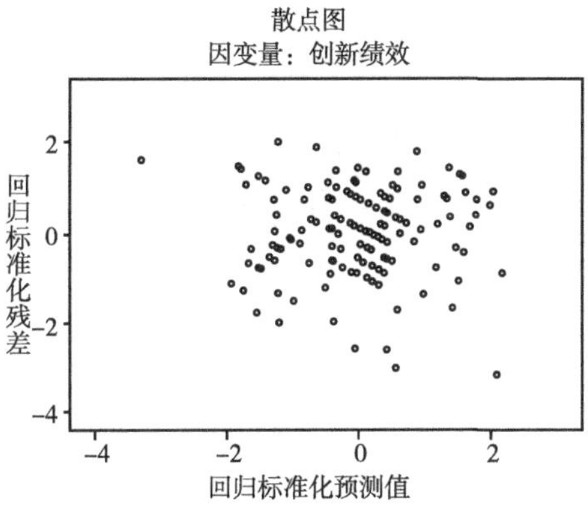

图5.5　低初始承诺与创新绩效线性回归分析的残差图

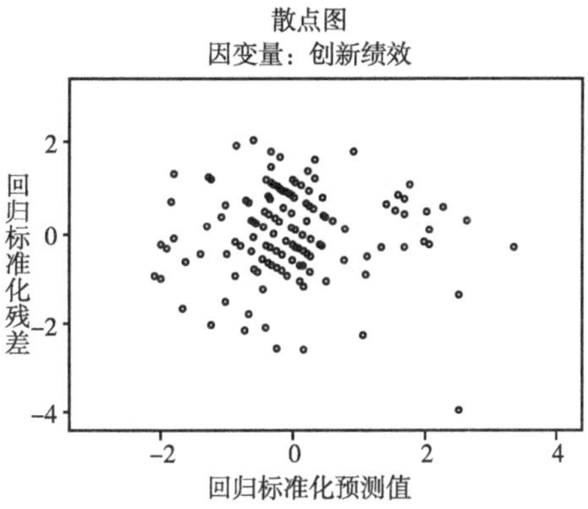

图5.6　加入调节变量后低初始承诺与创新绩效线性回归分析的残差图

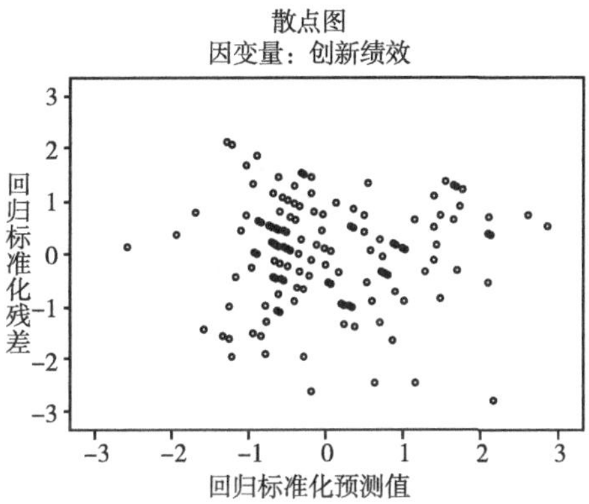

图5.7　资源再分配与创新绩效线性回归分析的残差图

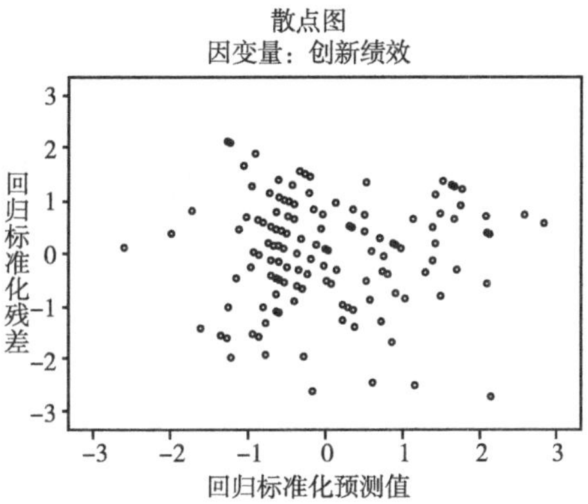

图5.8　加入调节变量后资源再分配与创新绩效线性回归分析的残差图

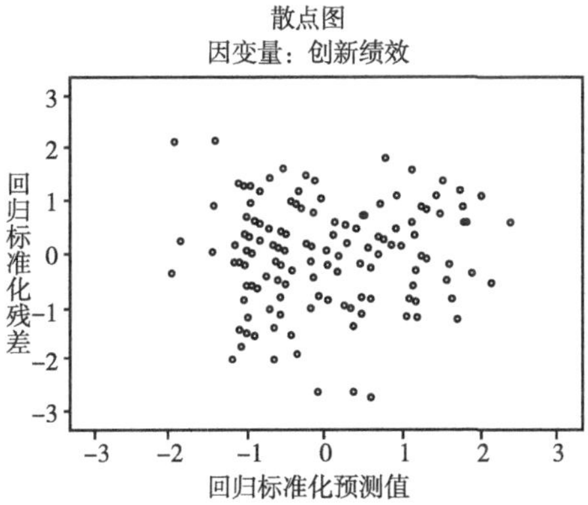

图5.9　选择性机制与创新绩效线性回归分析的残差图

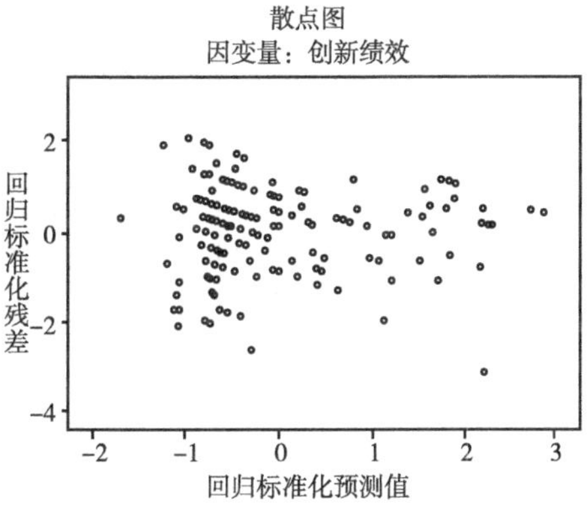

图5.10　加入调节变量后选择性机制与创新绩效线性回归分析的残差图

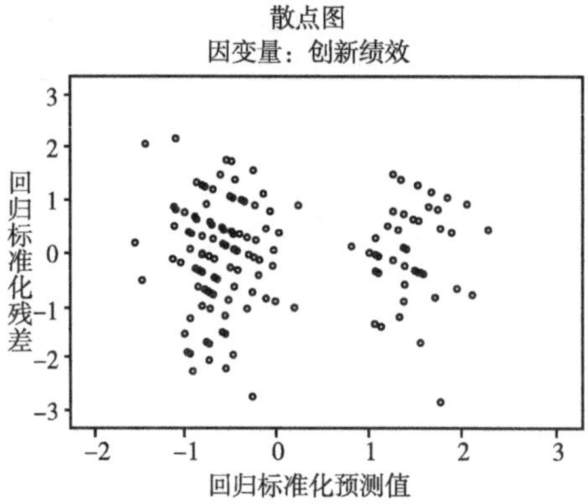

图5.11　期权型资源配置与创新绩效线性回归分析的残差图

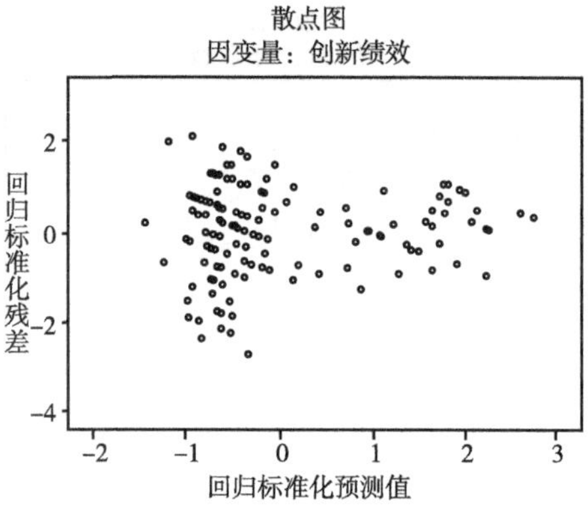

图5.12　加入调节变量后期权型资源配置与创新绩效线性回归分析的残差图

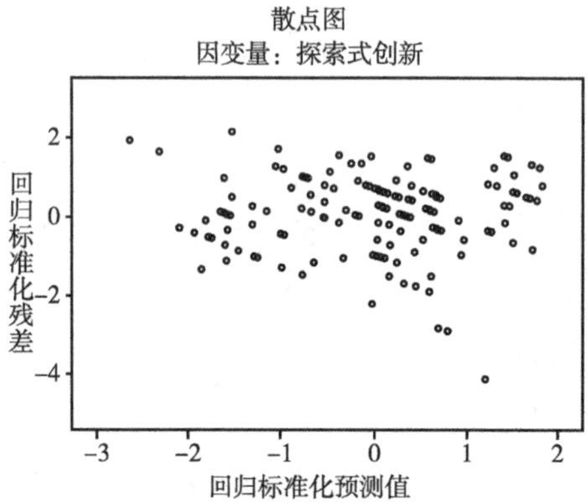

图5.13　资源配置宽度探索式创新线性回归分析的残差图

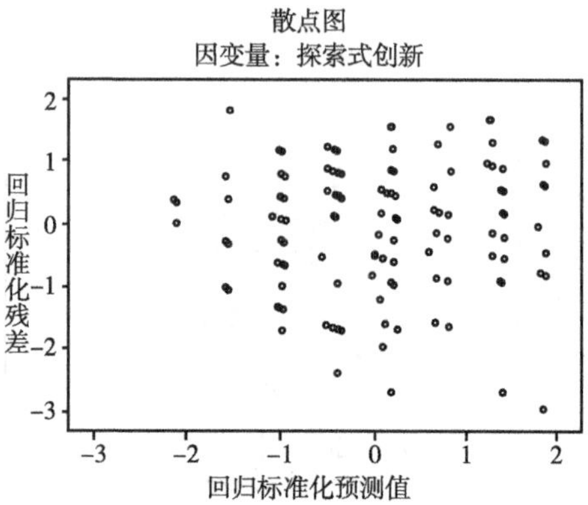

图5.14　选择性机制与探索式创新线性回归分析的残差图

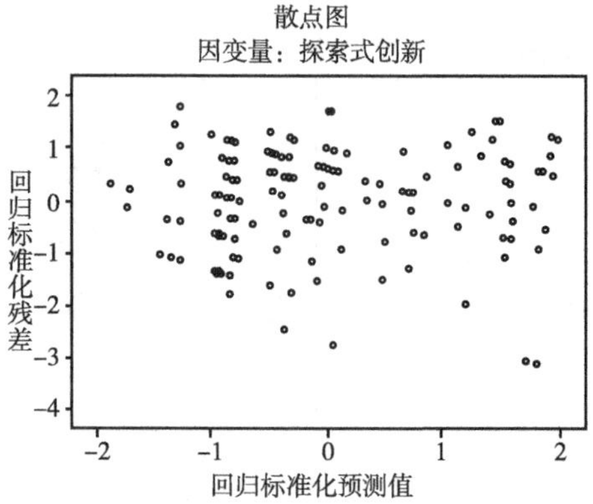

图5.15　期权型资源配置与探索式创新线性回归分析的残差图